계 약 성 립 론

이 병 준 저

세창출판사

국립중앙도서관 출판시도서목록(CIP)

계약성립론 / 이병준 지음. -- 서울 : 세창출판사, 2008
p. ; cm

참고문헌과 색인 수록
ISBN 978-89-8411-234-6 93360 : ₩25000

계약[契約]

365.44-KDC4
346.02-DDC21 CIP2008003671

Zum 80. Geburtstag meines Doktorvaters
Prof. Dr. iur., Dr. h.c., Wolfgang Zöllner

지도교수님인 Zöllner 교수님의
80회 생신을 기념하며

머 리 말

계약성립론은 올해 독일 본 대학에 가서 2주간 머물면서 라인강변을 바라보면서 마무리 작업을 시작한 것이다. 그러나 전체 작업은 필자의 박사학위 논문에서부터 시작하여 10년 이상이 걸렸다고 할 수 있다. 필자는 은사이신 조규창, 하경효 교수님의 권유로 독일에서 법률행위론을 공부하고 싶어서 이 분야의 주제를 선택해야겠다고 생각하고 계약의 성립요건인 합의 그리고 이것이 이루어지지 않은 불합의에 관하여 박사학위 논문을 Zöllner 교수님 아래에서 썼다. 이 학위논문에서 주요 주제 중의 하나는 불합의 이론의 변화였고 의사표시의 일치 그리고 본질적 구성부분, 확정성 등의 요건의 상호관계에 관한 것이 논문의 주된 관심사였다. 한국에 돌아와서 이 주제를 우리나라 법에 적용하고 연구를 심화하는 작업을 하고 싶었다.

본격적으로 처음 이 분야에서 우리법에 관한 연구를 시작한 것은 안암법학회에서 그 당시 다수설이 바라보고 있었던 것처럼 단순한 합의가 아니라, 본질적 구성부분에 대한 규율을 해야 하는 대상을 갖는 합의라는 측면에서 논문을 발표하면서부터이다. 그 다음으로 영남민사법학에서 박사학위논문의 기초가 되었던 이론을 심화하고 싶은 차원에서 성립요건으로서의 법률행위개념을 법학방법론적 측면에서 근거짓는 연구를 하였다. 발표되었던 앞의 연구들이 기초가 되었는지는 모르지만, 대법원에서 계약의 성립요건으로 대상을 갖는 합의개념을 취하는 판결을 하였다. 이 판결에서 대법원은 더 나아가 주관적 본질적 구성부분과 객관적 본질적 구성부분을 구분하였고 계약협상의 부당파기로 인한 불법행위책임을 인정하는 구체적인 이론을 전개하였다. 필자는 매우 기쁜 마음으로 이러한 대법원의 타당한 이론을 좀더 심화하고 근거짓는 연구를 하였다. 한편 대법원에서는 계약협상의 부당파기로 인한 채무불이행책임을 인정하는 경우가 있어 불법행위책임을 인정하는 경우와 달리 그 요건과 법률효과가 어떻게 다른지가 한동안 연구에서 주된 관심사가 되었다.

통상 합의와 불합의를 의사표시의 일치 내지 불일치로 이해하는데, 표시된 내용의 일치와 의사의 일치에 관한 기존의 표시주의와 의사주의의 대립을 절충한 우리 민법하에서 이 부분을 어떻게 이해할 것인지에 관하여 연구하였다. 특히 이론적으로 계약상 불합의와 오해이론이 분리되면서 의사표시의 일치로서의 합의라고 할 때 이러한 의사표시의 일치를 어떻게 이해할 것인지의 문제를 다룰 필요성을 느꼈다. 또한 이와 관련하여 계약성립에 있어서 인식의 하자 및 이해의 하자에 관한 부분 중 무체적인 의사표시의 효력발생의 문제가 어떠한 영향을 미치는지도 주된 관심사 중의 하나가 되었다. 그리고 계약성립론에서 법률행위론과 밀접한 관련이 있는 의사실현에 의한 계약체결에 대하여 대법원 판결이 나와 이를 연구하였다. 마지막으로 국제적으로 계약법이 통일화되면서 계약성립에 관한 규정을 두는 경우가 많은데, 이 중 가장 최근 자료인 계약성립에 관한 유럽연합의 계약법원칙을 연구하였다.

위 연구내용들은 특별히 하나의 체계를 잡고 연구한 것은 아니었지만, 계약성립과 관련하여 하나의 통일된 주제에 관하여 연구된 것이기에 전체적인 책의 형태로 묶을 수 있었다. 하지만, 각 내용에 상호 연관성을 부여하기 위해 상당한 작업이 필요하였고 시간이 요구되었다. 내년 2009년, 민법총칙의 개정을 시작으로 새로운 민법개정작업에 착수한다고 한다. 그런데 법률행위 분과에 계약성립부분이 들어가 있어, 독일민법에서처럼 법률행위론과 계약성립론을 연결시키려고 하는 계획이 있는 것으로 보인다. 이러한 개정작업에 본 연구서가 하나의 작은 초석이 되었으면 한다.

본 연구서의 출간으로 9년간의 교수생활을 어느 정도 정리하려고 하는 목표가 있었다. 아직도 학자라기보다는 공부하는 학생의 마음으로 계속 민법을 공부해 나가면서 글을 적고 있다고 생각된다. 너무 방대한 민법 앞에서 항상 나 자신이 작다는 것을 느낀다.

이론적으로 딱딱한 글을 읽어준 정신동, 왕성민 그리고 최수영 연구실 조교들에게 감사의 말을 전하고 싶다. 그리고 수익성이 없는 이론서를 선뜻 출판해주신 세창출판사의 이방원 사장님과 임길남 상무님께도 특별히 감사의 말씀을 드리고 싶다.

2008. 12. 4.

이문동 연구실에서

이 병 준

차 례

제 1 장 서 론

계약은 어떠한 요건하에서 성립하고 구속력을 갖는가? 이 문제와 관련하여 우리 민법은 계약에 관한 제3편 제2장 제1절 총칙 제1관에서 '계약의 성립'이라고 하여 규율하고 있으나, 주로 청약과 승낙이라는 계약체결절차에 대하여만 규정하고 있고 계약이 언제 그리고 어떠한 요건하에서 성립하는가에 대해서 명시적으로 규정하고 있지 않다. 결국 우리 민법은 계약의 의미와 그 성립요건을 확정짓지 않고 그 내용을 학설과 판례에 맡기고 있다고 볼 수 있다. 다만 계약체결에 관한 민법규정을 통하여 볼 때, 계약이 성립하기 위해서는 의사표시의 일치가 필요함을 알 수 있다(제534조 참조).[1] 이를 기초로 우리 학설은 통상 "계약은 일정한 법률효과의 발생을 목적으로 하는 당사자들의 의사표시의 합치이다"[2]라고 설명하고 있다. 이 때 이러한 의사표시의 합치를 합의라고 하며, 계약당사자의 합의가 있어야 계약이 합의된 내용

1) Larenz도 변경을 가한 승낙에 대하여 규율하고 있는 독일민법 제150조 제2항을 다음과 같이 설명하고 있다: "제150조 제2항의 법문은 단지 계약을 통하여 당사자들이 모두 동의하여 그들에게 구속력 있는 규율을 형성한다는 점, 즉 계약당사자 모두 효력을 얻은 상태로 계약에 찬성했어야 한다는 점의 결과로 규정되었다"[Larenz, Allgemeiner Teil des Deutschen Bürgerlichen Rechts, 7. Aufl., 1989, §27/III(S. 525)].

2) 김형배, 채권각론[계약법], 90면; 송덕수, "합의와 불합의," 경찰대 논문집 제7집, 183면.

으로 성립하고 구속력을 갖게 된다.

계약성립과 연관된 제반 문제들은 논리적으로 일관된 체계를 구축하기 위하여 이론적 관점에서 제기되기도 하지만, 실제로 언제 그리고 어떠한 요건하에서 계약이 성립하여 구속력을 갖게 되느냐 하는 매우 민감하면서도 어려운 실무상의 문제와 밀접한 관계를 갖고 있다. 한 당사자가 계약과 관련된 소송에서 계약상의 청구권을 행사하거나 계약상의 의무위반을 이유로 구제수단을 행사하는 경우에 그 상대방이 할 수 있는 가장 강력하면서도 간단한 방어방법은 "계약이 성립하지 않았다"는 항변이다. 이에 대하여 소송을 제기한 당사자는 일단 계약이 성립하였다는 사실부터 입증해야만 계약상의 청구를 할 수 있게 된다. 그리고 계약이 실제로 성립하였는지를 판단하기 위해서는 계약성립에 필요한 각 요소의 밀접한 관계를 이해해야만, 계약이 언제 성립하고 구속력을 갖는지를 제대로 판단할 수 있다. 현재 우리 판례상으로 이전보다 더 다양하면서도 심층적인 법률문제를 다루는 사안들이 나오고 있으나, 아직 그 숫자 및 논의 수준이 그리 높지 않다고 생각된다. 그 이유는 이 분야에 대한 논의가 정립되지 않아 실제 소송에서 쟁점화되지 못하기 때문이라고 생각된다. 이를 극복하기 위해서는 계약성립의 문제를 이론적으로 다양한 관점에서 고찰하여 이 분야의 쟁점들을 정리하고 부각시킬 필요가 있다.

한편 계약성립의 문제는 이론적으로도 많은 어려운 쟁점들을 내포하고 있다. 계약성립의 문제를 올바르게 이해하기 위해서는 계약체결, 계약성립이 무엇이고 계약체결의 형태는 어떻게 나타나며 이를 어떻게 이론적으로 정립하여야 하는지에 관한 계약관을 형성하는 것이 중요하다. 특히 우리 민법은 독일민법과 달리 계약성립에 관한 규정들을 법률행위에 관한 규정들과 별도로 규정함으로써 마치 이 내용이 법률행위 일반이론과 별도로 논의되어야 하는 것처럼 편제를 구성하고 있다. 그러나 계약성립론은 바로 법률행위에 관한 일반이론의 구체화이며 계약성립론이 법률행위론과 밀접한 관련이 있음을 잊어서는 안 될 것이다. 이러한 차원에서 이 책의 제2장, 제3장 및 제4장이 구성되었다. 즉 제2장에서는 성립요건으로서의 계약성립의 문제를 고찰하기 위하여 법률행위론에서의 성립요건과 효력발생요건을 구분하는 근거와 그 내용을 설명한 후 사실적 계약체결행위와 계약의 성립문제의 관계를 논의하였다. 성립요건과 효력발생요건의 구분은 입법자가 법률행위 내지 계약의 개념을 법률규정의 요건으로 사용함으로써 나온 입법기술상의 이유를 근거로 하고 있으며 계약의 성립도 이러한 차원에서 이해되어야 하고, 사실적 계약체결절차보다 일반적인 성립요건에 관한 논의가 계약성립론의 근간이 됨을 기초로 논의를 진행하였다. 제3장에서는 법률행위론에서 이루어진 법률행위 내지 의사표시 규정의 변화에 따라 필연적으로 가져오게 되는 계약성립론의 핵심적인 개념인 합의와 불합의론의 변화에 대하여 고찰하였다. 기존의 로마법적 전통과 달리 착오 등의 규정이 불합의론에서 분리되면서 오해이론이 더 이상 계약성립단계에서 검토되지 않고, 불합의 유형의 확대에 따라 포괄적인 계약성립요건의 검토를 위하여 대상을 갖는 합의개념이 요구됨을 설시하였다. 제4장에서는 판례와 학설이 대상을 갖는 합의개념을 취함에 따라 계약이 성립하기 위한 필수적인 합의내용으로서의 본질적 구성부분의 의미와 내용 그리고 그것이 결여되었을 때의 법률효과에 관하여 고찰하였다.

제5장은 계약체결의 특수유형 중에서 법률행위론과 가장 밀접한 관련을 갖는 의사실현에 의한 계약체결에 관하여 논의하였다. 이와 관련하여 의사실현에 의한 계약성립이 갖는 특수한 의미를 분석하고 청약수령자의 의사가 존재하지 않은 상태에서 체결된 의사실현에 의한 계약의 법률효과에 관하여 고찰하였다. 제6장은 계약체결을 위한 협상과정에서 부당하게 계약협상이 파기된 경우에 손해배상책임에 관한 최근의 대법원 판례의 경향을 중심으로 구성하였다. 우리 판례는 상대방의 정당한 신뢰를 침해

하였다는 이유로 불법행위로 인한 손해배상책임을 인정한 판례와 배타적 협상의무위반을 이유로 채무불이행책임을 인정한 판례로 나눌 수 있음을 구분하여 논의하였다. 마지막 제7장에서는 입법의 동향을 보여주기 위하여 최근 많은 관심을 불러일으키고 있는 유럽계약법원칙 중 계약성립에 관한 규정을 소개하였다.

제 2 장 계약성립론의 체계적 위치

제 1 절 계약의 성립과 효력발생

계약성립의 문제를 올바르게 이해하고 그 구조를 올바르게 구성하기 위해서는 먼저 민법의 체계상 계약성립과 효력발생이 다르게 구성되어 있고, 각 요건이 다르다는 점을 인식하여야 한다. 이를 위하여 계약성립과 효력발생을 나누는 근거와 그에 따른 계약성립에서 핵심적인 개념인 합의와 불합의 개념이 차지하는 위치에 대하여 살펴보려고 한다.

계약이 효력을 발생할 때까지 계약협상 · 체결 · 성립 · 효력발생 등 여러 단계를 거친다.[1] 그러나 법현실에서는 위와 같이 구분할 수 있을지 몰라도, 법이론상 의미가 있고 다른 법률효과를 갖는 계약법의 구성단계가 여러 개 존재하는가는 다른 문제이다. 계약이 법률행위의 대표적인 형태인 만큼 법률행위에 관한 논의를 기초로 계약법에 대비시키면서 이 문제를 풀어가려고 한다.

1) 합의된 내용의 구속력 정도에 관하여 Reuss, Die Intensitätsstufen der Abreden und die Gentelmen-Agreements, AcP 154(1955), 485 ff.

Ⅰ. 법률행위론에서 사용되고 있는 도구개념을 통한 이해

1. 법률행위의 성립요건과 효력발생요건의 분리

법률행위를 통하여 의도한 법률효과가 발생하기 위해서는 법률행위 자체가 성립하고, 그 법률행위가 유효해야 한다. 이에 따라 우리 학설은 일치하여 법률행위의 성립요건과 효력발생요건을 구분하고 있다.[2] 이 내용은 익히 잘 알려져 있는 것이므로 여기서 다시 설명할 필요는 없으나, 그 요건을 나중에 계약의 성립요건과 비교하기 위해서 간단히 열거하면 다음과 같다. 일반적 성립요건으로 ⅰ) 법률행위의 당사자가 확정되어야 하고, ⅱ) 법률행위의 내용인 목적이 확정되어야 하며, ⅲ) 의사의 표시로 볼 수 있는 행위가 있어야 한다.

그러나 우리 학설은 성립요건과 효력발생요건을 구분하는 실익과 근거를 확실하게 제시하지 못하고 있다.[3] 주로 입증책임에 관한 법률요건분류설[4]을 근거로 하여 성립요건은 법률행위의 효과를 주장하는 당사자가 그 입증책임을 부담하고 효력요건의 부존재는 법률행위의 무효를 주장하는 당사자가 그 입증책임을

---

2) 곽윤직, 민법총칙, 281면 이하; 이영준, 민법총칙, 155면 이하; 이은영, 민법총칙, 355면 이하; 김민중, 민법총칙, 385면; 민법주해 Ⅱ/송덕수, 165면; 김증한 · 김학동, 민법총칙, 271면; 김상용, 민법총칙, 351면. 이에 대하여 법률행위의 성립요건과 효력발생요건을 구분하는 것은 의미가 없으며 이를 통합적으로 구성해서 보아야 한다는 견해로 정상현, "법률행위의 요건체계와 토지거래허가," 비교사법 제15권 2호, 2008, 195면 이하; 강태성, 민법총칙, 362면 이하.

3) 다만 오래된 글로 최용환, "법률행위의 목적의 확정 — 성립요건과 유효요건의 분별을 겸하여 —," 사법논문집, 1985, 89-106면 (또한 법조 제13권 제1호, 1964).

4) 이에 관하여 자세한 것은 이시윤, 민사소송법, 571면 이하.

부담한다고 한다.[5] 그러나 현재 법률요건분류설이 무너지고 있는 상황[6]에서 이러한 구분은 더 이상 실익이 없는 것인가?[7] 아니면 '이론상'[8]으로만 법률행위의 성립과 유효를 구분할 수 있는 것인가?

성립요건과 효력발생요건의 구분의 근거는 법률행위개념 또는 의사표시개념이 갖는 두 가지 기능을 이해하면 자연스럽게 발견할 수 있다. 아래에서는 성립요건을 갖춘 법률행위개념과 효력발생요건까지 갖춘 법률행위개념 및 단순히 성립요소를 갖춘 의사표시개념과 사적 자치의 실현수단으로서의 의사표시개념을 구분할 수 있다는 입장에서 그 의미와 근거를 제시하려고 한다. 법률행위개념 및 의사표시개념이 두 가지 의미를 갖는 것은, 이 두 개념이 법률규정의 요건으로서의 형식적 성질을 갖는 경우와 일정한 이상의 실현을 위한 도구개념으로서의 실체적 성질을 갖는 경우가 있기 때문이다.

(1) 형식적 법률행위개념과 실체적 법률행위개념

1) 형식적 성질론과 실체적 성질론에 따른 법률행위개념

법률행위개념이 두 가지 성질을 갖고 있음은 우리 민법학계에 법률행위에 관한 시각을 넓혀준 한 민법총칙 교과서에서 적절히 제시하고 있다.[9] 그에 따르면 법률행위개념은 형식적 성질

---

5) 이영준, 민법총칙, 155면; 김상용, 민법총칙, 351면.

6) 위험영역설, 증거거리설 등의 등장에 관하여 이시윤, 민사소송법, 573면 이하 참조.

7) 이러한 비판으로 법률행위의 성립요건과 효력요건을 구분하는 데에 회의적인 견해로 이은영, 민법총칙, 355면: "실체법에서는 성립요건과 효력요건을 처음부터 구별하기보다는, 양자를 종합하여 '법률행위의 요건'으로서 고찰하고 입증책임의 법리에 의해 구체적 타당성 있는 입증책임의 분배를 꾀하는 것이 바람직하다".

8) 이와 같은 표현으로 곽윤직, 민법총칙, 281면.

9) 이영준, 민법총칙, 97면. 아직 이러한 명확한 구분을 하지 않지만

과 실체적 성질을 가질 수 있다. 법률행위의 형식적 성질론에서는 법률행위가 물권의 양도·매매·혼인·유언과 같은 개개의 구체적인 행위와 어떤 관계에 있는가(법률행위의 추상화개념)와 법률행위는 의사표시와 어떤 관계에 있는가(법률요건과 법률사실)라는 주제들이 문제된다. 이 때 법률행위의 형식적 성질은 법률행위개념이 법규정이 인정하는 개개의 행위를 포괄하는 입법기술상의 추상적 개념으로 사용될 때 나타난다고 한다.[10] 이러한 성질에 해당하는 법률행위개념이 바로 형식적 법률행위개념[11]이다.

반면에 법률행위의 실체적 성질의 문제로는 법률행위가 사적 자치의 원칙과는 상호 어떤 관계에 있는가 하는 문제를 다룬다. 왜 개인은 법률행위에 의하여 자기의사에 따라 법률관계를 형성할 수 있는가의 문제, 왜 법질서는 개인에게 법률관계의 창설능력을 부여하고 이를 시인하여 그가 결정한 규율의 실현에 협력하는가의 문제로 이해되고 있다. 그러므로 법률행위의 실체적 성질은 법률행위개념이 사적 자치의 실현수단으로 기능할 때 나타나며 이 기능을 수행하는 것이 실체적 법률행위개념이다.

2) 형식적 성질론과 실체적 성질론의 법이론적 근거

법률행위개념이 이와 같이 두 가지 성질을 갖는다면 그 근거는 어디에 있을까? 그 법이론적 근거를 법체계형성에 관한 법

법률행위가 가질 수 있는 다양한 의미를 적절하게 설명한 것으로 최용환, "법률행위의 목적의 확정 — 성립요건과 유효요건의 분별을 겸하여 —, 사법논문집, 95면: "법률행위라는 말은 민법의 용어상 법률효과를 발생하는 원인, 관념적·규범적 요건을 가리키는 것이 있고 혹은 그 요건이 현실의 행위(의사표시)에 의하여 구체화되어 있는 경우를 의미하고 혹은 법률효과를 의미하는 수가 있다."

10) 이영준, 민법총칙, 93면 참조.

11) Thiele는 이를 기술적 법률행위개념(technischer Begriff des Rechtsgeschäfts)라고 부른다(ders., Die Zustimmung in der Lehre vom Rechtsgeschäft, 1966, S. 123).

학방법론에서 제시하고 있다. 그에 따르면 법률행위개념은 한편으로는 '법률에의 포섭을 목적으로 하는 추상적 일반개념(abstrakt allgemeiner Tatbestansbegriff)'으로 사용되는가 하면, 다른 한편으로는 '기능이 결정된 법개념(funktionsbestimmter Begriff)'으로 기능한다.[12] 외부적 체계가 바로 추상적 일반개념에 의한 체계이고, 내부적 체계가 기능이 결정된 법개념에 의한 체계이기 때문에, 이를 이해하기 위해서는 외부적 체계(äußeres System)와 내부적 체계(inneres System)가 무엇인지를 먼저 이해할 필요가 있다. 외부적 체계와 내부적 체계의 구분은 Heck[13]에 의하여 제기된 후 Larenz/Canaris[14]를 통하여 이어지고 있다.

㈎ 외부적 체계에 따른 추상적 일반개념으로서의 법률행위개념

법률의 외부적 체계는 19세기 개념법학의 산물로 태어난 것으로 '불법행위', '권리'와 같은 추상적 일반개념들을 기초로 형성된 법률규정의 형식적 체계를 말한다.[15] 외부적 체계의 목적은 도서관의 사서가 많은 책들을 쉽게 찾을 수 있게 일정한 형식적 체계에 따라 정리하는 것과 같이 다양한 법률문제를 형식적 관점에 따라 체계화하는 데에 있다. 우리 법체계는 이에

---

12) Larenz/Canaris, Methodenlehre der Rechtswissenschaft, 3. Aufl.(1995), S. 313. 법률행위개념을 '자기결정에 의한 권리관계의 형성의 수단'으로 기능하는 경우와 '기초개념 또는 체계개념'으로 기능하는 경우로 나누는 견해도 같은 입장이라고 보인다(Thiele, Die Zustimmung in der Lehre vom Rechtsgeschäft, S. 6 ff., 78 ff.).

13) Heck, Begriffsbildung und Interessenjurisprudenz, 1932, S. 139 ff.

14) Larenz/Canaris, Methodenlehre der Rechtswissenschaft, S. 263 ff. u. S. 302 ff; Canaris, Systemdenken und Systembegriff in der Jurisprudenz: entwickelt am Beispiel des deutschen Privatrechts, 2. Aufl., 1983, S. 19 ff.

15) Larenz/Canaris, Methodenlehre der Rechtswissenschaft, S. 264; Kramer, Juristische Methodenlehre, 1998, S. 67; Pawlowski, Einführung in die Juristische Methodenlehre, 1986, S. 101.

따라 크게는 사법, 공법 그리고 형법으로 나누고 있다. 일반사법인 민법의 외부적 체계는 독일식의 판덱텐체계(Pandektensystem)에 따라 총칙·물권·채권·친족·상속의 5편으로 구성된 민법상의 규정들로 이루어져 있다. 물론 우리 민법이 취하고 있는 체계가 개념으로 형성된 체계만으로 이루어진 것이 아니라, 부분적으로는 각 생활영역에 따라 나누어져 있다고는 하지만,[16] 판덱텐체계의 가장 큰 특징인 총칙편에 의한 추상화는 상당히 많은 부분에서 이루어지고 있다. 일반 총칙편뿐만 아니라, 물권법·채권법·상속법에도 각각 독립한 총칙규정을 두고 있어서 그 추상화 정도가 매우 높다. 이와 같은 추상적 일반개념의 진수가 바로 법률행위개념이다. 법률행위개념은 법률, 특히 민법의 외부적 체계를 이루고 있으며 우리 민법 제1편 제5장의 법률행위에 관한 일반규정들 뿐만 아니라, 민법전반에 등장하는 법률행위라는 용어를 사용하는 규정들은 추상화된 법률행위개념을 사용하고 있다.[17]

추상적 일반개념들은 일반적으로 그 개념에 해당하는 종류가 갖고 있는 특징들을 분석·추출하여 추상화를 이룬 일종의 '類槪念(Gattungsbegriff)'에 해당한다. 이러한 유개념은 낮은 단계의 추상화개념을 그보다 더 높은 단계의 추상화개념에 포섭시킴으로써 광대한 법소재들을 몇 개의 최고단계의 추상화된 개념으로 압축한 것이다.[18] 그러나 정작 추상적 법률행위개념이 매매계

---

16) Larenz/Canaris, Methodenlehre der Rechtswissenschaft, S. 264.

17) 그 밖에 '행위'라는 용어가 사용되고 있고 그것이 적법행위를 의미하는 경우에는 대부분 추상화된 법률행위를 가리키고 있다(이에 관하여 자세한 것은 박영규, "현대사회와 법률행위론," 사법연구 제2집, 1994, 168면 참조).

18) 외부적 체계의 장점은 이를 통하여 전체 체계를 조망할 수 있을 뿐만 아니라, 법적 안전성을 보장할 수 있다는 점에 있다. 왜냐하면 외부적 체계를 이용하여 법률적 문제를 해결하게 되면 논리적인 사고를 통하여 그 해답을 도출할 수 있기 때문이다. 그러나 외부적 체계

약 · 채권양도 · 물권양도 · 혼인 · 유언 등과 같은 법질서에 의하여 승인된 구체적인 행위유형들을 최고도로 추상화시킨 귀납적인 매개개념에 해당하는지,[19] 아니면 선험적으로 형성된 법적인 의미개념인지[20]에 관하여는 견해가 대립하고 있다.[21] 어느 견해에 따르든 간에 외부적 체계를 통하여 '민법총칙' 부분에서 사용하고 있는 법률행위개념이 추상화단계가 가장 높은 개념임에는 틀림이 없다. 그 다음 단계는 계약총론 부분의 계약성립에 관한 규정들이 담고 있는 계약개념이고 계약각론에 규정되어 있는 매매계약 등의 전형계약들이 이 유개념에서는 가장 낮은 단계의 추상적 일반개념에 해당한다.

추상적 일반개념은 추상화를 하는 목적에 따라 그 개념을 이루는 표지들을 선택하게 된다.[22] 법학에서 개념을 만들 때에는 주로 두 가지 목적을 추구한다. 첫째, 이미 살펴본 바와 같이 외부적 체계를 형성하여 다양하면서도 매우 복잡한 생활사실들을 쉽게 인식할 수 있는 표지로 체계화하는 데에 그 목적이 있다. 이와 같이 형성된 외부적 체계를 통하여 해당 법개념이 전체 법체계에서 차지하는 위치를 쉽게 정할 수 있다는 장점을 갖는다. 외부적 체계를 통하여 민법총칙에 관한 규정이 모든 법률행위에 관하여 원칙적으로 적용될 수 있는 데 반하여, 계약총론

안에서 포섭의 과정만을 기계적으로 하게 되면 가치평가가 배제되어서 형식논리적인 접근만이 존재하게 되어 법목적이나 법윤리가 들어올 자리가 없게 된다는 단점도 안게 될 가능성이 있다(Larenz/Canaris, Methodenlehre der Rechtswissenschaft, S. 264).

19) 이영준, 민법총칙, 89면; 이기용, "법률행위론 소고," 법학연구 제5집(충북대학교), 1993, 237면; 송덕수, "법률행위의 의의," 고시연구 1991/9, 148면.

20) Larenz/Wolf, Allgemeiner Teil des Bürgerlichen Rechts, 8. Aufl., §22/II (S. 432 Fn. 1).

21) 이에 관하여 자세한 것은 민법주해(III)/송덕수, 85면 참조.

22) Larenz/Canaris, Methodenlehre der Rechtswissenschaft, S. 266.

에 관한 규정들은 법률행위 중 계약에만 적용된다는 것을 쉽게 알 수 있다.

법개념의 추상화작업에서 추구되는 두 번째 목적은 법률적으로 동일한 의미를 갖는 사안들을 하나의 개념에 포섭하여 동일한 법률효과를 주겠다는 데에 있다.[23] 즉 외부적 체계는 구체적인 사안을 법률규정의 요건에 포섭할 수 있는 기초를 마련해준다. 따라서 민법의 외부적 체계를 형성하는 법률행위와 의사표시개념은 법률효과가 발생했는지를 검토하는 법률규정의 법률요건으로 작용하고 있다.[24] 법률요건인 법률행위개념은 법률행위를 통하여 법률관계의 규율을 목적으로 하는 법률규정을 적용하기 위한 표준으로 작용하고 있는 것이다. 예컨대 제103조 이하의 법률행위에 관한 규정과 제107조 이하의 의사표시에 관한 규정들은 인간의 행위 중에서 '법률행위' 내지 '의사표시'만을 그 규율대상으로 한다. 따라서 이 규정들은 사실행위에는 물론 밖으로 표현되지 않은 선의, 악의, 소유의 의사와 같은 내부적 용태 그리고 의사가 외부로 표현된 외부적 용태 중에서도 최고(催告)와 같은 의사의 통지, 채무의 승인과 같은 관념의 통지와 용서와 같은 감정의 표시에 원칙적으로 적용되지 않는다. 일정한 법률효과의 발생을 목적으로 하는 의사표시 내지 법률행위에만 적용될 수 있는 것이다.

법률요건으로서의 의사표시와 법률행위개념은 인간의 행위를 통하여 법률효과가 발생하는지를 검토하는 객체이지 그 효력여부

---

23) Larenz/Canaris, Methodenlehre der Rechtswissenschaft, S. 267.

24) Thiele, Die Zustimmung in der Lehre vom Rechtsgeschäft, S. 82. Larenz/Wolf가 "법률행위제도는 사적인 의사에 의하여 법률관계가 형성되는 요건과 체계를 법률에 확정하는 데에 그 임무가 있다[ders. Allgemeiner Teil des Bürgerlichen Rechts, 8. Aufl., §22/I (S. 431)]"라고 했을 때 이는 바로 추상적 법률행위개념이 법률의 외부적 체계를 형성하는 요건으로 기능하고 있음을 전제로 한 설명이라고 하겠다.

를 결정해 주는 결과는 아니다. 이러한 측면에서 의사표시와 법률행위개념은 사적인 행위가 유효하기 위한 최소한의 요건으로서 다른 요건들과 함께 법률규정의 요건으로 작용하고 있다. 이러한 의미에서 추상적 법률행위개념은 입법기술의 보조개념인 동시에 법적용기술의 보조개념이다. 이와 같이 추상적 일반개념으로서의 법률행위개념은 앞에서 살펴본 형식적 성질론에 부합하는 형식적 법률행위개념에 해당한다.

㈏ 내부적 체계에 따른 기능이 결정된 법률행위개념

내부적 체계는 이익법학 내지 평가법학에서 주창된 것으로 규범이 기초로 하고 있는 가치결정의 일관된 체계를 말한다.[25] 따라서 내부적 체계는 법체계의 기본원칙[26]들로 이루어져 있다. 이와 같은 기본원칙들은 규범 안에 부분적으로 규정되어 있기는 하지만 완전히 구체화되어 있지 않기 때문에, 기본원칙이 구체적인 사안에서 문제해결을 위하여 사용되기 위해서는 구체화가 요구된다. 기본원칙이 구체화되어 있는 단계는 다음과 같이 나눌 수 있다. 우선 가장 높은 단계에서의 기본원칙은 아직 법률요건과 법률효과로 구체화되어 있지 않고 구체화될 수 있는 지침으로서 '보편적인 법사상'을 제시하고 있을 뿐이다. 여기에는 법치국가, 사회주의국가, 인간으로서의 존엄과 가치, 자기결정과 자기책임의 원칙 등과 같은 기본원칙들이 속한다. 그 다음 단계로 신의성실의 원칙, 비례의 원칙 등과 같은 하위원칙(Unterprinzip)들은 개별적인 사안을 직접적으로 해결할 수 있는 규정내용을 갖고

25) Larenz/Canaris, Methodenlehre der Rechtswissenschaft, S. 265; Kramer, Juristische Methodenlehre, 1998, S. 67.

26) Larenz/Canaris는 이를 '법윤리적 원리(rechtsethisches Prinzip)'라고 부르며, 이는 "법률규정의 방향을 설정해 주는 척도로서 그 자체의 설득력으로 법률적인 결정을 정당화시킬 수 있는 힘을 갖고 있다"라고 설명하고 있다(ders., Methodenlehre der Rechtswissenschaft, S. 302).

있지는 못하지만, 법률요건과 법률효과로 구성될 수 있는 구체성이 보인다. 여기서 입법자 또는 판례에 의하여 구체화가 이루어져야만 이러한 기본원칙을 실제 사안해결에 실현하는 형태를 갖게 된다.

기본원칙과 '추상적' 일반개념 사이에서 연결고리 역할을 하는 것이 바로 '기능이 결정된' 개념이다. 추상적 일반개념은 추상화가 높은 단계에 이를수록 담고 있는 실질적인 내용이 점점 더 없어져서, 원래 그 개념이 연관을 맺고 있던 기본원칙의 내용을 더 이상 담고 있지 않다. 반면에 기능이 결정된 개념에는 그 개념이 기초로 하는 기본원칙과의 연관성을 인식할 수 있을 정도로 기본원칙의 내용이 남아 있다.[27] 이에 따라 일반적인 법원칙으로 구성된 내부적 체계는 각 법원칙에 대응하는 기능이 결정된 법개념으로 구성된다. 그러나 이 개념은 추상화의 과정을 통하여 형성된 것이 아니므로 그 내용을 확인하는 과정에서는 항상 그 기초를 이루는 법원칙으로 돌아가야 한다.

'기능이 결정된 법개념'으로서 법률행위개념은 사법의 대원칙인 사적 자치를 우리 법체계에 매개하는 기능을 한다.[28] 내부적 체계에서는 법률행위개념을 사적 자치의 실현수단으로 사용하고 있다. '기능이 결정된 법개념'은 사적 자치의 원칙과 연관된 실체적 성질을 갖는 법개념이므로 실체적 법률행위개념에 해당한다. 따라서 이 때 "법률행위개념의 정신적 기초는 사적 자치에 있다"[29]고 할 수 있다. 이 때 실체적 법률행위개념은 법률규정의 요건으로 사용되고 있는 것이 아니라, 독자적인 법률요건[30]에 해당한다. 즉, 사인이 스스로 하나의 규범을 창조한다는 점에서 '개

27) Larenz/Canaris, Methodenlehre der Rechtswissenschaft, S. 310.

28) Larenz/Canaris, Methodenlehre der Rechtswissenschaft, S. 310.

29) 지원림, "법률행위개념의 정신적 기초," 사법연구 제2집, 1994, 21면 이하 참조.

30) 이에 관하여 이영준, 민법총칙, 83면 참조.

별규범창설적 요건'[31]으로서 실체적 법률행위개념이 기능하는 것이다. 여기서 법률행위는 '자기결정에 따라 법률관계를 자율적으로 형성하는 수단'[32]이라는 점에 그 의미를 갖는다.

3) 형식적 법률행위개념과 실체적 법률행위개념의 관계

형식적 법률행위개념에서 '유효한 법률행위적 행위 속에 반드시 본질적 요소로 있어야 할' 자기결정은 그 개념정의에서 빠져 있다. 당사자의 자기결정이라는 요소가 담긴 개념이 바로 실체적 법률행위개념이다. Thiele에 따르면 두 개념은 "인간의 행위의 특별한 유형인 동일한 객체"를 대상으로 하고 있다.[33] 다만 두 개념은 각 개념이 수행해야 하는 특별한 목적에 따라 각각 다른 요소들을 그 객체로부터 조합하고 있다. 실체적 법률행위개념은 사적 자치의 수단으로서 법률행위가 가져야 하는 요소들을 담고 있다. 그렇다고 하여 당사자들의 자기결정에 의하여 형성된 모든 규율에 구속력을 부여할 수 있는 것은 아니다. 자기결정이라는 필수적인 요건은 그 일반화된 표현으로 말미암아 그 내용을 명확하게 확정하기 어렵다. 법적 안전성과 명확성이라는 요구를 충족하기 위해서는 법률행위를 통한 규율이 유효하기 위한 요건이 더욱 구체화되어야 한다. 이러한 이유로 거래생활에서 나타나는 많은 문제들은 단순히 사적 자치의 원칙만으로는 해결되지 않는다. 실무에서 사적 자치의 원칙을 통하여 드러나는 문제들을 실정법상의 규정을 통하여 명확히 해결하지 않는다면, 사적인 거래는 실제로 기능할 수 없게 된다. 이러한 문제

---

31) 심헌섭, "법률행위론의 법철학적 기초," 이호정교수 화갑기념논문집, 1998, 3면.

32) 박경량, "사적 자치의 재조명," 사회과학연구 제1집(순천대학교 사회과학연구소), 1987, 3면.

33) Thiele, Die Zustimmung in der Lehre vom Rechtsgeschäft, S. 85.

를 해결하기 위해서 입법자가가 형식적 법률행위개념을 민법전에 도입하게 되었다.

형식적 법률행위개념은 사적 자치의 원칙이라는 사법의 기본적인 정의결정(elementare Gerechtigkeitsentscheidung)을 개별문제의 해결과 연관시키기 위하여 형성되었다. 따라서 형식적 법률행위개념은 해당 법률규정의 요건으로 기능하고 개별적인 사안을 포섭할 수 있는 능력을 갖고 있어야 한다. 그렇다고 하여 "정의의 문제가 구성의 문제로 변형"되었다고 생각해서는 안 된다.[34] 입법기술을 통한 법률규정의 구성은 실제로 정의결정을 옮겨놓은 기능적 지위를 갖기 때문이다. 따라서 구체적인 사안에서 법률규정들을 적용할 때 실정법상의 규정들을 넘어서 그 규정들이 담고 있는 법제도의 핵심에 눈을 열고 있어야 한다. 다시 말하면 법률규정이 전제로 하고 있는 가치결정들을 찾고 그로부터 발생하는 문제들을 이해하기 위해서는 형식적 법률행위개념을 넘어서 실체적 법률행위개념으로 시각을 돌려야 한다.

그럼에도 불구하고 형식적 법률행위개념은 우리 법체계에서 독자적인 기능을 갖고 있음을 부정할 수 없다. 형식적 법률행위개념은 인간의 의사표시를 통하여 형성된 법률행위와 다른 사실행위를 구별하는 기준을 제시해 준다. 다시 말하면 형식적 법률행위개념은 법적용에서 '자기결정'이 존재하는지, 아니면 '타인에 의한 결정'이 존재하는지를 구분하는 역할을 한다.[35] 그러므로 법률규정의 요건으로 작용하는 형식적 법률행위개념은 그 정의에 있어서도 이러한 목적에 합당한 요소들을 담고 있어야 한다.[36] 마찬가지로 '의사표시' 개념이 형식적 기능을 수행할 때도 의사

---

34) Thiele, Die Zustimmung in der Lehre vom Rechtsgeschäft, S. 79.

35) Larenz/Canaris, Methodenlehre der Rechtswissenschaft, S. 314.

36) Thiele, Die Zustimmung in der Lehre vom Rechtsgeschäft, S. 83.

표시 개념은 사적인 행위를 통하여 법률관계를 규율한다는 데에 초점이 있는 것이다.

(2) 형식적 법률행위개념의 의미와 내용

1) 법률사실로서의 형식적 법률행위개념

형식적 법률행위개념은 법률효과를 발생하게 하는 법률요건으로서 법률사실[37]이다. 법률사실은 사람의 정신작용에 기하지 않은 법률사실인 사건과 사람의 의식이나 정신작용에 기한 법률사실인 용태로 나눌 수 있는데, 형식적 법률행위개념은 이미 살펴본 바와 같이 인간의 행위 중 '의사표시에 의한 행위'를 판별하는 기준으로 작용한다. 따라서 형식적 법률행위개념은 '법률행위의 존재를 인정할 수 있기 위한 최소한의 외형적·형식적 요건'[38]만 갖추면 된다. 그렇기 때문에 실체적 법률행위개념에서 핵심적 요소라고 할 수 있는 '자기결정'이라는 요소는 형식적 법률행위개념에서 배제되어 있다. 이러한 기능을 갖는 형식적 법률행위개념을 우리 학설에서는 '의사표시를 요소로 하는 법률요건'으로 정의하고 있다.[39]

2) 성립된 법률행위로서의 형식적 법률행위개념와 그 요건

형식적 법률행위개념은 법률행위가 유효한가를 판단하기 위한 대상에 불과하다. 따라서 형식적 법률행위개념은 의사표시에 의한 행위로서의 최소한만을 갖추면 되고 아직 효력을 발생하기 위한 요건을 담고 있을 필요가 없다. 법률행위개념과 그 필수불가결의 요건인 의사표시개념이 민법전에 규정되어서 법률규정의 요건으로 기능할 때에는 사적인 행위가 유효하기 위한 모든 요

37) 이에 관하여 자세한 것은 이영준, 민법총칙, 84면 이하.

38) 이영준, 민법총칙, 156면.

39) 특히 학자들의 다양한 표현에 관하여 이영준, 민법총칙, 88면 이하; 송덕수, "법률행위의 의의," 고시연구 1991/9, 145면 이하.

건을 담고 있지 않다. 예컨대 제103조, 제104조는 무효인 법률행위도 법률행위로 인정하고 있다. 따라서 법률행위의 효력발생요건이 갖추어지지 않은 경우에도 법률행위가 민법상 존재한다. 또한 의사표시에 관한 규정들도 의사표시에 하자가 있어서 의사표시가 무효 또는 취소될 수 있는 경우에도 의사표시를 인정하고 있다(제107조 이하 참조). 여기서 법률행위개념 내지 의사표시개념은 효력발생요건을 갖추고 있을 필요는 없으나, 최소한 그 성립요건은 갖추어야 한다.

— 형식적 법률행위개념이 인정되기 위한 요건은 법률행위의 성립요건이다. 통상 법률행위의 일반적 성립요건으로서 i) 당사자가 존재하고 특정되어 있어야 하며, ii) 법률행위의 목적이 특정되어 있어야 하고, iii) 의사와 표시로 볼 수 있는 행위가 있어야 한다고 설명한다.[40] 이에 대하여 당사자와 법률행위의 내용인 목적은 의사표시 안에 포함되어 있으므로 의사표시 외에 당사자의 목적을 따로 열거하는 것은 불필요하다는 견해가 있다.[41] 그러나 의사표시를 통상 "일정한 법률효과의 발생을 목적으로 하는 의사의 표시"[42]라고 정의함에 있어서나, 의사표시의 요소를 이루는 표시행위, 행위의사, 표시의사 및 효과의사를 검토하면서도 구체적으로 당사자와 법률행위의 구체적인 목적을 논하고 있지 않다. 즉, 의사표시를 검토함에 있어서 그 행위적 측면만을 살펴보기 때문에 규율적 측면에 해당하는 당사자와 법률행위의 목적은 검토의 대상이 되지 않는다.[43] 그러므로 당사자와 법률행위의 목적을 의사표시와 독립하여 검토할 충분한 실익이

40) 이영준, 민법총칙, 156면; 곽윤직, 민법총칙, 280면.

41) 민법주해(II)/송덕수, 165면.

42) 학자들이 사용하고 있는 다양한 표현에 관하여 민법주해(II)/송덕수, 118면 참조.

43) 행위로서의 법률행위와 규율로서의 법률행위에 관한 자세한 내용은 아래 29면 이하 참조.

있다고 보여진다.[44)]

또한 법률행위의 목적이 확정되어야 한다는 요건은 의사표시에 포함되어 있고 이를 구체화하는 것은 유효요건에 해당되는 것이기 때문에 이를 일반적으로 성립요건으로 요구하는 것은 정당하지 않다는 견해도 있다.[45)] 이 견해는 확정성이라는 요건이 성립요건은 물론 효력발생요건에서도 논의되고 있는 것이 부당하다는 입장에서 확정성이라는 요건을 효력발생요건으로 정리하려는 시도로 이해된다. 그러나 이 견해는 확정성을 법률행위의 본질적 구성부분과 비본질적 구성부분으로 나누어서 고찰해야 한다는 점을 인식하지 못하고 있다. 즉, 법률행위의 당사자, 매매목적물, 매매대금과 같은 본질적 구성부분에 대한 확정성이 없으면 법률행위가 성립할 수 없지만, 이행지, 이행기와 같은 비본질적 구성부분에 대하여 확정성이 결여되어 있는 경우에는 그 해당부분만 무효이고 일부무효에 관한 문제가 발생하게 된다(제137조 참조).[46)] 그러므로 확정성은 본질적 구성부분과 관련해서는 성립요건이고 비본질적 구성부분과 관련해서는 효력발생요건인 것이다.

— 일반적 성립요건으로서 3가지 요건을 인정하는 다수의 견해에 따라 형식적 법률행위개념의 요건을 구체적으로 살펴보겠다. 당사자가 특정되어 있어야 한다는 의미는 법률행위의 주체로

44) 의사표시만을 갖고 법률행위의 일반적 성립요건을 설명하려고 하는 견해는 계약에서도 의사표시의 일치인 합의만으로 계약이 성립한다고 하는 입장을 취하고 있다[민법주해(II)/송덕수, 166면]. 그러나 계약이 성립하기 위해서는 의사표시의 일치는 물론 그 일치를 통하여 계약의 본질적 구성부분에 관한 규율이 이루어져야 하는데, 그 때 바로 계약의 본질적 구성부분의 내용이 당사자와 계약의 목적이 되기 때문에 계약의 성립에 있어서도 의사표시의 일치만을 갖고 그 성립요건을 논하는 것은 무리가 있다고 생각된다(자세한 것은 아래 제3장 제3절 참조).

45) 고상용, 민법총칙, 320면.

46) 계약인 경우에는 불합의의 문제가 발생할 수 있다(자세한 것은 아래 164면 이하 참조).

서 당사자가 존재함을 의미한다.[47] 그 법률행위의 주체가 객관적으로 식별 가능해야 한다. 그렇지 않다면 법률효과의 귀속주체를 확정할 수 없기 때문이다. 예컨대 매매계약에서 매도인과 매수인이 누가 될지가 확정되어 있어야 한다.

다음으로 법률행위의 목적인 내용이 존재하고 확정 가능해야 한다. 여기서 당사자가 어느 한도까지 내용을 확정해야 법률행위가 성립하는지에 관하여 논의가 없다. 당사자들이 계약의 내용에 관한 모든 내용을 확정해야 법률행위가 성립한다는 것은 아니기 때문에, 확정이 필요한 범위를 정할 필요가 있다. 통상 법률행위의 목적은 법률행위를 하는 자가 그 법률행위에 의하여 발생시키려고 하는 법률효과라고 설명한다.[48] 이를 통하여 법률효과와 직접적으로 연관된 내용이 확정되어야 한다는 것을 추측할 수 있을 뿐이다. 법률행위가 성립하기 위해서 어느 범위까지 그 내용이 확정되어야 하는지에 관하여 계약의 성립에서는 구체적으로 본질적 구성부분이라는 표제어 아래에서 논의되고 있다. 여기서는 자세히 논하지 않겠지만, 계약이 성립하기 위해서는 체결하려고 하는 계약의 본질적 구성부분에 관한 합의가 있어야 성립한다. 본질적 구성부분에는 계약의 당사자, 주된 급부의무와 그 구체적인 내용이 속한다.[49] 본질적 구성부분론은 법률행위에도 적용될 수 있다고 생각된다.

마지막으로 의사표시가 존재해야 하며 계약인 경우에는 특별히 당사자의 의사표시의 합치가 필요하다.[50] 여기서 의사표시의 성립요건으로서 통지 및 도달이 있어야 하는가에 관하여 견해가 대립하고 있다.[51] 의사표시의 통지로 성립하고 도달로 효력

47) 이은영, 민법총칙, 355면.

48) 이영준, 민법총칙, 183면; 이은영, 민법총칙, 358면.

49) 자세한 것은 아래 134면 이하 참조.

50) 민법주해(II)/송덕수, 166면; 김상용, 민법총칙, 352면.

51) 의사표시의 도달로 의사표시가 성립함은 물론 효력이 발생하기 때

이 발생한다는 견해[52]는 만약 도달을 성립요건으로 보면, 발신에서 도달까지의 의사표시의 상태를 어떻게 설명할 수 있을지 의문이라고 한다. 이에 대하여 의사표시의 통지는 물론 도달도 성립요건이라고 보는 견해[53]는 상대방 있는 의사표시의 경우에 도달이 없으면 상대방에 대한 관계에 있어서 의사표시의 법적 존재를 인정할 수 없다고 한다. 따라서 제111조가 도달한 때부터 효력이 생긴다고 규정하고 있는 것은, 단지 의사표시의 효력발생 시점만을 의미하는 것이라고 한다.[54] 이 문제와 관련하여 통지만 있으면 의사표시가 있는지, 아니면 도달까지 있어야 의사표시가 성립하는지는, 의사표시의 해석의 검토단계를 살펴보면 그 해답이 쉽게 나온다고 생각한다. 상대방 있는 의사표시의 해석은 상대방에게 도달한 때에 그 도달한 상태를 갖고 해석을 하게 된다.[55] 그리고 해석을 통해서 비로소 당사자와 계약의 목적이 확정되어 있는지와 계약에 있어서는 의사표시가 일치하여 성립하였는지를 검토할 수 있으므로 의사표시의 도달은 법률행위성립요건으로 보는 것이 타당하다고 생각한다. 결국 의사표시의 도달은 의사표시 자체의 효력발생요건이지만 법률행위 측면에서는 성립요건인 것이다.

— 형식적 법률행위개념이 기본원칙인 사적 자치의 원칙과 아무리 멀어져 있다고 하더라도 아직도 그 내용을 일부 담고 있음을 발견할 수 있다. 당사자, 목적 등이 확정되어 있어야 법률행위가 성립한다는 점은 사적 자치의 원칙의 내용인 당사자 선택의 자유 및 내용형성의 자유의 발현으로 볼 수 있기 때문이다.

문에 학설대립이 큰 의미가 없다는 견해로 Flume, Allgemeiner Teil des Bürgerlichen Rechts, Bd. 2. Das Rechtsgeschäft, §14/1 (S. 225).

52) 김상용, 민법총칙, 514면 이하.

53) 이영준, 민법총칙, 419면; 이은영, 민법총칙, 553면.

54) 이은영, 민법총칙, 356면(주67).

55) Medicus, Allgemeiner Teil des BGB, §§ 24 Rn. 313 (S. 118).

즉, 법체계에서는 당사자들에게 최소한 당사자와 법률행위의 주된 내용을 자유롭게 결정할 수 있는 권한을 부여하려고 한 것이다. 그렇다고 하더라도 여기서 보장되고 있는 내용은 아직 사적 자치의 원칙 및 실질적 법률행위개념과 멀다. 왜냐하면 이러한 내용이 법률행위의 내용상 형식적으로 확정되어 있으면 되고 당사자의 의사와 맞지 않더라도 형식적 의미의 법률행위는 성립하여 그 존재를 인정하기 때문이다.

3) 형식적 법률행위개념의 요소로서의 의사표시개념

㈎ 형식적 의사표시개념

법률행위와 의사표시 모두 법률효과의 발생을 목적으로 한다는 점에서는 공통되나, 법률행위라는 개념이 의사표시보다 더 넓다는 것을 알 수 있다.[56] 법률효과가 발생하기 위해서 표의자의 일방적인 의사만 필요한 경우에는 법률행위와 의사표시는 일치한다. 해제, 해지, 취소의 의사표시를 통한 단독행위가 이에 해당한다. 그러나 계약이라는 법률행위가 성립하기 위해서는 청약과 승낙이라는 계약 양 당사자의 의사표시가 필요하다.[57] 또한 요물계약에서와 같이 법률효과를 발생하기 위하여 의사표시 외에 다른 요건들이 필요한 경우에 의사표시는 법률행위의 불가결의 요소이지만 법률행위의 유일한 요소는 아니다. 그러나 의사표시가 '법률행위의 본질적 구성요소'임에는 틀림이 없다.[58]

형식적 법률행위개념의 불가결한 요소를 이루는 의사표시도 형식적 성질을 갖고 있음은 물론이다. 따라서 형식적 의사표시개념은 의사표시가 성립하기 위한 요건만 갖추면 되고 효력을 발

---

56) 이영준, 민법총칙, 95면 이하; 송덕수, "법률행위의 의의," 고시연구 1991/9, 149면 이하.

57) 이러한 측면에서 청약과 승낙은 의사표시에 해당할 뿐, 단독으로 법률행위가 되지 않는다.

58) 송덕수, "법률행위의 의의," 고시연구 1991/9, 152면.

생하기 위한 모든 요건을 충족할 필요는 없다. 형식적 의사표시 개념이 갖추어야 하는 요소는 '의사표시의 성립요소'[59]인 것이다. 이러한 관점에서 형식적 의사표시개념의 요소를 살펴보겠다.

㈏ 형식적 의사표시개념의 요소

형식적 의사표시개념은 법률적으로 의미가 있는 의사의 표명이라는 의미를 갖는다. 이미 '의사 - 표시'라는 단어 자체로부터 외부적(객관적) 요건으로 표시 그 자체를 이루는 표시행위와 내부적(주관적) 요건으로서 표시의 내용인 의사로 의사표시를 구분할 수 있다.

의사표시의 외부적 요건은 일정한 법률효과의 발생을 목적으로 하는 의사의 표명으로 볼 수 있는 행위이다. 행위가 행하여진 외부적 상황으로 볼 때, 그 행위가 법률적으로 중요한 의사의 표명으로 해석될 수 있느냐가 척도가 된다. 이 결정에 의심이 가는 경우에는 그 행위의 해석을 통하여 의미를 확정해야 한다. 표시행위가 되기 위해서는 법률효과의 발생을 목적으로 하는 의사의 표명이 있어야 한다.

원칙적으로 의사표시의 외부적인 요건에는 그에 대응하는 표의자의 의사가 존재한다. 보통의 경우에 표의자는 그가 행위하거나, 말하거나, 쓰거나 표정을 통하여 표시를 한다는 사실을 알 것이다. 따라서 표의자는 행위한다는 인식과 의사를 갖는다(행위인식, 행위의사). 일반적으로 표의자는 표시된 바가 법적인 의미를 갖는다는 점, 즉 의사의 표시로 법률생활에 참가한다는 사실을 알 것이다. 따라서 법적으로 중요한 의사를 표시한다는 인식과 의사를 표의자는 갖는다(표시인식, 표시의사). 마지막으로 특정한 법률효과를 발생시키는 데에 표의자의 의사가 지향되어 있을 것이다. 일정한 내용의 계약을 체결하거나, 해고하거나 수표에 서명

59) 이러한 표현으로 고상용, 민법총칙, 390면.

한다는 의사, 즉 의사의 표시로 특정한 내용을 갖는 법률행위를 한다는 의사를 표의자는 갖는다(효과의사, 거래의사).[60]

통상적인 경우에는 표의자에게 행위의사, 표시의사와 효과의사가 있고 그에 알맞은 상태로 의사의 표시가 이루어진다. 그러면 형식적 의사표시의 요소에 행위의사, 표시의사와 효과의사가 포함되는가? 요소가 된다면 이러한 의사가 없는 경우에는 의사표시가 존재하지 않게 된다. 그러나 우리 민법 규정을 살펴보면 주관적 의사에 흠이 있는, 즉 하자 있는 의사표시도 의사표시로 보기 때문에(제107조 이하 참조) 주관적 의사 모두 의사표시의 요소가 되지 않음은 분명하다. 그렇다면 어느 정도까지 의사를 형식적 의사표시의 요소로 볼 것인가?

의사표시의 내용과는 관계가 없는 행위의사와 표시의사에 관한 학설대립은 충분히 그 논의의 실익이 있다. 왜냐하면 이 부분에 대하여 우리 민법의 입법자가 명확한 결론을 내리고 있지 않기 때문이다. 행위의사가 존재하지 않는 대표적인 예는 잠꼬대로 또는 최면상태에서 말하거나 항거할 수 없는 강제상태에서 의사가 없는 도구로만 사용되는 경우이다. 이 때 행위의사가 결여된 경우에는 법적 의미 있는 행위가 존재한다고 할 수 없으므로 행위의사는 의사를 의사표시의 요소로 보든[61] 의사표시의 요소가 아니라, 표시행위가 아예 존재하지 않는 것으로 보든[62] 상관없이 의사표시는 존재하지 않는 것으로 본다. 표시의사가 없는 경우는 외부적 요건을 의사에 따라 형성하였으나, 법률적 중요성에 대한 인식이 없는 경우이다. 표시의사가 결여된 경우에 의사

60) 이 때 효과의사가 사실적 효과를 목적으로 하는가, 아니면 법적 효과를 목적으로 하는 가에 관한 학설대립에 관하여 지원림, "의사표시의 본질," 한국민법이론의 발전(I)[총칙 · 물권편], 1999, 75면 참조.

61) 김증한 · 김학동, 민법총칙, 266면.

62) 곽윤직, 민법총칙, 279면.

표시의 효력을 인정할 것인지는 오래 전부터 논의되고 있고, 각 찬반론의 논거가 모두 정당한 것처럼 보이기 때문에 아직도 견해가 대립하고 있다.[63] 표시의사가 의사표시의 요소인가 문제에 대하여 기본적으로 3개의 이론이 대립하고 있다. 주관설은 자신의 행위로 법률효과를 발생시킨다는 표의자의 (주관적) 인식을 의사표시의 구성요소로 본다.[64] 이에 반하여 다수설인 객관설에 의하면 법률적으로 중요한 행위를 한다는 인식이 없는 경우에도 유효한 의사표시를 인정한다.[65] 다만 표의자는 착오를 이유로 하여 의사표시를 취소(제109조)함으로써 의사표시의 구속으로부터 벗어날 수 있다. 최근에 등장한 절충설[66]에 의하면 표의자가 충분한 주의를 다한 경우에 그 행위가 타인에 의해서 의사표시로서 이해될 수 있는 사정을 인식할 수 있었을 경우에만 표의자가 의사표시에 구속된다고 한다. 표의자가 행위를 함에 있어서 거래생활에서 필요한 주의의무를 소홀히 하였는지가 기준이 된다. 주의의무를 다한 경우에 한하여 표시의사가 결여된 경우에 의사표시로서 효력을 발생하지 않게 된다.

의사표시의 내용과 연관된 효과의사와 관련하여 효과의사가 의사표시의 요소가 되는지에 관하여는 학설대립이 있을 수 없다

---

63) 독일에서의 심도 있는 논의를 소개하고 있는 문헌으로 엄동섭, "현대 독일의 법률행위론 — BGHZ 91,324 판결을 둘러싼 논의를 중심으로 —," 법률행위론의 사적 전개와 과제(이호정교수 화갑기념논문집), 1998, 167면 이하.

64) 이영준, 민법총칙, 125면 이하: 이 견해는 "표시의사를 의사표시의 요소로 인정하더라도 대부분의 경우 규범적 해석에 의하여 표시의사가 존재한다고 해석되므로 의사표시로써 일응 효력을 발생하는 것이다"라고 설명함으로써 사실상 객관설에 접근하고 있다.

65) 곽윤직, 민법총칙, 198면; 백태승, 민법총칙, 312면; 이은영, 민법총칙, 453면.

66) 김민중, 민법총칙, 490면.

고 생각된다. 왜냐하면 착오에 관한 제109조의 규정을 통하여 우리 입법자가 명확한 입장을 취하고 있기 때문이다. 제109조 제1항 본문에 따르면 의사표시는 법률행위의 내용의 중요부분에 착오가 있는 때에는 취소할 수 있다. 취소할 수 있다는 점은 의사표시 자체가 유효하다는 것을 전제로 하고 있다.[67] 따라서 당사자가 표시행위에 부여한 내용과 당사자가 갖고 있는 효과의사가 일치하지 않는 의사표시의 내용에 관한 착오가 발생하더라도 그 의사표시는 표시된 내용대로 일단 유효하다. 그러므로 효과의사가 표시행위와 일치하지 않아도 의사표시가 효력을 발생하고 있다면, 당연히 형식적 의사표시가 성립하는 것을 막지 못한다.

[여론] 효과의사에 관한 학설대립의 실체

효과의사와 관련하여 우리 학설은 극심하게 대립하고 있으나, 효과의사에 관한 학설상의 논의가 용어를 혼동해서 사용하고 있을 뿐만 아니라, 체계적으로 잘못된 곳에서 진행되고 있다. 의사표시의 요소에 관한 절 아래에서 현재 효과의사와 관련하여 다툼이 되고 있는 내용을 살펴보면 다음과 같다. 한 견해는 표시행위로부터 추측・판단되는 표시상의 효과의사와 표의자가 가지고 있었던 실제의 의사인 내심의 효과의사를 나누고 '의사표시의 요소'가 되는 것은 표시상의 효과의사라는 입장을 취하고 있다.[68] 이에 대하여 의사표시는 사적 자치를 실현하기 위한 수단이기 때문에 '의사표시의 본체'는 표의자의 실제의 의사인 내심의 효과의사이지 의제된 의사인 표시상의 효과의사가 아니라는 비판이 제기되고 있다.[69] 앞의 견해가 '의사표시의 요소'라는 표현을 쓰고 있고 뒤의 견해가 '의사표시의 본체'라는 표현을 쓰고 있어서 이 두 가지가 같

67) 유효로 보는 통설적 입장에 비판적인 시각을 제시하면서 오히려 무효로 이론구성해야 한다는 입장으로 임형택, "의사표시의 주관적 구성요소," 재산법연구 제23권 제3호, 2007, 91면 이하.

은 차원의 문제로 비추어질 수 있을 것이다. 그러나 이는 같은 문제가 아니라 완전히 서로 다른 차원의 문제인 것이다.

표시상의 효과의사와 내심의 효과의사를 나눈 다음 표시상의 효과의사가 의사표시의 요소라고 하는 견해는 결국 주관적 의사인 효과의사는 의사표시의 요소가 아니라는 점을 인정하고 있는 것이다. 의사표시의 주관적 요소로서 효과의사가 의사표시의 요소가 되는지를 검토할 때에는, 효과의사라는 주관적 의사 없이도 의사표시가 인정되는지의 여부를 검토하는 것이 논의의 초점일 것이다. 다수설이 의사표시의 요소로 인정하고 있는 표시상의 효과의사는, 더 이상 내적인 의사가 아니고 규범적 해석을 통하여 확정된 표시행위의 객관적 내용에 불과하다. 그렇기 때문에 다수설에 의하면 주관적 효과의사가 요소가 아니기 때문에 의사표시가 인정되기 위한 요소가 아닌 것이다.

그렇다면 내심의 효과의사와 표시상의 효과의사에 관한 학설대립은 어떠한 의미를 갖는가? "이는 바로 의사표시의 본체가 두 효과의사 중 무엇이 되어야 하는가?"라는 의사표시의 본체가 무엇인지와 연관되어 있다. 결국 이는 아직도 해결되지 못하고 있는 표시주의, 의사주의 및 효력주의의 대립에서 파생하여 논의되고 있는 문제이다.[70] 그러나 이는 형식적 의사표시의 요소를 결정하는 문제와는 상관이 없는 논의이다. 제109조를 통하여 효과의사가 없어도 의사표시로 보겠다는 입법자의 의사가 명백하기 때문이다. 그러므로 이 논의는 실체적 의사표시 및 법률행위개념과 연관된 것이지 형식적 의사표시 및 법률행위개념을 결정하는 데 있어서는 아무런 의미가 없다고 하겠다.

68) 곽윤직, 민법총칙, 280면; 이은영, 민법총칙, 449면.

69) 이영준, 민법총칙, 115면; 김상용, 민법총칙, 336면.

70) 이에 관한 우리 문헌으로 엄동섭, "법률행위의 해석에 관한 연구"(서울대 박사학위 논문), 1992, 45면 이하; 지원림, "법률행위의 효력근거에 관한 연구"(서울대 박사학위 논문), 1993, 24면 이하; 김학동, "독일에서의 의사표시이론," 사법연구 제2집, 1994, 72-165면.

(3) 법률규정을 기초로 한 성립요건과 효력발생요건의 구분

지금까지의 논의를 통하여 드러난 것을 기초로 서두에서 제기했던 질문에 대한 해답은 자연스럽게 나왔다고 생각된다. 법률행위의 성립요건과 효력발생요건을 구분하는 근거는 바로 법률규정에 있다. 민법규정에서 사용하고 있는 법률행위개념은 효력발생요건을 충족하지 않아도 성립요건만 갖추면 되는 형식적 성질을 갖는 법률행위개념이다. 추상적 법률행위개념을 입법자가 사용함으로써 법률행위의 성립과 효력발생이라는 구분이 나온 것이다. 그러므로 법률행위의 성립과 효력발생이라는 단계를 나누는 것은 민법전을 기초로 하고 있다.[71]

법률효과를 법률행위의 성립 및 효력발생 내지 불성립 및 무효로 나누는 것도 민법전을 근거로 하는 것이다. 법률효과가 없는 법률행위는 더 이상 존재의미가 없다고 할 수 있으나,[72] 이러한 법률행위의 무효를 판단하기 위해서는 우선 법률행위가 성립하여야 한다. 또한 성립된 법률행위를 인정해야 무효행위의 추인과 전환을 인정할 수 있다. 그러므로 법률행위의 부존재와 무효를 구별할 실익이 있다.[73]

계약의 성립의 문제 그리고 합의와 불합의 문제도 모두 계약의 성립과 관련된 문제에 해당한다. 따라서 계약의 성립에서 계약이라는 개념은 형식적 법률행위개념에 구체화된 형태인 형식적 계약개념으로 이해하고 성립된 계약개념의 요건을 구성하여야 한다.

---

71) 역사적으로는 사법상 성립요건과 효력발생요건의 구분은 독일보통법시대에 있어서의 형법학상의 범죄구성요건과 처벌조건의 관념을 수입한 데에서 비롯되었다고 한다(최용환, "법률행위의 목적의 확정 — 성립요건과 유효요건의 분별을 겸하여 —," 사법논문집, 1985, 91면).

72) 현병철, "무효," 비교사법 제5권 2호, 1998, 328면.

73) 이에 관하여 자세한 것은 최용환, "법률행위의 목적의 확정 — 성립요건과 유효요건의 분별을 겸하여 —," 사법논문집, 101면 이하.

2. 행위로서의 법률행위와 규율로서의 법률행위

기존의 학설이 법률행위개념을 행위라는 상위개념을 통하여 살펴본 것[74]과는 달리 법률행위를 행위(Akt)와 규율(Regelung)로 나누어 고찰하는 견해가 Flume[75]에 의해서 주창되었고, 이에 찬동하는 견해도 우리나라에 등장하였다.[76] 이에 따르면 행위로서의 법률행위가 법률관계를 형성하는 과정이라고 한다면, 규율로서의 법률행위는 행위의 결과라고 한다. 그에 의하면 행위로서의 계약체결 외에도 계약체결의 결과로 규율로서의 계약이 존재하게 된다. 행위로서의 법률행위와 규율로서의 법률행위는 법률과 입법행위의 구분과 동일하다고 한다.

Flume에 의하면, 행위로서의 법률행위를 통하여 일정한 법률효과가 효력을 갖는다는 점이 표시되며, 일정한 규율에 효력을 부여한다는 점에 중점이 있다. 행위로서의 법률행위는 사적자치를 통하여 법률관계를 형성한다는 측면에서 단순한 행위(Verhalten)가 법률적으로 의미가 있는 경우와 구분된다고 한다.

규율로서의 법률행위는 본질적 구성부분(essentialia negotii), 자연적 구성부분(naturalia negotii) 그리고 임의적 구성부분(accidentalia negotii)과 연관된다고 한다.[77] 본질적 구성부분과 임의적 구성부분은 행위로서의 법률행위를 통하여 형성된 규율로서의 법률행위의 내용을 형성하는 반면에, 자연적 구성부분은 행위로서의 법률

---

74) Larenz, Allgemeiner Teil des Deutschen Bürgerlichen Rechts, § 18/I (S. 314 ff.) 참조.

75) Flume, Allgemeiner Teil des bürgerlichen Rechts, 2. Band, Das Rechtsgeschäft, 3. Aufl.(1979), § 6/1(S. 78 ff.); 이에 대하여 비판적 견해로 Kramer, Vertragstatbestand, Vertragsinhalt und Wirksamkeitsvoraussetzungen des Vertrages, Diss. Heidelberg, 1964, S. 17ff.

76) 이영준, 민법총칙, 156면; 윤형렬, "계약의 체결과 불합의—계약의 체결로서의 합의—," 이명구박사 화갑기념논문집(III), 1996, 164면 이하.

77) 이에 관하여 자세한 것은 아래 127면 이하 참조.

행위와 연관이 없고 법률상의 보충규정을 통하여 규율되는 것으로 본다.

Flume는 규율로서의 법률행위와 법률효과를 구분하기 때문에, 논리적으로 다음과 같은 3단계가 형성된다고 보았다. 즉 법률행위적 행위는 법률행위적 규율을 만들어내고 이를 통하여 법률효과가 발생한다는 것이다.[78] 그러나 법률행위의 법률적 평가를 위해서 Flume는 다음과 같은 3단계를 제시하고 있다.[79] i) 법률행위의 대상이 된 규율이 무엇인지를 검토한다. ii) 법률행위의 내용이 확정되면, 법률행위가 법체계에서 인정되고 있는 어느 법률행위 유형에 포함되는지를 살펴본다. iii) 마지막으로 해당 법률규정에서 요구하고 있는 법률행위 유형의 모든 요건을 충족하였는지를 검토한다.

행위로서의 법률행위와 규율로서의 법률행위를 통해 법률행위의 특색을 설명함으로써 사적 자치에 의한 규율영역과 법률규정에 의한 규율영역의 관계가 잘 드러난다. 그러나 Flume는 이 3단계를 형성함으로써 각 단계별로 엄격히 구분하고 독립된 법률효과를 귀속시키려고 한 것은 아니다. 계약의 규율프로그램(Regelungs-programm)을 확인하는 첫 번째 단계는 법률행위가 존재하느냐 하는 두 번째 단계의 기초를 형성하는 작업에 불과하다. 행위로서의 법률행위와 규율로서의 법률행위는 그 자체가 법률효과와는 연관이 없는 구분이고, 따라서 법률효과와 연관되어서 의미가 있는 구분은 법률행위 자체의 성립을 검토하는 단계와 그 유효성을 검토하는 2단계만이 존재한다고 할 수 있다.

---

78) 그러므로 행위로서의 법률행위와 규율로서의 법률행위를 성립요건과 효력발생요건과 일치시키는 견해(이영준, 민법총칙, 156면)는 이 견해를 제대로 이해하고 있지 않다고 생각된다.

79) Flume, Allgemeiner Teil des bürgerlichen Rechts, 2. Band, Das Rechtsgeschäft, §6/2 (S. 81).

II. 계약법으로의 적용

1. 계약의 체결 · 성립 · 효력발생이라는 3단계 구분론

법률행위론에서의 논의를 계약법에 적용시킨 것이 3단계 계약관이다. 이 견해는 이미 살펴본 바와 같이 행위로서의 법률행위와 규율로서의 법률행위 구분에서 행위로서의 계약체결과 규율로서의 계약성립을 구분하고, 성립요건과 효력발생요건에서 계약의 성립과 계약의 효력발생을 구분한다.

(1) 3단계 계약관은 원래 Leenen이 단순한 합의개념을 이론적으로 정립하기 위해서 사용한 것이다. Leenen에 있어서 행위로서의 계약체결의 목적은 계약에 효력을 부여하는 데에(In-Geltung-Setzen) 있다. 계약의 체결을 위해서는 우선 계약의 최소규율내용인 본질적 구성부분이 확정된 내용으로 규율되어 체결될 수 있는 상태로 준비되어 있을 것이 요구된다.[80] 그 다음에 이 내용에 효력이 부여되는 것은 계약에 효력을 부여하겠다는 계약당사자의 의사가 표시된 때이다. 따라서 Leenen은 계약체결의 요건으로 법적 구속의사, 확정성 그리고 본질적 구성부분을 요구하고 있다.[81] Leenen에게 있어서 계약의 성립은 "법률상 계약의 성질을 갖고 있다고 할 수 있는 것이 계약당사자의 법률적 행위를 통하여 형성된 상태"를 의미한다고 한다.[82] 이에 따라 계약성립의 단계에서는 계약의 내용이 정해진다는 점[83]과 의사표시의 불일치로

---

80) Leenen, Abschluß, Zustandekommen und Wirksamwerden des Vertrages — zugleich ein Betrag zur Lehre vom Dissens —, AcP 188(1988), 395.

81) Leenen, AcP 188(1988), 396 u. 400 ff.

82) Leenen, AcP 188(1988), 386.

83) Leenen, AcP 188(1988), 389.

이해되는 불합의를 검토한다는 단계라는 점[84]에 의미가 있다. 따라서 Leenen의 시각에서는 계약의 성립을 위해서는 의사표시의 일치가 요구된다. 이 견해에 따르면 의사표시의 불일치가 있을 때에만 불합의가 인정되며, 본질적 구성부분이 규율되고 있지 않는 경우에는 계약의 체결이 없는 것이 된다.

Leenen이 계약체결과 성립을 두 단계로 엄격히 분리하는 데에는 목적의식이 담겨져 있다. 즉, 청약에 의한 계약체결에서 청약의 요건으로 본질적 구성부분이 확정적으로 규율될 것을 요구하고 있고, 불합의규정으로 인식되고 있는 독일민법 제154조와 제155조가 본질적 구성부분 또한 적극적으로 규율될 것을 상정하고 있다는 점을 감안하여, 이 규정들을 계약체결의 단계로 보는 것이다. 이를 통하여 본질적 구성부분이라는 요건이 계약의 성립과 분리되고 계약성립의 단계에서는 의사표시의 일치만을 검토하게 되는 것이다.

Leenen은 Flume의 기본이론을 따른다고 하지만, Flume의 이론이 Leenen이 주장하는 바와 같이 3단계 구분론으로 연결될 수 있는지는 의문이다. Flume가 행위로서의 법률행위와 규율로서의 법률행위를 구분한 것은 엄격히 독립된 검토단계를 설정하기 위한 것이 아니라, 사적 자치에 의한 규율영역과 법률규정에 의한 규율영역의 관계를 설명하기 위하여 이러한 구분을 행한 것이라는 사실은 이미 살펴보았다.[85] 특히 Flume가 행위로서의 법률행위에 관한 법률규정들을 설명하면서 법률행위의 효력과도 연관된 규정들[86]을 나열하고 있다는 사실에서, 계약체결이라는 검토단계

84) Leenen, AcP 188(1988), 409.

85) 앞 29면 참조.

86) 이 규정들에는 행위능력(독일민법 제104조 이하), 하자 있는 의사표시(독일민법 제116조 이하), 법률행위의 형식(독일민법 제125조 이하), 수령을 요하는 의사표시의 도달(독일민법 제130조 이하) 그리고 계약의 체결(독일민법 제145조 이하)에 관한 규정들이 포함된다고 한다.

가 독립된 요건을 갖고 계약의 성립과 효력발생이 엄격히 구분될 수 있는지는 의문이 든다. 또한 Flume는 본질적 구성부분을 규율로서의 법률행위와 연관하여 설명하고 있기 때문에 본질적 구성부분에 대한 규율은 계약의 성립에 속하지 계약의 체결에 속하지는 않는 것이다. 또한 Leenen처럼 당사자의 일치된 의사표시의 확인 없이 체결될 계약내용을 먼저 검토한다고 하면, 의사표시 내용의 해석과 그 일치의 검토 없이 당사자들이 의도한 내용을 확인해야 한다는 것을 의미한다. 그러나 당사자의 의사표시의 해석 없이는 당사자가 의도한 계약을 확인할 수 없고, 따라서 본질적 구성부분을 확인하는 것도 불가능하다.

(2) 우리나라에서 주장되고 있는 3단계 구분론은 Leenen과 달리 각 단계별로 다른 의미를 부여하고 있다. 이에 따르면 계약체결이 계약에 효력을 부여하는 행위라는 점은 Leenen과 동일하게 보고 있으나, 계약체결의 단계에서는 "당사자의 합의를 기준으로 하여 계약을 체결하였는지의 여부를 판단하게 되는데, 이 때 이와 관련하여 심사되어야 하는 것은 「당사자가 (의사)표시를 함에 있어 의사의 합치를 이루었는가」이다"라고 설명하고 있다.[87] 또한 계약의 체결의 단계에서 "계약당사자들이 법적 구속의사를 가지고 계약에 효력을 부여하려는 목적으로 의사표시를 하였는가"에 대하여 심사해야 한다고 보고 있기 때문에, 의사표시의 일치는 물론 법적 구속의사도 계약체결의 요건이 된다.[88] 반면에 계약의 성립은 "계약자의 법률행위적 행위를 통하여 계약으로서의 자격을 부여받을 만한 법적 의미를 갖춘 규율형태"가 있는 경우에 존재한다고 보기 때문에, 본질적 구성부분이 규율될

87) 윤형렬, "계약의 체결과 불합의 — 계약의 체결로서의 합의 —," 이명구박사 화갑기념논문집(III), 167면.

88) 윤형렬, "계약의 체결과 불합의 — 계약의 체결로서의 합의 —," 이명구박사 화갑기념논문집(III), 168면.

것을 계약성립의 요건으로 보고 있다.[89] 이 견해는 Leenen의 입장보다는 본질적 구성부분을 규율로서의 계약성립의 요건으로 보고 있다는 점에서 Flume의 시각에 접근해 있다고 볼 수 있다. 그리고 의사표시의 합치를 먼저 살펴보고 그 다음에 본질적 구성부분을 검토한다는 면에서도 Flume의 법률행위의 법률적 평가단계를 이어 받은 것으로 보인다.

그러나 이 견해는 Flume와는 달리 의사표시의 일치만 있으면 합의가 성립한다는 단순한 합의개념[90]을 상정하고 있다. 즉, 이 견해는 단순한 합의개념에 대응하는 의사표시의 불일치로서의 불합의만을 인정하고 있는 것이다. 따라서 합의는 있으나 본질적 구성부분에 대한 규율이 결여된 경우는 불합의로 인정될 수 없다고 한다.[91] 그러나 본질적 구성부분을 계약성립의 요건으로 상정하고 있는 이상, 이를 소극적으로가 아니라 적극적으로 검토하여 본질적 구성부분이 결여된 경우에도 계약이 성립되지 않은 것으로 보아야 할 것이다. 이러한 점에서 이 견해는 합의는 있으나 본질적 구성부분이 결여된 사례군을 어느 단계에도 자리매김을 할 수 없다는 문제점을 안고 있다.

2. 계약의 성립 · 효력발생이라는 2단계 구분론의 옹호

Larenz에 의하면 계약은 "그에 참가하는 양 권리주체가 그에 효력을 부여하는 행위"이다.[92] 따라서 3단계 구분론이 주장하고

---

89) 윤형렬, "계약의 체결과 불합의 —계약의 체결로서의 합의 —," 이명구박사 화갑기념논문집(III), 166면.

90) 단순한 합의개념에 관하여 자세한 것은 아래 101면 이하 참조.

91) 윤형렬, "계약의 체결과 불합의 — 계약의 체결로서의 합의 —," 이명구박사 화갑기념논문집(III), 193면: "법적으로 의미 있는 불합의는 합의의 병리적 상태로서의 것이지 어느 일부의 합의조차도 존재하지 않는 무합의가 아니다. 즉 불합의란 합의의 결여가 아니라 「합의의 부실」인 것이다."

있는 바와 같이 계약이 성립하기 위해서 그 논리적 전제로 계약의 체결이라는 행위가 선행되어야 한다는 점[93]은 부인할 수 없다. 그러나 계약의 성립과 유효라는 단계에 앞서서 계약의 체결이라는 엄격히 분리된 단계를 인정하고, 서로 다른 요건들을 인정하는 것은 불필요하다고 생각한다. 3단계 구분론은 대리에 관한 내용을 계약의 체결과 성립을 구분하는 예로 들고 있다.[94] 그에 따르면 대리에 있어서 본인의 이름으로 대리인 자신이 의사표시를 함으로써 계약의 체결은 대리인이 하며, 대리인이 자신의 의사표시를 본인의 이름으로 현명하여 하는 한, 규율로서의 계약은 본인과 상대방 사이에 성립하는 것이라고 한다. 그러나 대리인이 계약을 체결한다는 점은 사실적 측면에 불과하고 실제로 대리행위로 인하여 법률효과가 본인에게 귀속되기 위한 요건은 모두 같이 성립이라는 단계에서 검토하게 된다는 점에서 3단계론은 그 구분의 실익도 없다고 하겠다. 계약체결은 계약협상과 계약 자체를 구분하는 사실상의 행위에 불과하며,[95] 계약의 체결을 통하여 계약당사자들이 계약관계로 들어갈 수 있는 기초가 형성되는 것이다. 따라서 사실상의 계약체결이 존재하면, 계약 자체가 존재하는지를 계약의 성립단계에서 검토해야 한다.

법률행위의 성립요건과 효력발생요건을 구분하는 것은 계약에서도 마찬가지로 적용되어야 한다. 계약의 성립과 유효라는 구분은 이미 살펴본 바와 같이 법률규정을 기초로 한 것이기 때문이다.[96] 계약이 정해진 내용대로 효력을 갖기 위해서는 일단 성립해야 한다. 성립요건을 충족시키지 못한 계약이 인정되지 않은

---

92) Larenz, Allgemeiner Teil des Deutschen Bürgerlichen Rechts, §27 (S. 515).

93) 윤형렬, "계약의 체결과 불합의 — 계약의 체결로서의 합의 —," 이명구박사 화갑기념논문집(III), 167면.

94) Leenen, AcP 188(1988), 392; 윤형렬, "계약의 체결과 불합의 — 계약의 체결로서의 합의 —," 이명구박사 화갑기념논문집(III), 168면.

95) Köhler, BGB · Allgemeiner Teil, 23. Aufl., 1996, §15 V/1(S. 171).

96) 이에 관하여 자세한 점은 앞 28면 이하 참조.

상태에서 효력을 발생했는지를 검토할 수는 없다. 계약이 성립한 이후에야 비로소 체결된 계약유형과 기초적인 사정을 기초로 모든 유효요건이 충족되었는지를 검토할 수 있는 것이다. 이러한 측면에서 형식적 법률행위개념에 해당하는 설명들이 그대로 성립요건만 갖춘 계약개념에 적용될 수 있다. 따라서 계약성립에서는 단지 법적 판단의 대상이 될 수 있는 계약이 존재하는지만이 검토되고 그 이후에 비로소 제대로 효력까지 발생하였는지가 검토대상이 된다. 특히 최근 판례가 형성한 유동적 무효이론[97]은 계약의 성립과 계약의 효력발생이라는 구분의 중요성을 다시 한 번 보여주는 좋은 예에 해당한다고 생각한다.

3. 소　　결

지금까지의 논의를 잠시 종합해 보면, 계약의 성립은 합의개념을 기초로 하여 기존의 법률행위의 성립요건을 갖춘 경우에 성립한다. 계약체결은 독립된 단계로 인정될 수 없다는 점에서 의사표시의 일치, 본질적 구성부분, 확정성 그리고 법적 구속의사 등의 요건들은 서로 분리할 수 없고 계약성립이라는 검토단계에서 함께 고려되는 요건들이다. 또한 계약의 성립과 효력발생을 구분한다는 점에서 이와 같은 계약의 성립요건들만을 충족하고 있는 계약개념은 사적 자치와 연관되어서 계약이 효력을 발생하기 위한 요건을 모두 담고 있는 실질적 개념이 아니라, 유효요건을 판단하고 법률규정을 적용하기 위한 요건으로서의 형식적 개념임을 잊어서는 안 된다는 점을 다시 한 번 강조하고 싶다.[98]

---

97) 대법원 1999.6.17. 선고, 98다40459 판결; 대법원 1998.12.22. 선고, 98다44376 판결 등 다수.

98) 합의의 요건으로 ⅰ) 계약당사자가 권리능력 및 행위능력을 갖출 것, ⅱ) 청약과 승낙은 각각의 의사표시로서의 유효요건을 갖추어야 하며, 양자가 합치할 것, ⅲ) 계약의 목적과 내용은 확정가능하고, 이

그러면 의사표시의 일치, 본질적 구성부분, 확정성 그리고 법적 구속의사를 계약의 성립요건이라고 보았는데, 일반적 성립요건에서 요구하고 있는 모든 요건들을 충족하고 있는가를 잠시 살펴보고 다음 논의로 넘어가려고 한다. 법률행위의 일반적 성립요건으로는 당사자, 목적 그리고 의사표시가 있는데, 의사표시가 존재할 것이라는 요건에 대응하는 계약의 성립요건은 의사표시의 일치와 법적 구속의사이다. 계약에서는 의사표시의 합치라는 요건이 더 추가된 것이다. 그리고 당사자와 목적에 대응하는 계약의 성립요건은 본질적 구성부분과 확정성이다. 본질적 구성부분에 계약의무를 부담하는 자와 계약의 주된 급부의무 그리고 구체적인 내용이 포함되고, 이 내용이 확정성을 가져야 하기 때문이다.[99]

제 2 절 계약의 성립과 계약체결방식

계약의 성립이라는 단계에서 모든 요건들이 함께 검토되어야 한다면, 사실상의 합의과정으로서의 계약체결과 계약의 성립요건으로서의 합의개념은 어떠한 관계에서 이해할 수 있는가? 이 물

행가능하고, 적법하고 사회적 타당성을 갖추어야 할 것, iv) 쌍무계약인 경우 상환채무가 동시에 유효하게 성립하고 있을 것, v) 형식이 요구되는 경우 그 형식요건을 갖출 것 등을 요구하고 있는 견해가 있으나(이은영, 채권각론, 77면 이하), 이는 성립요건은 물론 효력요건을 모두 요구하고 있으므로 형식적 계약개념을 충족시키는 합의개념의 기능을 무시한 견해라고 생각한다.

99) 각 계약성립요건의 관계는 제3장 제3절 Ⅱ. “대상을 갖는 합의개념의 구성”을 참조.

음은 우리 다수설이 계약의 체결은 청약과 승낙에 의해서만 가능하다는 사고를 재고하기 위한 물음이기도 하다. 나중에 더 자세히 살펴보겠지만, 우리 다수설은 청약의 요건으로서 본질적 구성부분, 확정성, 법적 구속의사를 모두 요구하고 있기 때문에 즉, 계약체결단계에서 이미 이 요건들을 검토하기 때문에 계약성립의 단계에서는 단순한 의사표시의 일치만을 검토하고 있다.[100] 따라서 다수설의 입장에서는 청약과 승낙이라는 계약체결방식이 계약법의 구성에서 매우 핵심적인 역할을 하고 있는 것으로 보인다.

학설이 대부분 계약성립론에서 청약과 승낙에 의한 계약체결에 집중하는 것은 우리 민법의 규정과 관련되어 있다. 즉 시간적 시차를 두고 계약을 체결하는 이 방식만이 계약성립과 관련하여 규정되어 있고 청약에 대한 승낙이 내용을 변경하거나 추가해서는 계약이 성립할 수 없다는 민법의 규정내용으로 계약성립을 바라보는 시각이 너무 고착·도식화되어 있다. 이하에서는 사실상의 합의과정 중의 하나인 청약과 승낙에 의한 계약체결에 관한 규정들이 계약성립과 필연적 관계가 없다는 것을 보여주려고 한다.

I. 계약성립에서 합의만이 중요하다고 보는 사고

계약의 성립을 위한 합의가 확인되더라도 다시 청약과 승낙이라는 계약체결 방식으로 돌아가서 합의를 재구성하려는 사고방식은 거의 확고한 해석론으로 자리잡고 있는 것처럼 보인다. 이는 "합의는 청약과 승낙으로 구성되는 쌍방적 의사표시이다"라는 공식처럼 사용되는 진술[101]에서 잘 드러난다. 계약체결방식과 상관없이 계약의 효력을 인정함에 있어서 당사자의 합의만이 중요

100) 자세한 것은 아래 제3장 제3절 "대상을 갖는 합의개념" 참조.

101) 이은영, 채권각론, 81면.

하지 합의에 이르는 방식 자체는 문제되지 않는다는 사고를 기초로 하여 청약과 승낙에 의한 계약체결에 관한 규정들의 의미를 다시 이해하려는 입장은 독일의 해석론으로 다시 제기되고 있으나,[102] 이는 새로운 것이 아니라, 한 때 잊었던 것을 되살리고 있는 것이다.

1. 역사적인 규명

우선 역사적으로 살펴보면 다음과 같다:[103] 대화자 간의 계약체결이 대부분이었던 시대에 있어서는 합의만이 중요하였고 어느 당사자를 청약자로서 구속시킬 필요가 없었다. 로마법에서는 상당한 기간 동안에는 하나의 계약적 의무는 주로 문답계약(spipulatio)[104]을 통하여, 즉 양 계약당사자들이 동시에 직접 출석한 경우에만 창설될 수 있었다. 그 후 계약의 구속력이 양 당사자의 불요식인 합의에 이르게 한 양 당사자의 의사표시를 청약과 승낙으로 구분할 이유가 없었던 것이다. 그러나 18세기에 접어들면서 신뢰할 수 있는 우편제도가 자리를 잡음으로써 격지자 사이에도 계약체결이 이루어지게 되었다. 서로 떨어져 있는 장소에서 계약을 협상하고 체결함에 따라 의사표시를 순차적으로 하는 계약체결의 형태가 등장하게 되었다. 격지자 사이에도 계약을 체결하기 시작함에 따라 언제 계약당사자들의 합의가 이루어졌으며 언제까지 청약의 의사표시를 철회할 수 있느냐에 대한 물음

---

102) Flume, Allgemeiner Teil des bürgerlichen Rechts, 2. Band, Das Rechtsgeschäft, §34/2 u. 3.(S. 619 ff.).

103) 이에 대하여 자세한 것은 Kötz, Europäisches Vertragsrecht, Band I: Abschluß, Gültigkeit und Inhalt des Vertrages, Die Beteiligung Dritter am Vertrag, 1996, S. 23 ff.

104) 문답계약에 대한 자세한 내용은 현승종・조규창, 로마법, 1996, 703면 이하 참조.

이 제기되었다. 따라서 청약과 승낙에 의한 계약체결은 유일한 계약체결방식이 아니라 오히려 18세기 이후에 발생한 특별한 계약체결유형에 불과하다고 보아야 한다.

입법에 관한 역사를 살펴보더라도 1804년에 제정된 프랑스의 Code Civil에는 청약과 승낙에 의한 계약체결을 발견할 수 없다. Usus modernus의 대변자들과 Grotius에 의하여 청약과 승낙에 의한 계약체결이 이론적으로 구성되어 1811년에 제정된 오스트리아 ABGB 제861조[105]와 1794년에 제정된 프로이센의 Allgemeines Landrecht I/5 제4조[106]에서는 청약과 승낙에 의한 계약체결의 흔적을 발견할 수 있다. 양 법률 모두 계약체결을 목적으로 하는 청약이 청약수령자의 승낙을 기대할 수 있는 시점 내에서는 철회할 수 없다고 규정하고 있다.[107] 또한 Bucher에 따르면 원래 청약과 승낙은 오늘날과 같이 계약의 체결을 지향하는 의사표시로서 이해된 것이 아니라, 개별적인 채무와 그에 대응하는 청구권을 형성하는 필수적인 구성요소로서 이해되었다고 한다. 이는 청약과 승낙이 본래 계약법이론으로부터 나온 것이 아니라, 채무에 관한 이론으로부터 나온 것임을 뜻한다.[108]

---

105) 제861조: 한 당사자가 다른 자에게 자신의 권리를 이전한다고, 즉 무엇을 주겠다고, 어떠한 행위를 하겠다고 또는 하지 않겠다고 표시하면 약속(Versprechen)을 하는 것이다. 상대방이 약속에 대한 승낙을 하면 양 당사자의 일치된 의사에 의하여 계약이 성립한다. 계약협상이 진행되고 약속이 행해지지 않거나 승낙이 없는 경우에는 계약이 존재하지 않는다.

106) I/5 제4조: 계약이 존재하기 위한 주된 요건은 약속에 대한 유효한 승낙이다.

107) 이에 관하여 Coing, Europäisches Privatrecht Ⅰ, §80 (S. 407 f.) 참조.

108) Bucher, Preisvereinbarung als Voraussetzung der Vertragsgültigkeit beim Kuaf, in: Mélanges Paul Piotet, 1990, S. 387 ff.

2. 계약당사자의 이해관계에 의한 규명

청약과 승낙에 의한 계약체결을 대상으로 하고 있는 민법규정들은 체계상으로는 계약법의 총론으로서 모든 계약에 적용되어야 할 것이다.[109] 그러나 이 규정들은 매매계약을 기본계약유형으로 하여 형성되었으며, 거래생활의 경험이 있는 당사자가 이해관계가 대립되는 상황하에 격지에서 서면 또는 전보로 정확한 의사표시를 통하여 계약을 체결하는 것을 전제로 하여 만들어진 것이다.[110] 왜냐하면 격지자 사이에서만 청약의 구속력을 언제까지 인정해야 하며 청약의 철회를 인정해야 하는가라는 문제가 발생할 수 있기 때문이다.[111] 따라서 청약과 승낙에 의한 계약체결방식을 인정해야만 하는 이해관계가 존재하지 않는 때에는 다른 계약체결방식도 인정해야 할 것이다.

예컨대 당사자들이 오랜 협상을 통하여 서로 제안들을 교환하면서 상호 합의된 내용을 계약서에 담고 각 당사자가 그 계약서에 서명하는 경우에, 누구의 의사표시를 청약과 승낙으로 구분할 것인지는 매우 애매하다. 또한 상호 합의된 내용을 계약서에 담고 각 당사자가 이에 서명하는 경우에도 마찬가지이다. 청약과 승낙의 의한 계약체결을 고집하는 입장에서는 합의점에 이른 후 표시된 양 계약당사자의 의사표시 중에 먼저 표시한 의사표시를 청약으로 보고 나중에 표시한 의사표시를 승낙으로 보려고 할 것이다. 그러나 이와 같은 계약체결 유형에서 한 당사자를 먼저 구속시키는 청약자의 지위에 둘 이해관계는 전혀 존재하지 않는다. 학설이 대화자 사이에 청약의 구속력을 아주 짧게 인정하여 즉시 승낙할 것을 요구하고 있거나,[112] 아예 대화자

109) Münchkomm/Kramer, Rn. 1 zu §145.

110) Lange, FS Laufke, 1971, S. 101, 102; Leenen, AcP 188(1988), 398 f.

111) Kötz, Europäisches Vertragsrecht, Band I: Abschluß, Gültigkeit und Inhalt des Vertrages, Die Beteiligung Dritter am Vertrag, S. 24.

사이에서는 청약에 관한 규정을 적용하지 않으려는 입장[113]을 보더라도 이와 같은 계약체결 유형에서는 한 당사자를 먼저 구속시키는 청약자의 지위를 둘 이해관계가 당사자 사이에 존재하지 않는다. 결국 청약과 승낙에 의한 계약체결은 거래생활에 경험이 있는 당사자가 서로 상반되는 이해관계를 갖고 서로 장소상 떨어져서 서면이나 전신 등으로 계약체결을 하는 경우에 맞는다고 볼 수 있다.[114]

3. 실정법적 이해

실정법적으로 청약과 승낙에 의한 계약체결에 관한 규정들이 특정한 계약체결방식을 규율하고 있고 이 규정들이 다른 계약체결방식을 인정하지 않겠다는 배척의 효력을 갖는 것이 아니라는 점에 이해의 출발점이 있다. 이로부터 "계약의 성립에 있어서 합의가 중요하고 그 합의가 어떠한 방식에 의하여 이루어졌느냐의 문제는 중요하지 않다"는 전통적인 사고가 다시 살아난다.[115] 민법상 계약체결에 관한 규정들은 시간적으로 간격을 두고 순차적으로 체결되는 특정한 형태의 계약체결방식인 청약과 승낙에 의한 계약체결만을 규율하고 있을 뿐이다. 지금까지 논의를 통하여 청약과 승낙에 의한 계약체결이 모든 형태의 계

---

112) Münchkomm/Kramer, Rn. 5 zu §147.

113) 김형배, 채권각론[계약법], 1997, 95면.

114) Lange, FS Laufke, S. 101 f.; Leenen, AcP 188(1988), 398 f; Bucher, in: Mélanges Paul Piotet, S. 390. 우리 민법의 해석론도 민법 제528조 이하의 규정들은 주로 격지자 사이의 의사표시에 의한 계약성립을 염두에 두고 규정되었다고 한다(김형배, 채권각론, 95면).

115) Kötz는 이를 다음과 같이 표현한다: "청약에 대한 승낙으로 이루어질 수도 있으나, 상대방의 다른 행위를 통하여도 이루어질 수 있다. 즉 계약에 의하여 구속을 받겠다는 의사가 행위를 통하여 충분히 표현되면 되는 것이다."[ders., Europäisches Vertragsrecht Ⅰ, §2A (S. 23)].

약체결 방식을 규율하지 않는다는 결론에 이른다면, “유효한 청약 없이는 유효한 계약 없다”는 가설은 더 이상 유지될 수 없을 것이다.

II. 학설이 인정하고 있는 두 가지 계약체결방식

계약성립을 위해서는 양 당사자의 합의만이 중요하므로 계약체결방식은 다양하게 나타날 수 있을 것이다. 그러나 학설에 의해서는 청약과 승낙에 의한 계약체결 외에 작성된 계약문안에 공동으로 동의하는 형태가 정형화된 계약체결형태로 인정되고 있다.[116] 학설이 이와 같이 두 가지 계약체결방식을 인정하는 이유는 명확하지 않으나, 이 두 가지 계약체결방식에서만 주어진 계약내용에 대하여 계약에 구속되겠다는 양 당사자의 의사가 명확히 표시되기 때문인 것으로 보인다. 각 계약체결 유형은 누가 계약의 내용을 결정하고 계약에 효력을 부여하느냐에 따라 그 차이점이 있게 된다.

1. 청약과 승낙에 의한 계약체결

계약을 체결함에 있어서 계약의 내용이 형성되고 그 내용에 법적 효력을 당사자들이 부여하게 된다. 청약과 승낙에 의한 계약체결의 가장 큰 특징은 이러한 임무를 청약자와 승낙자가 나

116) Brehm, Allgemeiner Teil des BGB, Rn. 512 (S. 247); Flume, Allgemeiner Teil des bürgerlichen Rechts, 2. Band, Das Rechtsgeschäft, §34/1(S. 619); Giesen, BGB Allgemeiner Teil: Rechtsgeschäftslehre, S. 55 (Fn. 207); Hübner, Allgemeiner Teil des Bürgerlichen Gesetzbuches, Rn. 985 (S. 416); Köhler, BGB · Allgemeiner Teil, §15 I/2(S. 153); Leenen, AcP 188(1988), 395 f.; Staudinger/Bork, Rn. 36 f. zu Vor §§145 ff.

누어서 한다는 데에 있다. 즉, 청약자는 내용을 형성하는 지위에 서게 되고 반면에 승낙자는 계약에 법적 효력을 부여할 것인지를 선택하는 지위에 있다.[117] 청약은 승낙자에게 청약에 대한 승낙 여부만을 결정할 수 있는 기회를 부여하기 때문에, 청약자가 계약의 내용을 형성하고 승낙자는 계약에 법적 효력을 부여할 수 있는 위치에 있게 된다. 이와 같은 역할의 분담으로 계약의 내용형성과 관련된 계약의 본질적 구성부분, 확정성과 법적 구속의사가 청약의 요건으로 요구된다. 이러한 요건이 모두 충족되어, 즉 청약의 내용이 충분히 확정되거나 적어도 확정가능한 정도로 규정되어 있어서 승낙자가 단순한 동의만으로 계약이 성립할 수 있도록 해야 한다.

이러한 요건이 충족되면 청약자는 구속력을 부인하지 않은 한 청약에 구속된다. 이로부터 바로 어떠한 의무가 발생한다는 것을 뜻하는 것은 아니며 청약자는 단지 청약을 철회할 수 없을 뿐이다.[118] 승낙자는 청약자가 정해준 대로만 승낙을 할 수 있지 청약의 내용을 추가, 제한하거나 기타의 변경을 가하는 경우에는 청약의 거절과 동시에 새로운 청약을 한 것으로 보게 된다(제534조). 청약과 내용이 일치하는 승낙이 있으면 계약은 성립하기 때문에 승낙의 의사표시는 주어진 계약내용에 구속력을 갖게 하는 효력표시라고 할 수 있다.[119]

[택지개발예정지구 사례] 대법원 1993.10.27. 선고, 93다32507 판결

피고 한국토지개발공사는 택지개발예정지구 내의 이주자택지 공급대상자의 선정기준에 따라 대상가옥, 대상소유자, 거주사실 등을 조사 확인한 뒤 대상적격 여부를 가옥 소유자에

117) Leenen, AcP 188(1988), 395.

118) Jansen, Die "Bindung" an Angebot und Annahme beim Vertragsschluß, S. 34.

119) Kümpel, WM 1991, Beil. 4, 5.

> 게 개별 통지함과 동시에 공고, 이해관계인에 대한 열람, 이의 및 시정조치 등의 절차를 취한 뒤 이주자택지 공급대상자를 확정하여 그 대상자에게 통보하고 1개월 이상의 분양신청기간을 정하여 분양신청할 것을 통지 및 공고하여 그 기간 내에 분양신청이 없으면 이를 포기한 것으로 처리하고 이주자택지 공급대상자로 확정된 후에도 관계법규 위반사항이나 제출서류의 위조, 변조 등 결격사유가 발견될 때에는 대상자에서 제외하며, 계약은 쌍방이 계약서에 서명날인함으로써 확정되는 것으로 하였다. 한국토지개발공사의 이주자택지 공급대상자에 대한 이주자택지 계약체결통보가 있은 후 원고는 이에 따라 계약을 체결하려고 하였으나, 한국토지개발공사는 원고가 거주요건을 갖추지 못하였다는 이유로 계약체결을 거부하였다.

이 사안에 대하여 원심인 서울민사지방법원은 한국토지개발공사의 원고에 대한 이주자택지 공급계약 체결통보가 원고의 승낙만 있으면 매매계약이 체결된 것으로 볼 수 있는 확정적 의사표시라고 보기 어렵다는 이유로 원고의 주장을 배척하였다. 또한 대법원은 피고공사의 원고에 대한 이주자택지 계약체결통보는 계약의 요소가 되는 내용을 명시하고 있어서 구체적이기는 하나, 원고의 승낙에 의하여 계약이 바로 성립되는 확정적인 것이라고 볼 수 없다고 판시하였다. 본 사안에서 대법원은 의사표시가 '확정성'이 없다는 이유로 청약의 구속력을 부정하였고 "계약의 요소가 되는 내용"이라는 표현을 쓰면서 이러한 내용의 충족이 청약의 요건으로 필요함을 암시하고 있다. 또한 판례에서는 언급하고 있지 않으나, 피고 한국토지개발공사가 계약이 확정되기 위해서는 계약서에 서명날인되어야 한다는 점을 통지서에서 고시하였기 때문에, 서명날인이 있기 전에는 계약에 구속되지 않겠다는 것을 분명히 한 점에서 법적 구속의사도 결여되어 있다고 볼 수 있다. 따라서 위의 사안에서는 '계약의 본질적 구성부분'에 대한 규율이 없다는 점, '확정성'이 없다는 점, '법적 구속의사'가 없다는 점에서 청약의 구속력을 부정할 수 있을 것이다.

2. 작성된 계약문안에 대한 공동의 동의에 의한 계약체결

작성된 계약문안에 공동으로 동의함으로써 계약이 체결되는 경우에는, 계약의 내용을 형성하는 기능과 그 내용에 효력을 부여하는 기능을 계약의 양 당사자가 모두 담당한다. 즉 양 당사자가 협의를 통하여 계약의 내용을 정한 후 각자 계약의 내용에 동의함으로써 계약에 구속력을 부여하게 된다. 이 계약체결에 있어서 두 가지의 임무를 양 계약당사자가 같이 하므로 양 당사자 모두 청약자와 승낙자의 지위에 있다고 할 수 있다.

이 계약체결 절차에서 당사자들은 체결할 계약내용을 협상하는 단계를 거치게 된다. 계약문안을 정함에 있어서 양 당사자가 내용을 같이 형성할 필요는 없고 한 당사자 또는 제3자가 만들어 놓은 문안을 계약의 내용으로 정할 수 있다.[120] 또한 양 당사자가 동의를 동시에 할 필요는 없으며 동의가 순차적으로 이루어져도 된다. 이 때 계약문안이 본질적 구성부분을 확정적으로 규정하고 있어야 하며 공동의 동의에 의하여 법적 구속의사가 표시되는 것이다.

3. 두 가지 계약체결방식을 인정하는 이유

우리 학계에서는 아직 논의가 많이 되고 있지 않지만, 독일에서는 두 가지 계약체결방식을 인정하는 것이 일반화되어 가고 있다. 그러나 독일의 다수설은 작성된 계약문안에 대한 공동의

120) 예컨대 공증인이 준비한 계약서면에 모두 서명하거나, 법원에 의하여 준비된 화해내용에 모두 동의하는 경우가 있다(Staudinger/Bork, Rn. 38 zu Vor §§145 ff. 참조).

동의에 의한 계약체결에 특별한 의미를 부여하지 않고 오히려 청약과 승낙에 의한 계약체결에 관한 민법규정들을 통하여 설명하고 있다.[121]

(1) 계약체결에 관한 규정의 적용범위

추가적으로 계약문안에 대한 공동의 동의에 의한 계약체결을 인정한 것은 바로 이 유형에 청약과 승낙에 의한 계약체결에 관한 규정을 적용하지 않기 위해서이다.[122] 그러나 공동의 동의에 의한 계약체결의 경우에도 동의가 시간적 간격을 두고 행해지는 경우, 먼저 동의한 자를 청약자로 구속시킬 필요가 있다. 따라서 청약과 승낙에 관한 규정들이 직접 적용되지 않는다고 하더라도 최소한 유추적용되어야 하는 경우가 있다.[123] 따라서 계약체결방식에 따라 계약체결방식에 관한 규정들의 적용범위가 엄격히 달라진다고 할 수 없다.

(2) 제532조의 적용범위의 상대화

제532조에 의하여 청약과 일치하지 않는 승낙은 거절로 보게 된다. 제532조는 내용이 변경된 경우에는 변경된 내용의 중요도와 상관없이 항상 계약이 성립하지 않는다고 하나, 부수적인 계약요소인 경우에도 과연 그러한지는 검토될 필요가 있다.

우선 청약과 승낙에 의한 계약체결의 경우에도 계약성립을 방해하지 않는 부수적인 계약요소가 존재할 수 있는지를 먼저 검토해야 한다. 예컨대 오래 된 계약협상 끝에 청약이 이루어지거나 계약체결 당사자들 사이에 여러 번 청약이 오간 경우에는

---

121) 이러한 입장으로 Medicus, Bürgerliches Recht, Rn. 45 (S. 33); Ludwig, Der Vertragsschluß nach Un-kaufrecht im Spannungsverhältnis vom Common Law und Civil Law, S. 26.

122) 이러한 입장으로 Flume, Allgemeiner Teil des bürgerlichen Rechts, 2. Band, Das Rechtsgeschäft, §34/1(S. 619); Leenen, AcP 188(1988), 404 ff.

123) 이러한 입장으로 Staudinger/Bork, Rn. 38 zu Vor §§145 ff.

사정에 따라 충돌하고 있는 계약 중의 몇 가지는 계약이 성립함에 의미가 없거나 합의가 이루어진 계약요소만으로 구속력 있는 계약이 성립하기를 바라는 경우가 있을 것이다. 이와 같은 경우에는 해석을 통하여 충돌하고 있는 계약요소가 계약성립에 있어서 의미를 갖는지를 정해야 할 것이다. 해석의 결과 충돌하고 있는 부분의 계약성립에 방해가 되지 않는다면, 제532조는 이 경우 적용될 수 없을 것이다. 그와 반대로 해석상 계약성립을 부정해야 하는 것으로 판명되면 제532조에 의하여 계약성립이 부정된다.124)

결국 계약성립과정과 계약체결절차에 따라 무조건 제532조가 적용되는 것이 아니라, 당사자의 의사해석이 먼저 이루어지는 경우가 있고 당사자의 의사에 의하여 계약성립을 가로 막지 않는 부수적 계약요소가 존재할 수 있음을 알 수 있다.

(3) 불합의론과의 관계

두 가지 계약체결방식을 인정함으로써 얻게 된 가장 큰 소득은 계약체결상황에 따라 청약과 승낙의 구분이 중요하지 않을 수 있고, 따라서 계약성립에서 항상 합의만이 중요하다는 인식이다. 이러한 시각을 통하여 계약법에서 새롭게 발견할 수 있는 대표적인 논의는 Flume에서 찾을 수 있다. Flume는 각 계약체결방식에 따라 불합의가 발생하는 양상이 다르다는 것을 지적하고 있다.125)

계약문안에 동의하는 형식의 계약체결에서는 계약내용이 주어져 있으므로 원칙적으로 의사표시의 일치를 검토할 필요가 없다. 따라서 계약내용이 다의적이거나 불충분한 경우에만 불합의가 문제된다. 청약과 승낙에 의한 계약체결에서 단순한 동의에

---

124) 이와 같은 입장으로 Soergel/Wolf, Rn. 17 zu §150.

125) Flume, Allgemeiner Teil des bürgerlichen Rechts, 2. Band, Das Rechtsgeschäft, §34/2, 3(S. 619 ff).

의한 승낙이 이루어진 경우 앞의 두 유형의 불합의만 문제 된다. 승낙이 독자적인 의사표시 내용을 갖고 행해진 경우에 비로소 불일치에 의한 불합의가 문제될 수 있고 이 때 제532조도 적용될 수 있다.

(4) 각 계약체결방식에 따른 확정성과 법적 구속의사의 관계

청약과 승낙에 의한 계약체결에서는 청약자가 내용형성과 함께 법적 구속의사를 표시하므로 내용의 확정성과 법적 구속의사가 직접적으로 연결된다. 이 경우 충분히 내용이 확정되었다는 것은 법적 구속의사를 객관적으로 나타낸다. 물론 계약의 내용이 충분히 확정되어 있어도 청약자에게 법적 구속의사가 없는 경우도 있을 수 있지만, 반대로 계약의 내용이 충분히 확정되어 있지 않다면 이는 청약의 유인이 될 뿐이다.

계약문안에 대한 공동의 동의에 의하여 계약을 체결할 때에는 양 당사자가 같이 내용을 형성하고 그 다음에 법적 구속의사를 표시하기 때문에 내용의 형성단계와 법적 구속의사를 표시하는 단계가 명확하게 구분되어 있다. 그러므로 양 계약당사자가 계약에 구속되겠다는 의사표시를 계약의 내용과 독립하여 판단할 수 있다. 즉, 계약의 내용이 확정되지 않았더라도 법적 구속의사가 명확히 표시된 이상 그 내용이 임의규정 또는 보충해석을 통하여 확정될 수 있으면, 계약에 구속력을 부여할 수 있게 된다. 따라서 계약에 구속되려고 하는 의사가 명확하면, 확정성의 원칙은 상대화될 수 있다.[126)]

(5) 청약의 요건과 합의개념의 관계

두 가지 계약체결방식을 인정함으로써 새롭게 얻은 시각은,

---

126) 이러한 예로 유엔통일매매법 제14조 제1항과 제55조의 관계가 있다 (이에 관하여 자세한 것은 아래 156면 이하 참조).

청약과 승낙에 의한 계약체결이 유일한 계약체결방식이 아니기 때문에 계약체결에 있어서 결국은 합의가 중요하다는 사고이다.[127] 그러므로 이미 살펴본 바와 같이 계약체결이 사실상의 합의과정을 의미한다면, 그 합의과정을 규범적으로 평가하는 것은 계약성립이라는 단계에서 이루어지는 것이다.

그러면 청약의 요건으로서 본질적 구성부분과 확정성이 요구되는데, 계약에서 또 이러한 요건이 중복되어 요구되는 이유는 어디에 있는가? 청약 자체는 법률행위가 아니라, 계약이라는 법률행위의 본질적인 요소이다. 그런데 원래 계약의 성립요건인 본질적 구성부분과 확정성이 청약의 요건으로 요구되고 있는 이유는 계약내용을 형성하는 기능이 청약자에게만 주어져 있기 때문이다. 왜냐하면 승낙은 단순한 동의로만 가능해야 하기 때문에 청약에는 계약에 필요한 모든 내용이 충분히, 확정적으로 규율되어 있어야 하는 것이다.[128] 그러므로 계약의 본질적 구성부분과 확정성이 청약의 요건으로 먼저 검토되고 있는 것은 청약과 승낙에 의한 계약체결의 특수성으로부터 기인한 것이지, 계약법상의 본질로부터 나오는 것은 아니라고 보아야 한다. 전통적으로 계약의 성립에서 중요한 것은 합의인 것이다. 이러한 측면에서 Kötz는 합의의 중요성을 다음과 같이 설명하고 있다: "합의는 청약에 대한 승낙으로 존재할 수도 있지만, 계약당사자의 다른 형태의 의사표시를 통하여도 달성될 수 있다. 중요한 것은 그 의사표시를 통하여 계약에 구속되겠다는 의사가 충분히 표시된다는 것이다".[129]

---

127) Staudinger/Bork, Rn. 36 zu Vor §§145 ff.

128) Flume, Allgemeiner Teil des bürgerlichen Rechts, 2. Band, Das Rechtsgeschäft, §35 I/1 (S. 635).

129) Kötz, Europäisches Vertragsrecht, Band I, §2 A(S. 23).

Ⅲ. 소 결

지금까지 논의를 통하여 서두에서 제기했던 다수설의 시각, 즉 계약이 성립하기 위해서는 청약과 승낙이 내용상 일치해야 한다는 시각은 더 이상 유지될 수 없다는 것을 알았다. 계약성립에서는 당사자의 합의가 중요하며 개별적인 계약체결방식은 중요하지 않다. 청약의 요건으로 본질적 구성부분, 확정성, 그리고 법적 구속의사가 요구되고 있는 것은 이들이 계약의 성립요건에 해당하기 때문이다. 아직 상대방의 승낙이 없는 상태에서 청약의 구속력만이 문제되는 경우에는 앞의 요건들이 충족되지 않으면 구속력 있는 청약이 부정될 수 있다. 그러나 승낙이 이루어져서 개별적인 의사표시의 구속력이 더 이상 문제되지 않는 경우에는 앞의 각 요건들은 계약차원에서 검토되어야 한다.

제 3 장 합의와 불합의론의 변화

제 1 절 법률행위론의 변화에 따른 합의와 불합의론

Ⅰ. 의사주의와 표시주의의 대립과 민법의 입장

19세기의 보통법시대에서부터 20세기 초까지 지배하였던 의사주의(Willenstheorie)는 의사표시의 효력근거로서 의사적 요소를 강조하고 표시는 내적 의사를 외부로 나타내기 위한 수단에 불과하다고 하였다. 그에 반하여 표시주의(Erklärungstheorie)는 의사표시의 수령자의 신뢰를 보호하기 위하여 표시를 통하여 형성된 신뢰적 요소를 의사표시의 효력근거로 보고 있다. 여기서 쟁점이 되고 있는, 표의자의 주관적 의사와 표시된 객관적 의미 중에서 어떠한 것을 우선시해야 할 것인가 하는 문제는, 결국 표의자의 자기결정과 의사표시 상대방 내지 일반인의 신뢰보호 중에서 어느 것을 더 중시할 것인가와 연결되어 있다. 의사주의와 표시주의의 대립은 오늘날 아직도 법률행위론과 계약법총론의 많은 문제 뒤에 숨어 있다.[1] 그렇지만, 민법의 개별

---

1) 의사주의와 표시주의에 관하여 자세한 것은 이영준, 민법총칙, 120

적인 규정들은 이러한 이론적 대립과 상관없이 어떠한 입장에서 민법상의 제도와 조문을 운용해야만 하는지에 관하여 일정한 방향을 제시해주고 있다. 예컨대 제107조 제1항 본문에서 표의자가 표시된 내용을 의도하지 않는다는 진의는 의사표시의 효력에 영향을 미치지 않기 때문에, 우리 민법이 상대방 있는 의사표시에서 당사자의 진의를 고려하지 않는 표시주의를 원칙으로 하고 있음을 우리 입법자는 보여주고 있다. 진의 아닌 의사표시에서 당사자가 의도한 의사표시의 효력이 무효가 되기 위해서는 상대방이 표의자의 진의가 아님을 알았거나 알 수 있었어야 한다(제107조 제1항 단서). 이를 통하여 드러나는 것은 입법자가 의사표시의 상대방의 인식 내지 인식가능성을 기초로 하여서만 의사주의적 입장에서 의사표시의 효력을 무효로 하고 있음을 알 수 있다. 또한 착오에 관한 제109조 제1항은 당사자의 내적인 의사가 중요한 것이 아니라 인식가능한 객관적 표시내용이 의사표시의 내용을 결정함을 알 수 있다. 그렇지 않다면 착오의 대표적인 유형에 해당하는 내용상의 착오를 설명할 수 없다. 항상 표의자의 내적인 의사를 척도로 의사표시의 해석이 이루어진다면 확정된 법률행위의 내용과 당사자의 주관적인 의사가 일치하여 착오라는 의사와 표시가 분리된 상태가 존재할 수 없기 때문이다. 따라서 착오규정도 우리 민법이 원칙적으로 표시주의적 입장에 서 있음을 보여주고 있으나, 다시 의사적 요소가 고려되어 의사표시를 착오를 이유로 취소할 수 있도록 하고 있는 것이다. 결국 우리 민법은 표시주의에 기울어진 절충주의를 취하고 있다고 할 수 있다.[2)]

면 이하 참조.

2) 이러한 시각이 다수설의 입장이다(곽윤직, 민법총칙, 327면; 김용한, 민법총칙, 280면; 고상룡, 민법총칙, 436면; 김주수, 민법총칙, 302면;

II. 민법규정에 따른 해석론의 과제

우리 민법이 절충주의를 취하고 있는 이상 의사주의와 표시주의를 절충한 입법을 조화롭게 해석하는 것이 학설과 판례의 임무가 되었다. 법률행위론에서 효력주의[3] 내지 신의사주의[4]가 등장하면서 그 해결책을 모색하고 있고, 합의개념과 불합의개념에서도 의사주의와 표시주의가 절충되어 있는 입법태도를 수용하지 않을 수 없게 되었다. 계약성립에 있어 현재 절충주의적 입법으로 인한 논의의 변화는 크게 다음과 같이 두 가지 방향으로 정리할 수 있다. 첫째, '불합의'개념은 계약당사자의 오해를 기초로 해서만 발생한다는 오해이론(Missverständnislehre)과 분리되었다. 이러한 변화는 한편으로는 착오와 불합의가 분리되면서, 그리고 다른 한편으로는 합의가 일정한 대상에 관한 규율을 의미한다고 파악되면서 일어났다. 둘째, 의사의 일치만이 합의로 인정되는 것이 아니라, 의사표시의 외부적인 객관적·규범적 일치도 계약을 성립시킬 수 있다는 변화이다.[5] 이와 같은 합의개념은 필연적으로 법률행위 내지 의사표시 해석과 연관하여 일어났다. 본장에서는 이러한 두 가지 변화를 중심으로 합의와 불합의 개념이 어떠한 변화를 겪었는지를 살펴보려고 한다. 이러한 변화는 독일민법의 제정과정을 거치면서, 또 현행 독일민법을 판례가 운용하면서 겪게 된다. 우리 현행 민법은 불합의에 관한 명문의 규정을 두고

이은영, 민법총칙, 446-447면; 백태승, 민법총칙, 392면).

3) 김증한, 민법논집, 359면; 김증한·김학동, 민법총칙, 265면.

4) 이영준, 민법총칙, 132-133면.

5) 이 변화는 여기서 다시 한 번 강조하지 않을 수 없다. 최근에 한 흥미로운 논문에서 '의사의 일치만으로' 합의가 이루어질 수 있다는 전제에서 논의가 전개되고 있다(김기창, "청약의 구속력과 계약자유," 비교사법 제12권 1호, 2005, 87면 이하).

있지 않으나, 불합의와 밀접한 관련이 있는 착오 규정을 독일민법의 입법례에 따라 규정하였고 현재 학설과 판례의 합의와 불합의론은 독일의 많은 영향을 받고 있는 실정이다.[6] 따라서 본장에서는 독일의 판례와 학설을 중심으로 우리나라의 논의변화를 고찰해 보려고 한다.

Ⅲ. 독일에서의 합의론에 관한 논의상황

1. 착오, 불합의 그리고 합의개념

합의론과 관련하여 독일에서 초기에 논의되었던 주된 관심사는 착오(독일민법 제119조)와 숨은 불합의(독일민법 제155조)를 어떻게 구별할 것인가에 집중되어 있었다.[7] 왜냐하면 착오론의 변화에 따라 불합의와의 구분문제 그리고 그와 연관된 합의와 불합의개념의 정립이 완전히 이루어지지 않았기 때문이다. 착오론의 변화를 통하여 수령을 요하는, 즉 상대방 있는 의사표시에서는 당사자들이 사실적으로 이해한 주관적 이해가 중심이 아니라, 해석을 통하여 확정된 내용을 통하여 계약이 성립하게 된다는 변화가 일어났다.[8]

이 주제와 관련하여 입법 당시에도 존재하였던 의사주의와

---

6) 송덕수, "합의와 불합의," 경찰대 논문집 제7집, 1987, 183면 이하; 송덕수, "불합의," 고시연구 17권 1호(1989), 71면; 윤형렬, "계약의 체결과 불합의 — 계약의 체결로서의 합의 —," 이명구박사 화갑기념논문집Ⅲ, 1996, 160면 이하; 황적인, "불합의," 민법·경제법논총, 1995, 473면 이하.

7) Bading, JW 1914, 609 ff.; Manigk, JherJb 74 (1925), 127 ff.

8) Manigk는 이러한 변화를 통하여 표의자의 착오로부터의 보호에서 상대방의 신뢰보호로 보호대상 법익이 변화했다고 설명하고 있다 [Manigk, JherJb 74 (1925), 135].

표시주의의 대립이 지속되는 가운데, 논의의 정점은 Bailas와 Kramer에 이르러 완성되었다. 의사주의적 관점에서 Bailas는 합의를 의사의 합치로 보고 표시상의 착오를 숨은 불합의의 한 형태로 설명함으로써 독일민법 제119조와 제155조는 해결될 수 없는 모순관계에 있다고 주장하였다.[9] "왜냐하면 인식하지 못한 합의의 하자가 계약체결을 방해한다고 제155조가 규정함에도 불구하고 제119조 제1항은 의미상으로 인식하지 못한 합의하자의 한 유형으로 볼 수밖에 없는 표시상의 착오의 경우 계약성립을 방해하지 않는다고 규정하고 있다"는 것이다.[10] 이러한 결론으로 Bailas가 이를 수 있는 것은 의사의 합치를 합의로 이해하고 그에 따라 표시상의 착오를 숨은 불합의 한 유형으로 보기 때문이다.

Kramer는 그의 교수자격논문에서 의사주의와 표시주의의 대립을 극복하고 내적·자연적 합의(innerer · natürlicher Konsens)와 규범적 합의(normativer Konsens)라는 두 개의 합의개념을 만들어 냄으로써 모순 없이 독일민법상의 법률규정을 설명하였다.[11] 그에 따르면 자연적 합의는 당사자의 사실적 의사가 일치하는 경우, 즉 "표의자의 의사와 의사표시의 상대방의 이해가 제대로 된 의사소통을 통하여 일치하는 경우"에 존재한다. 그에 반하여 규범적 합의는 표시의 객관적 일치를 통하여 성립한다. 이러한 설명을 통하여 그 전에 일부학설이 존재하는 것처럼 설명하였던 모순을 제대로 설명하고 있다. 이를 기초로 Kramer는 "제155조는 외적인 합의조차 존재하지 않은 경우이며 그에 반하여 제119조

9) Bailas, Das Problem der Vertragsschließung und der vertragsbegründende Akt, 1962, S. 5 ff.

10) Bailas, Das Problem der Vertragsschließung und der vertragsbegründende Akt, S. 9.

11) Kramer, Grundfragen der vertraglichen Einigung — Konsens, Dissens, und Erklärungsirrtum als Dogmatische Probleme des österreichischen, schweizerischen und deutschen Vertragsrechts, 1972, S. 175 ff.

는 외적 합의는 최소한 존재하는 경우이므로 제119조와 제155조는 모순관계에 있지 않다"고 설명하였다.[12] 즉 표시된 객관적인 내용의 일치를 합의로 인정하는 경우에 비로소 착오인 경우에도 계약의 성립을 인정할 수 있게 된다. 법률규정의 내용을 모순 없이 설명한 Kramer의 견해는 현재의 독일 판례[13]와 학설[14]에 의하여 수용되었다.

2. 합의, 불합의와 다른 요건과의 관계

앞의 논의를 통하여 독일에서 계약성립에서의 합의와 불합의개념에 관한 논쟁이 끝난 것은 아니었다. 한때 Titze에 의하여 제기되었던 다른 법개념요소와의 연관성에 관한 문제가 해결되지 않은 상태로 남아 있었고 아직도 그대로 남아 있는 상태이다.[15] Titze가 이 문제를 제기할 당시에 학설에서는 다음과 같은 다섯 가지 사례를 불합의의 유형으로 보았었다.[16] i) 계약당사자들은 계약내용에 관한 합의를 보았으나, 계약이 성립되었는지에 관하여는 다툼이 있다. 왜냐하면 청약자가 상대방의 승낙을 거절로 보거나 거절을 승낙으로 보기 때문이다. ii) 한쪽 또는 양 당사자의 의사표시가 다의적이다. iii) 실제로 청약이 없었음에도 불구하고 한쪽 당사자가 청약이 있었던 것으로 보았다. iv) 양 당사자의 의사표시가 일치하지 않는다. v) 양 당사자의 의사표시가 일치하지만, 당사자들의 효과의사가 일치하지 않는다. Titze는

12) Kramer, Grundfragen der vertraglichen Einigung, S. 179.

13) BGH WM 1973, 1114; WM 1986, 857(858); VersR 1981, 526(527); 그 밖에 BGH NJW 1993, 1798; NJW 1995, 2637(2638) 참조.

14) Münchkomm/Kramer, Rn. 3 zu §155; Staudinger/Bork, Rn. 3 zu §155; Soergel/Wolf, Rn. 2 zu §155; Köhler, BGB · Allgemeiner Teil, §15 V/1(S. 171).

15) Titze, Die Lehre vom Mißverständnis, S. 441.

16) Titze, Die Lehre vom Mißverständnis, S. 441 f. 참조.

위 사례들이 기존의 법률개념인 오해(Mißverständnis), 불명확성, 청약 내지 승낙의 결여, 인식하지 못한 계약거절 그리고 착오 등을 통하여 충분히 해결될 수 있는 것으로 보았다. 예컨대 불명확한 청약의 경우에는 불합의개념을 필요로 하지 않은 이유는 이미 불명확성으로 인하여 청약 자체가 의사표시로서의 효력을 갖지 못하므로 별도로 계약의 성립을 검토하거나 상대방의 오해를 고려할 필요가 없다고 보았다.[17] Manigk이 제대로 비판한 바와 같이 Titze는 의사표시가 불명확한 경우에 그 치유가 불가능한 것으로 생각하는 바람에 이 사안에 대한 올바른 시각을 제시하지 못하였다. 불명확한 의사표시는 그러나 제대로 이해되거나 오해를 받을 수 있는 두 가지 모두의 가능성을 내포하고 있으므로 상대방이 그 의사표시를 어떻게 이해하고 그에 따라 반응하는지를 함께 검토해야 한다.[18] Titze가 불합의와 다른 계약의 기초개념의 관계를 검토한 것은 타당하나, 불합의개념의 범위를 너무 협소하게 잡아서 많은 문제를 계약성립의 단계에서 검토하지 못한 점은 문제가 있었다고 할 수 있다.

한동안 독일에서 불합의와 다른 기초개념과의 관계는 전혀 문제가 되지 않은 것으로 생각되었다. 왜냐하면 독일 통설의 입장에서도 계약성립을 위해서는 당사자들 사이의 의사표시의 일치만 있으면 되었고[19] 청약과 승낙에 의한 계약체결이 유일한 계약체결방식으로 여겨졌기 때문이다.[20] 그에 따라 Titze에 의하여 한때 제기되었던 문제들은 불합의 영역에서 논의되지 않았다. 독

17) Titze, Die Lehre vom Mißverständnis, S. 354.

18) Manigk, JherJb 75(1925), 183.

19) Eneccerus/Nipperdey, Allgemeiner Teil des Bürgerlichen Rechts, Zweiter Halbband, 15 Aufl., 1960, §163 I(S. 1002); Larenz, Allgemeiner Teil des Deutschen Bürgerlichen Rechts, §27 III(S. 525 f.); R. Raiser, Schadenshaftung bei verstecktem Dissens, AcP 127(1927), 4.

20) Siehe z. B. Grünwald, Der versteckte Dissens, S. 1; H. P. Westermann, Jura 1979, 8.

일의 통설에 따르면 불합의의 기본적 유형은 청약과 승낙의 의사표시가 내용상 일치하지 않는 경우에 있게 된다. 계약의 중요요소에 대한 규율, 확정 내지 확정가능성은 청약의 요건으로 보았고 그에 따라 계약의 중요요건들이 불합의와 전혀 연관성이 없는 것으로 생각되었다. 왜냐하면 이러한 요건이 결여된 경우에는 구속력 있는 청약이 이미 부정되었기 때문이다. 이 시각에서는 불합의는 의사표시의 불일치에 그 핵심이 있었다. 그에 따르면 불합의는 "당사자들의 의사표시를 각각 서로 다른 의미로 이해하였고 이러한 오해가 객관적 해석을 통해서도 극복될 수 없는 경우"에 존재한다고 보았다.[21] 이러한 이해에서 흥미로운 사실은 아직도 불합의가 오해를 기초로 하고 있다고 보고 있었다는 점이다.

그러나 독일의 통설은 불합의에 관한 독일민법 제154조(열린 불합의)와 제155조(숨은 불합의)를 설명하는 데에 어려움에 봉착하였다. 즉, 독일의 통설은 제154조와 제155조가 본질적 구성부분을 규율할 것을 적극적으로 요구하고 있다는 점을 간과하고 있었으나, 판례[22]는 이를 인식하고 의사표시의 불일치 외에 본질적 구성부분이 규율되지 않은 상태와 불명확하게 규율된 상태라는 두 가지의 사례군을 추가로 불합의로 인정하게 되었다.

이러한 상황하에서 80년대에 서로 다른 방향으로 두 개의 반응이 나타났다. Diederichsen[23]은 판례법의 발전을 받아들여서 새로운 두 사례군을 불합의개념으로 이해함으로써 대상을 갖는 합의개념을 전제로 하였고, 반면에 Leenen[24]은 불합의와 다른 요소의 관계를 끊고 계약의 본질적 구성부분이 규율되지 않은 사

21) Enneccerus/Nipperdey, §163 III (S. 1003 f.) 참조.

22) BGH WM 1961, 785.

23) Diederichsen, Der Auslegungsdissens, FS Hübner, 1984, S. 421; ders., Der logische Dissens, FS Jur. Gesellschaft zu Berlin, 1984, S. 81.

24) Leenen, AcP 188(1988), 408.

례군을 다시 계약체결의 영역으로 되돌리면서 불합의를 의사표시가 일치되지 않은 상태로 이해하는 기존의 다수설의 견해를 견지하려고 하였다.[25)]

Diederichsen은 두 개의 논문을 통하여 법률에 의하여 중요한 계약요소에 관하여 합의를 보지 않은 경우(논리적 불합의, logischer Dissens)와 당사자 의사를 통하여 중요한 계약요소에 관하여 합의를 보지 않은 경우(해석불합의, Auslegunsdissens)가 어떠한 차이를 갖는지에 관하여 이론적으로 분석하였다. 논리적 불합의에서는 당사자들이 계약 자체의 규정을 통하여 정해진 요소에 관한 합의를 보지 못하였고 그에 따른 법률효과가 계약자체의 개념으로부터 도출된다고 봄에 반하여, 해석불합의의 경우에는 계약의 중요요소와 상관없는 부분에 대하여 합의가 이루어지지 못하였고 그에 따라 독일민법 제154조와 제155조에 따른 해석을 통하여 계약을 성립한 것으로 볼 수 있는지를 판단해야 한다고 보았다. Diederichsen은 불완전불합의를 논리적 불합의의 대표적인 유형으로 설명하면서[26)] 판례에 의하여 인정되고 있는 3개의 불합의유형 외에도 Perplexitätsdissens를 추가하고 있다. 즉 그에 따르면 "당사자들이 매매대상에 대하여 전혀 합의를 보지 않은 경우와 당사자들이 매매대상을 아주 혼란스럽게 표시하여 확정할 수 없는 경우가 본질적으로 다르지 않다"고 보았다.[27)] 이를 통하여 하자 있는 의사표시(예컨대 다의적인 또는 배치되는 청약과 승낙의 의사표시)를 통하여 불합의가 발생할 수 있는 가능성이 인정되고 있다. 이와 같은 Diederichsen의 시각은 판례를 통

25) 그밖에 국제적인 측면과 관련하여 학위논문이 발표되었다: Alstine, Fehlender Konsens beim Vertrags-Schluß nach dem einheitlichen UN-Kaufrecht, 1995; Kost, Konsensprobleme im internationalen Schuldvertragsrecht, 1995.

26) Diederichsen, FS Jur. Gesellschaft zu Berlin, 1984, S. 81, 92.

27) Diederichsen, FS. Jur. Gesellschaft zu Berlin, 1984, S. 81, 95.

하여 추가된 불합의 사례들을 포괄하고 있으나, 불완전불합의를 불합의법의 기본 유형으로 볼 때 불합의법이 겪게 되는 변화를 적절하게 반영하지 못하고 있다. 왜냐하면 Diederichsen은 계속하여 불합의가 “계약체결을 목적으로 하는 두 개의 의사표시의 비교 결과”라고 보고 있기 때문이다.[28] 따라서 불합의의 유형이 추가됨으로써 본질적 계약요소의 확정성이 합의개념으로 포섭될 수 있는지의 문제도 논의되지 못한 채 남게 되었다.

그에 반하여 Leenen은 독일 통설의 모순점을 정확히 보았다. 즉 독일민법 제154조와 제155조를 불합의법으로 귀속시키고 이를 통하여 규율되어야 할 계약요소에 대한 합의가 없는 경우도 불합의의 사례군으로 보는 경우에는 불합의법의 핵심으로 계약의 중요요소, 즉 본질적 구성부분이 부각된다. “합의되어야 할 요소와 합의된 요소의 비교는 불합의의 본질을 의사표시의 불일치로 보는 한 처음부터 가능하지 않다.”[29] Leenen은 의사표시의 불일치로 이해되는 불합의 개념을 유지하기 위하여 계약의 체결, 성립 그리고 효력발생으로 구분하고 독일민법 제154조와 155조를 계약체결단계로 귀속시켰다.[30] 두 가지 계약체결방식이 인정되며 독일민법 제145조 내지 제153조는 청약과 승낙에 의한 계약체결을 규정하며 제154조와 제155조는 계약문안에 대한 공동의 동의에 의한 계약체결을 대상으로 한다고 보았다. 본질적 구성부분, 그 확정성 그리고 구속의사가 청약의 요건이듯이 이 기본 요소들은 공동의 동의에 의한 계약체결에서도 계약체결단계에서 문제된다고 보았다. Leenen은 앞의 계약의 기본요소와 제154조 및 155조의 직접적인 관련성을 보았으나, 이들 요소들을 청약의 요소로만 보고 하자 있는 의사표시의 효력을 계약체결단계에서 검토하려고 한 점에서 전통적인 시각에서 벗어나지 못하였다.

---

28) Diederichsen, FS Jur. Gesellschaft zu Berlin, 1984, S. 81, 82.

29) Leenen, AcP 188(1988), 383.

30) Leenen, AcP 188(1988), 385 ff.

제 2 절 계약성립과 오해이론의 결별

Ⅰ. 법사적인 고찰: 의사주의에서 표시주의적 절충주의로

프랑스 및 독일의 민법 제1초안을 본받은 구민법에서는 의사주의가 지배하고 있어서[31] 착오의 법률효과를 무효로 규정하였다. 그런데 현행민법은 —누구나 잘 아는 바와 같이— 독일민법을 본받아 취소주의를 받아들여 착오 있는 의사표시를 취소 가능한 유효한 의사표시로 규정하였다. 이러한 발전은 착오는 물론 여기서 살펴보려고 하는 합의와 불합의 개념에도 큰 영향을 미쳤다고 할 수 있다. 다만 독일민법상 명문의 규정을 바탕으로 한 독일의 판례와 학계의 동향이 불합의에 관한 명문의 규정이 없는 현행 민법하에서 우리 해석론에 현재 많은 영향을 미치고 있으므로, 이하에서는 독일민법의 제정과정을 중심으로 논의의 발전과정을 살펴보려고 한다.

1. 로마법과 보통법상의 합의

전통적인 로마법이론[32]에 따르면 유효한 계약이 성립하기

---

31) 독일민법 제1초안이 표시주의에 의하여 수정된 의사주의 또는 신중한 의사주의를 취하고 있었던 것으로 평가하는 문언으로 양창수, "독일민법 제정과정에서의 법률행위규정에 대한 논의," 이호정교수 화갑기념논문집, 1998, 109면 이하.

32) 현승종・조규창, 로마법, 1996, 688면 이하; Kaser, Römisches Privatrecht, 16. Aufl.(1992), §8/Ⅱ(S. 53 f.); Misera, D. 19. 2. 52, Pomp. 31 ad Q. Mucium-Vertragschluß Consensus; Wille und error im klassischen römischen Recht, FS Trinkner, 1995, S. 45 ff.

위해서는 당사자의 의사의 합치(consensus)가 요구되었다. 그에 따라 불합의(dissensus)는 의사의 불일치를 의미하였다. 의사의 불일치가 계약을 무효로 만들기 위해서는 계약요소의 중요부분이 규율되지 않았어야 했다. 계약의 중요요소로는 계약의 유형, 계약의 대상과 매매대금이 속하였다.

보통법시대[33]에서도 다수설은 당사자 의사의 일치가 합의라고 보았다. 그에 따라 한 당사자의 착오는 합의를 결렬시킬 수 있었고 표시의 일치만으로 합의가 이루어질 수 없었다. 이 때에도 본질적인 불합의와 비본질적인 불합의를 구분하였다.

2. 독일민법 제1초안

독일민법 제1초안은 아직 착오와 관련하여 의사주의적 무효이론을 취하고 있었다. 그에 따라 불합의 개념은 의사의 불일치로 이해되었고, 착오와 다른 하자 있는 의사표시와 동등한 위치에서 논의되었다.[34] 그리고 청약상대방의 오해에도 불구하고 표시의 일치가 있는 사안을 소위 광의의 불합의에 귀속시킬 수 있었다. 제2초안에 와서야 착오규정이 오늘날의 규정형식으로 변경되었고 착오와 불합의가 구분될 수 있었다.[35]

제1초안에서는 오늘날 불합의에 관한 규정으로 이해할 수 있는 내용을 계약체결에 관한 제78조[36]에서 그리고 의사의 하자

33) R. Raiser, Schadenshaftung bei verstecktem Dissens, AcP 127(1927), 4 참조.

34) Flume, Allgemeiner Teil des bürgerlichen Rechts, 2. Band, Das Rechtsgeschäft, §34/4 (S. 623 f.) 참조.

35) 독일 착오규정인 제119조의 입법사에 관하여 자세한 것은 송덕수, "착오론의 역사적 전개," 이호정교수 화갑기념논문집, 1998, 157면 이하; Schubert, Zu einer Edition unveröffentlichter Materialien zum BGB — zugleich ein Beitrag zur Entstehung des §119 BGB —, AcP 175 (1975), 430 ff.

에 관한 제100조[37]에서 두 부분으로 나누어서 규정하였다.[38] 이 두개의 조문을 비교하면 서로 다른 사고구조하에서 두 규정이 만들어졌음을 알 수 있다. 제1초안 제78조에 관한 입법이유서에서 이 조항의 의미를 "법률이나 한 당사자 또는 다른 당사자의 의사에 의하여 중요한 요소에 대한 필요한 합의"라고 전제함으로써 합의와 불합의법의 기본원칙을 확립하고 있다. 즉 그에 따르면 계약의 성립을 위해서는 법률에 의하여 체결될 계약의 본질에 속하는 사항에 대한 합의가 있어야 한다. 더 나아가 한 계약당사자 또는 다른 계약당사자의 의사에 의하여 계약의 성립을 위하여 본질적인 요소에 대한 합의가 요구된다.[39] 독일의 입법자

---

36) "계약체결 당사자들이 법률에 의하여 계약의 본질에 속하는 요소에 대하여 합의를 보지 않은 이상, 계약은 성립하지 않은 것이다. 단지 한 계약체결 당사자의 의사표시에 따라 추가로 합의보아야 할 사항에 대하여 합의를 보지 못한 경우에도 의심이 있는 경우에는 계약이 성립하지 않은 것이며, 이는 이미 합의본 사항에 대하여 기록하였는지의 여부와는 상관이 없다(Solange die Vertragsschließenden über die nach dem Gesetze zum Wesen des zu schließenden Vertrages gehörenden Theile sich nicht geeinigt haben, ist der Vertrag nicht geschlossen. Das Gleiche gilt im Zweifel auch dann, wenn die nach der Erklärung auch nur eines der Vertragsschließenden außerdem zu vereinbarenden Bestimmungen noch nicht vereinbart sind, ohne Unterschied, ob eine Aufzeichnung der bereits vereinbarten Bestimmungen stattgefunden hat oder nicht)."

37) "계약체결에 있어서 계약의 한 부분에 대한 계약체결 당사자의 의사가 일치하지 않으면, 계약이 합의가 없는 부분에 대한 규율 없이도 체결될 것이 없다는 것이 밝혀지지 않는 한 계약 전체가 무효이다(Fehlt bei der Schließung eines Vertrages in Ansehung eines Theiles des Vertrages die Übereinstimmung des Willen der Vertagsschließenden, so ist der ganze Vertrag nichtig, sofern nicht erhellt, daß der Vertrag auch ohne eine Bestimmung über jenen Theil geschlossen sein würde)."

38) 이에 관하여 Leenen, AcP 188 (1988), 414 ff.; Flume, Allgemeiner Teil des bürgerlichen Rechts, 2. Band, Das Rechtsgeschäft, §34/b (S. 627).

는 법률에 의하여 주어진 본질적 계약요소와 계약당사자들의 의사에 의하여 본질적으로 여겨지는 계약요소를 구분하고 있다. 그에 따라 독일의 입법자는 부수적인 요소라도 계약당사자들이 본질적인 요소로 이를 취급하고 그에 대한 규율이 없으면 계약의 구속력을 부정할 수 있는 가능성을 열어주고 있다.[40] 그러나 제1초안에서 이 규정은 불합의법에 귀속된 것이 아니고, 제1초안 제100조만을 불합의에 관한 규정으로 보았었다.

제1초안 제100조에 관한 이유서에서는 좁은 의미와 넓은 의미의 불합의가 존재한다고 보았다. "계약체결시에 양 당사자의 의사의 일치가 두 가지 이유에서 이루어지지 않을 수 있다. 계약당사자들의 표시된 내용이 일치하나, 한 당사자의 의사와 표시가 일치하지 않아서 해당 의사표시가 무효이고(제1초안 제95조, 제97조 내지 제99조), 그에 따라 계약당사자들의 의사가 일치하지 않을 수 있다. 그러나 또한 양 계약당사자의 의사와 표시가 각각 일치하지만, 오해로 인하여 계약당사자들이 인식하지 못한 상태에서 양 당사자의 의사표시가 일치하지 않을 수 있다(소위 협의의 불합의)."[41] 제1초안이 사용하였던 불합의개념에서 '협의의 불합의'만이 오늘날의 불합의 개념과 일치한다.[42] 초안이 좁은 의미의 불합의라고 하는 것은 현재 숨은 불합의라고 칭하는 유형에 해당

---

39) Motive I, S. 162(Mugdan I, S. 441).

40) 스위스 채무법 제2조는 이와 달리 당사자들이 본질적 계약요소에 대하여 합의를 본 경우에 부수적 요소에 대한 유보가 계약의 구속력을 저지하지 못한다는 추정을 하고 있다. 추후에 합의가 이루어지지 않는다고 하더라도 판사가 거래행위의 본질에 의하여 보충하면 된다고 보았다. 그러나 이러한 입법태도는 당사자의 의사를 무시하는 부당한 규정으로 독일의 입법자는 생각하였던 것이다[Motive I, S. 162 (Mugdan I, S. 464) 참조].

41) Motive I, S. 202(Mugdan I, S. 464).

42) R. Raiser, AcP 127(1927), 9.

하는데, 제1초안은 "오해를 통하여" 양 당사자의 의사가 일치하지 못한 결과에 이른 것으로 이해하였다. 그런데 제1초안 제100조에서도 해당 계약요소가 본질적인 것인지를 검토하였으며, 본질적이지 않은 것은 오해에도 불구하고 계약이 유효한 것으로 보았던 것이다.[43)]

제1초안 제78조가 본질적 계약요소에 대한 규율의 결여를 불합의로 본 것에 반하여, 제100조는 계약당사자의 오해에 초점을 맞추고 있었다. 양 규정이 본질적인 계약요소를 규율하지 못한 경우에 불합의를 인정하고 그럼으로써 계약의 불성립을 그 법률효과로 보았다는 점에는 공통점이 있으나, 그 규율방식은 다르다. 제78조에서는 계약당사자의 의사일치가 중요한 것이 아니라, 본질적 계약요소에 대한 규율이 중요하여 당사자들의 의사일치 외에도 계약내용에 대한 규율이 제대로 되었는지를 적극적으로 검토하고 있다. 그에 따라 본질적 계약요소에 대한 규율의 결여는 의사표시가 일치하지 않기 때문에 발생할 수 있으나, 규율을 아예 하지 않거나 규율된 내용이 불명확한 경우에도 발생할 수 있다. 그 반대로 제100조는 의사의 일치를 먼저 검토하여 계약당사자의 의사가 일치하지 않은 경우에 해당 계약요소가 본질적인 것인지를 검토한다. 그에 따라 제100조에서는 의사의 불일치가 불합의의 본질에 해당하고 의사는 일치하지만 규율이 필요한 사항에 대하여 당사자들이 그 규율을 완성하지 못한 경우는 여기에 포함되지 않는다.

3. 독일민법 제2초안의 내용

제1초안은 많은 비판을 받았고 그에 따라 표시주의가 관철

---

43) Motive I, S. 202(Mugdan I, S. 464).

되어 표시상의 착오는 더 이상 무효라는 법률효과를 낳지 않고 취소가능하게 되었다. 즉 착오로 한 당사자의 의사와 표시가 일치하지 않아서 결국에는 양 당사자의 의사가 일치하지 않더라도 표시된 내용만 일치하면 합의가 인정될 수 있게 되었다. 이를 통하여 불합의는 착오의 영역에서 분리되었고 독일민법 제2초안부터는 합의와 불합의의 문제는 계약체결의 영역에서만 규율되기에 이르렀다. 계약의 성립을 위해서 의사의 일치가 필요하다는 제1초안 제78조는 불필요하다는 이유로 삭제되었고 합의개념의 구체화는 학설과 판례에 맡겨졌다.[44]

제2초안을 작성하는 과정에서 제1초안 제78조를 개정하기 위한 제안 3개가 위원회에서 검토되었다. 이 때 현행 독일민법 제154조에 관한 기초가 만들어졌으며, 제2초안 제116조는 다음과 같은 내용을 갖게 되었다. "계약당사자들이 한 당사자라도 합의를 보아야 하겠다고 표시한 내용에 대하여 전부 합의를 보지 않았다면, 의심이 있는 경우에는 계약이 체결되지 않은 것이다."[45] 개정이유는 입법이유서에 드러나 있지 않지만, 제1초안과의 비교를 통하여 알 수 있는 것은 합의와 불합의 개념의 구성에 있어서 중요한 요소가 빠졌다는 점이다. 조문을 구성하면서 원래 있었던 1문이 삭제되어 본질적 구성부분(essentialia negotii)을 규율하지 않은 경우에 계약이 성립하지 않는다는 내용이 명시적으로 규정되지 않게 되었다. 그러나 삭제이유는 이 내용이 불필요해서가 아니라,

---

44) Protokolle, S. 156(Mugdan I. S. 688).

45) "Solange die Parteien sich nicht über alle Punkte eines Vertrages geeinigt haben, über welche nach der Erklärung auch nur einer Partei eine Vereinbarung getroffen werden soll, ist im Zweifel der Vertrag nicht geschlossen. Die über einzelne Punkte erfolgte Verständigung ist in einem solchen Falle auch dann nicht bindend, wenn eine Aufzeichung stattgefunden hat. Ist die Beurkundung des beabsichtigten Vertrages verabredet worden, so ist im Zweifel der Vertrag nicht geschlossen, solange die Beurkundung nicht erfolgt ist."

제1초안 제77조를 삭제한 것과 같이 특별한 법률규정이 필요하지 않은 당연한 내용을 담은 것으로 보았기 때문이다.[46)]

제1초안 제100조도 현행 독일민법 제155조의 형태로 개정되어 제2초안 제117조에 규정되었다.[47)] 체계적 관점에서 열린 불합의와 숨은 불합의를 함께 규정하는 것이 옳다고 보았기 때문이다. 이 규정에서는 당사자들이 계약을 통하여 규율하려고 하였던 점을 잊고 계약을 체결하는 사례군이 규정되었다. 제117조는 "체결된 것으로 생각하는 계약에서 당사자들이 합의를 했다고 생각하는 요소에 대하여 실제로 합의를 하지 못한 경우에 이러한 규정내용 없이도 계약을 체결하였을 것으로 보이는 한 계약은 합의된 내용으로 효력을 갖는다"라고 규정되었다.[48)] 여기서 두 가지의 중요한 변화를 발견할 수 있는데, 첫째는 제116조에 맞추어서 의사의 불일치에 초점을 두는 것이 아니라, 주관적 본질적 계약요소를 규율하지 않았다는 점에 불합의의 본질을 보고 있다는 것이다. 두 번째는 법률효과가 반대로 규정되어 제1초안 때는 계약 전부가 무효였으나, 제2초안에서는 해당 요소를 규율하지 않았음에도 계약을 체결하였을 것으로 해석되는 경우 합의된 내용대로 효력을 갖는다는 것이다.

4. 현행 독일민법

현행 독일민법은 제2초안의 내용을 몇 가지 문구수정을 빼

---

46) Jung, Die Einigung über die "essentialia negotii" als Voraussetzung für das Zustandekommen eines Vertrages, JuS 1999, 29.

47) Protokolle, S. 241(Mugdan I, S. 721).

48) "Haben die Parteien bei einem Vertrage, den sie als geschlossen ansehen, sich über einen Punkt, über den eine Vereinbarung erfolgen sollte, in Wirklichkeit nicht geeinigt, so gilt das Vereinbarte, sofern sich ergibt, daß der Vertrag auch ohne eine Bestimmung über diesen Punkt geschlossen sein würde."

놓고는 그대로 받아들였으며, 원래 제1초안의 내용은 거의 흔적이 사라졌다고 할 수 있다. 열린 불합의와 숨은 불합의에 관한 제154조와 제155조는 제1초안 제78조의 기본구조를 이어받아서 본질적 계약요소가 합의를 통하여 규율되었는지를 기초로 하고 있다. 오해로 인하여 형성된 의사의 불일치를 불합의의 본질로 보았던 제1초안의 내용은 전혀 남은 것이 없으며 불합의는 오해이론과 결별하였다고 볼 수 있다.

독일의 다수설은 독일민법 제154조와 제155조가 불합의의 문제를 규율하는 것으로 보고 있다.[49] 제154조는 열린 불합의에 관한 규정으로 계약의 양 당사자 모두 합의가 완성되지 않았고 규율되어야 할 계약요소가 남아 있다는 것을 알고 있는 경우에 적용된다. 그에 반하여 숨은 불합의에 관한 제155조는 양 당사자가 합의에 이르지 않았음에도 불구하고 착오로 합의에 이른 것으로 생각하는 경우에 적용된다. 이에 따라 양 규정은 대등한 의미를 갖고 있는 것으로 보고 있다.[50] 한 당사자에 의하여만 불합의가 존재함을 알지 못하는 경우에 제154조[51]와 제155조[52] 중

---

49) Brehm, Allgemeiner Teil des BGB, 3. Aufl, 1997, Rn. 539(S. 257); Erman/Hefermehl, Rn. 1 zu §154; Flume, Allgemeiner Teil des bürgerlichen Rechts, 2. Band, Das Rechtsgeschäft, §34/6 u. 7(S. 627 ff.); Hübner, Allgemeiner Teil des Bürgerlichen Gesetzbuches, Rn. 1020 (S. 429 f.); Lorenz, Der Schutz von dem unerwünschten Vertrag, S. 240 ff.; Medicus, Allgemeiner Teil des BGB, 7. Aufl., 1997, Rn. 434 f.(S. 168); Palandt/Heinrichs, Rn. 1 zu §154 und Rn. 1 zu §155; Soergel/Wolf, Rn, 1 zu §154; Staudinger/Bork, Rn. 2 zu §154.

50) Soergel/Wolf, Rn. 1 zu §154; Staudinger/Bork, Rn. 1 zu §155; Diederichsen, FS Hübner, 1984, S. 421, 422 ff.

51) 이러한 견해로 Diederichsen, FS Hübner, 1984, S. 421, 440; Medicus, Allgemeiner Teil des BGB, Rn. 436(S. 168); Staudinger/Bork, Rn. 2. zu §154.

52) 이러한 견해로 Flume, Allgemeiner Teil des bürgerlichen Rechts, 2. Band, Das Rechtsgeschäft, §34/4(S. 622); Münchkomm/Kramer, Rn. 2

어떤 규정이 적용되는지에 관하여는 견해가 대립하고 있다.

II. 합의와 불합의에서의 표시주의적 절충주의의 수용

민법이 표시주의적 절충주의를 취함에 따라 의사주의가 지배했을 때의 합의와 불합의 개념과는 다른 내용으로 이들 개념을 정립할 필요가 있었다. 이 논의과정에서 우리 민법은 착오 규정만이 일정한 척도를 제공하고 있을 뿐이나, 독일민법에서는 불합의에 관한 규정이 있을 뿐만 아니라, 법률행위의 해석에 관한 규정(독일민법 제135조 및 제157조)도 논의 전개에 큰 영향을 미쳤다. 이하에서는 독일 판례와 학설의 논의를 중심으로 소개하면서 우리 학설과 판례가 이를 어떻게 수용하였는지를 같이 살펴보려고 한다. 흥미로운 것은 독일민법과 같은 불합의 내지 법률행위 해석규정이 없음에도 불구하고 우리나라에서는 이 규정들이 마치 존재하는 것처럼 논의가 진행되고 있다는 점이다.[53]

1. 불합의와 착오의 구분

'불합의와 착오의 구분'이라는 주제는 불합의와 관련하여 가장 많이 다루어지면서도 중요한 문제 중의 하나이다. 이 문제는 독일민법이 제정된 직후에 바로 제기될 수밖에 없었다. 왜냐하면 불합의와 착오를 구분하지 않던 기존의 법전통과 달리 독일의 입법자가 불합의와 착오를 구분하였기 때문이다. 이 문제는 이론

---

zu §155; Soerge/Wolf, Rn. 2 zu §155. 일방적 숨은 불합의를 효과 측면에서 숨은 불합의와 같이 취급해야 한다는 우리나라 견해로 송덕수, "합의와 불합의," 경찰대 논문집 7집, 198면.

53) 예를 들어 송덕수, "합의와 불합의," 경찰대 논문집 제7집, 190면 이하 참조.

적으로뿐만 아니라, 실무적으로도 중요한 의미를 갖는다. 왜냐하면 불합의와 착오가 소송에서 같이 주장되는 경우가 많기 때문이다. 여기서 미리 강조할 점은 두 가지인데, 이 구분의 문제에서 숨은 불합의만이 고려되고, 착오의 사례의 경우 의사의 하자가 존재함에도 불구하고 합의가 존재하기 때문에 계약이 성립하고 있다는 점이다.

(1) 독일의 제국법원은 개념상의 구분표지를 통하여 숨은 불합의와 착오를 구분하려고 하였다. RGZ 58, 233판결에서 제국법원은 "한 당사자가 자신이 표시한 의사표시의 내용에 대하여 착오를 하고 있는 사안과 이를 이유로 하여 의사일치가 없어서 계약이 전혀 성립하지 않은 사안"이라는 점에 차이가 있다고 보았다. 그에 따르면 숨은 불합의가 존재하기 위해서는 "양 당사자가 의사표시의 내용에 대한 착오를 기초로 하여 서로 다른 내용을 표시했어야 한다"라고 설명하였다.[54] '착오'라는 표현을 통하여 알 수 있듯이 제국법원은 불합의의 중점이 아직도 양 당사자의 상호 오해에 의하여 야기됐다는 오해이론에 기초하고 있었다.[55] 그에 반하여 Gruchot 50, 893 판결에서 제국법원은 "하자 있는 의사표시와 하자 없는 의사표시"라는 표지를 통하여 구분하려고 하였다. 착오가 하자 있는 의사표시임에 반하여 숨은 불합의는 하자 없는 두 의사 표시의 불일치로 이해되어야 한다는 것이다. 즉 제국법원은 불합의를 일으킨 개별적인 의사표시에는 착오가 없다는 의미에서 하자가 없는 의사표시로 보았다.[56] 그러나 숨은 불합의의 경우 계약당사자들은 계약이 체결되었다고 생각하였는데, 실제로는 계약이 체결되지 않았으므로 숨은 불합의의 경우 항상 착오가 존재한다고 할 수 있다. R. Raiser는 이를 다음과 같

54) RGZ 58, 233(234).

55) RGZ 58, 233(236).

56) Manigk, JherJb 75 (1925), 165.

이 설명하고 있다:[57] "양 요건들은 심리적으로 완전히 같다. 청약을 수령한 자가 청약의 내용에 관한 착오를 일으켜 그 결과 착오가 승낙의 의사표시에 영향을 미치느냐의 여부는 원칙적으로 우연적인 것이며, 이는 효과의사 자체 및 효력을 부여한 표시의 내용과는 상관이 없다." 즉 양쪽 모두 착오에 기인한 것이고 당사자의 내적 의사와 표시된 내용의 일치여부와 상관없이 일어나는 것으로 보았다. 결국 R. Raiser의 지적처럼 착오와 불합의를 구분함에 있어서의 어려움이라고 하는 것은 결국 의사표시의 해석 영역에 있다고 볼 수 있다. 왜냐하면 의사표시의 해석을 통하여 의사표시의 내용을 확정함으로써 당사자의 의사표시의 일치여부를 검토하는 것이 비로소 가능해지기 때문이다.

(2) 그런데 불합의와 착오의 구분에 있어서 추상적인 표지 내지 개념을 어떻게 사용했느냐와 상관없이 제국법원은 이 때 하나의 확립된 방식을 갖고 있었다. 즉 제국법원은 구분의 문제에 있어서 의사표시의 해석이 척도가 된다고 본 것이다.[58] 성 Michaelis교회 판결(RGZ 58, 233)에서 결국 다음과 같은 해석원칙을 사용하였다: "양 당사자의 의사표시가 동일한 내용을 갖는다면 —이 때 사용된 문구가 동일하거나 모든 사정을 고려했을 때 동일한 내용으로 해석되든 상관없이— 합의가 존재하지 않음에도 불구하고 존재한다고 생각하는 오해의 사례(숨은 불합의)는 인정될 수 없다. 이 때는 표시된 내용의 합의가 존재하는 것이며 한 당사자가 의사표시의 내용에 대한 착오를 일으켰더라도 이는 상대방의 의사표시에 대한 내용의 착오가 아니라, 자신의 의사표시 내용에 관한 착오가 있는 것이다."

독일의 연방법원도 제국법원의 입장을 이어받아 의사표시의

57) R. Raiser, AcP 127(1927), 7 f.

58) Gruchot, 50, 893 (897).

해석을 통하여 도출되는 의사표시 내용의 일치 여부를 척도로 불합의와 착오를 구분하고 있다. 그에 따르면 불합의가 존재하기 위해서는 표시된 양 당사자의 의사표시가 일치하지 않아야 하며, 그에 따라 양 당사자가 다른 것을 의도하였을 뿐만 아니라, 표시된 바도 달라야 한다. 그러나 양 의사표시가 —문언이나 해석의 결과— 동일한 내용을 갖고 있으면 합의가 존재하는 것이며 의사표시의 착오를 이유로 한 취소만이 문제된다.[59] 우리 해석론도 착오와 불합의의 구분에 있어서 개념상의 표지를 사용하지 않고 독일 판례의 입장을 받아들여 의사표시의 해석결과에 따라 불합의와 착오를 구분하고 있다.[60]

2. 의사표시의 해석과 불합의 및 착오와의 관계

(1) 독일 판례가 착오와 불합의의 구분을 의사표시의 해석문제로 봄으로써 "의사표시의 해석은 착오와 불합의에 우선한다"라는 원칙이 세워졌고 이는 독일과 우리 학설에서 받아들여지고 있다.[61] 의사표시의 해석의 임무는 의사표시의 객관적 의미내용

---

59) BGH LM Nr. 1 zu §155; BGH WM 1973, 1114. 판례가 이와 같은 확정된 원칙을 세웠음에도 불구하고 당사자의 의사표시가 일치하느냐의 문제가 실제로 판단하기 어려운 경우가 존재할 수 있다. 특히 표시된 내용이 거래관행상 다의적 의미를 갖고 양 당사자 모두 상대방이 다른 의미로 사용하였다는 것을 인식하지 못하는 경우에 불합의와 착오의 구분문제가 어려울 수 있다[예컨대 BGH LM Nr. 1 zu § 155 BGB; 이에 관하여 자세한 것은 유명한 '식당 차림표'사례와 관련하여 Flume, Allgemeiner Teil des bürgerlichen Rechts, 2. Band, Das Rechtsgeschäft, §34/4(S. 624); Lorenz, Der Schutz vor dem unerwünschten Vertrag, 1997, S. 239 f. 참조].

60) 김형배, 채권각론[계약법], 신정판(2001), 97면; 이은영, 채권각론, 제5판(2005), 90면; 송덕수, "합의와 불합의," 경찰대 논문집 제7집, 200면; 황적인, "불합의," 민법·경제법논총, 475면.

61) 이에 관하여 백태승, 민법총칙, 386면; 송덕수, "합의와 불합의," 경

을 확정하는 것이며,[62] 해석을 통하여 확정된 양 당사자의 의사표시의 일치 여부에 따라 착오와 불합의가 존재하는지가 결정된다. 착오와 불합의의 사례가 갖는 공통점은 당사자들의 사실적 의사가 일치하지 않는다는 점이며, 차이점은 객관적 의사표시의 내용이 일치하느냐의 여부에 달려 있다. 숨은 불합의와 착오의 구분에서 볼 수 있듯이 독일 판례는 다음과 같은 객관적 해석원칙을 사용하고 있다. 즉 "당사자들의 의사표시가 내용상 일치하는지, 아니면 일치하지 않는지를 검토하는 문제에 있어서 의사표시의 객관적인 내용을 기초로 해야 한다. 따라서 모든 의사표시내용은 거래관행의 고려하에 신의성실의 원칙에 따라 의사표시가 일반인으로부터 어떠한 의미로 이해되었거나 이해될 수 있는지를 해석해야 한다."[63] 이 입장은 현재 독일 판례 및 다수설[64]과 일치하지 않고 구이론[65]에 해당한다. 왜냐하면 현재 해석의 척도는 일반인이 아니라, 의사표시의 수령자이기 때문이다(수령자시계, Empfängerhorizont).[66]

이러한 객관적 해석의 원칙은 계약체결 영역에서 독자적으

찰대 논문집 제7집, 187면; Medicus, Allgemeiner Teil des BGB, Rn. 312 ff. (S. 121 f.).

62) 대법원 1999.11.26. 선고, 99다43486 판결.

63) BGH LM Nr. 1 zu §155 BGB.

64) BGHZ 47, 75 (78); Münchkomm/Mayer-Maly, Rn. 10 zu §133.

65) 예를 들어 Bailas, Das Problem der Vertragsschließung und der vertragsbegründende Akt, 1962, S. 7.

66) '객관적 해석'이라는 표현은 문제가 있을 수 있다. 왜냐하면 일반인이 아니라, 수령자의 시각이 해석표준이 되기 때문이다. 그러나 척도가 되는 것이 수령자가 실제로 인식한 내용이 아니라, 요청되는 해석상의 주의의무를 다하였을 때 수령자가 인식할 수 있었던 내용이다. 수령자의 시각은 이를 통하여 '객관화'되어 일어날 수 있는 오해의 소지를 제거한다[Rüthers, Allgemeiner Teil des BGB, 10 Aufl., 1997, Rn. 232(S. 145 f.)]. 따라서 이 한도에서는 아직도 이러한 해석방법을 '객관적 해석'이라고 칭할 수 있다.

로 발전한 것이 아니라, 의사표시의 해석에 관한 이론의 발전이 영향을 미친 것이다. 계약의 체결을 목적으로 하는 개별적인 의사표시들이 상대방을 향하여 표시되기 때문에 수령을 요하는(상대방 있는) 의사표시에 관한 해석규칙으로 제한하여 살펴보겠다.

(2) 독일민법의 경우 의사표시의 해석 내지 계약의 해석에 관하여는 제133조와 제157조에 규정을 하였다. 그런데 양 규정이 다른 내용을 기초로 하여, 즉 제133조는 당사자 실질적 의사의 실현을, 그리고 제157조는 표시된 내용의 객관적 의미를 기초로 하였기 때문에, 어느 척도가 의사표시 해석에서 더 기초가 되는 것인지가 문제되었다.[67] 제국법원은 제133조에서 말하는 실제적 의사가 내적인 의사를 의미하지 않는 것으로 보았다. 그렇지 않다고 한다면 해석에 관한 제133조는 진의 아닌 의사표시에 관한 규정(제116조), 착오로 인한 의사표시에 관한 규정(제119조)과 해결할 수 없는 모순에 직면하기 때문이다. 이 때 문자에 구속되는 해석은 지양되어야 하며, 법관은 표시된 의사표시의 의미와 내용을 판단함에 있어서 사용된 용어의 일상적인 의미만을 기초로 할 것이 아니라, 전체적인 연관성을 고려해야 하고 법률행위의 경제적 목적에 의하여 판단해야 한다고 보았다. 이를 통하여 의사표시의 내용으로 확정된 바가 실제적인, 밖으로 드러난 의사에 해당하며 내적인 의사는 고려되지 않는다고 보았다.[68] 독일연방법원도 같은 입장에서 의사표시의 수령자가 신의성실의 원칙과 거래관행에 따라 이해할 수 있었던 내용으로 의사표시가 효력을 발생한다고 보고 있다.[69] 그에 따라 제157조는 그 법문과 상관없이 계약의 내용확정에만 적용되는 것이 아니라, 개별적인 의사표

67) 이러한 학설 대립에 관하여 Kramer, Grundfragen der vertraglichen Einigung, 1972, S. 124 ff. 참조.

68) RGZ 68, 126(128 f.).

69) BGHZ 47, 75 (78); BGH NJW 1984, 721.

시의 해석에도 적용된다.

객관적인 의사표시의 내용과 상관없이 일정한 요건하에서는 당사자의 주관적인 의사가 법률행위의 내용을 결정할 수 있다. 이는 표의자의 사실적인 의사가 어떠한 것인지가 입증되었고 다른 상대방이 그 주관적인 의사와 동일한 의미로 이해한 경우이다.[70] 당사자의 의사가 일치하는 경우에는 계약의 문구는 물론 다른 기타의 해석에 그 의사가 우선한다.[71] 이 경우 계약당사자들이 실제로 원한 것이 문언의 의미와 상관없이 계약의 내용이 될 수 있다(오표시 무해의 원칙, falsa demonstratio non nocet).[72]

독일의 판례에 따르면 오표시 무해의 원칙은 인식된 착오에도 적용된다.[73] 이 경우에는 양 당사자의 일치하는 의사가 존재하지 않으나, 의사표시의 수령자가 잘못된 표현에도 불구하고 표의자가 의도한 내용을 제대로 인식하였고 이러한 인식하에서 계약을 체결하였다. 그에 따라 주관적 의사대로 의사표시의 효력을 인정하지 않겠다고 하는 수령자의 주관적 의사는 심리유보로서 고려되지 않는다는 것이다. 그에 반하여 의사표시의 수령자가 표의자의 진정한 의사를 인식할 수 있었으나, 인식하지 못한 경우, 즉 인식가능성만 있었던 경우에는 객관적 의미가 척도가 되어 계약이 성립하고 표의자는 단지 착오를 이유로 취소할 수 있을 뿐이라고 한다.[74]

---

70) BGH NJW 1984, 721.

71) BGHZ 20, 109 (110).

72) 이에 관하여 자세한 것은 Wieling, Die Bedeutung der Regel "falsa demonstratio non nocet" im Vertragsrecht, AcP 172(1972), 297; ders., Falsa demonstratio non nocet, Jura 1979, 524.

73) BGH BB 1959, 646; BGH BB 1983, 927. 이러한 입장을 수용한 우리나라의 견해로 송덕수, "합의와 불합의," 경찰대 논문집 제7집, 203면.

74) BGH BB 1959, 646. 단지 인식가능성만으로도 오표시 무해의 원칙이 적용될 수 있다고 하는 견해로 Grünewald, Der versteckte Dissens, 1939, S. 9 Fn, 13.

3. 두 갈래의 합의개념

(1) 두 개의 해석방법을 인정함으로써 두 개의 합의개념이 도출된다. 법사적인 대비를 위하여 표시된 내용의 일치가 합의개념으로서 강조되고 있고 오표시무해의 원칙을 기초로 한 당사자의 의사가 일치하는 합의는 예외로서 인정되고 있다.[75] 그에 반하여 오표시무해의 원칙에 더 큰 의미를 부여하는 경우에는 두 갈래의 합의개념이 구성되어진다.[76]

객관적 해석 우선의 원칙에 따라 독일 판례는 합의에 대하여 다음과 같은 의미를 부여하고 있다. 즉 "해석의 결과 양 당사자의 표시된 내용이 개관적으로 일치하는 것으로 이해될 수 있는 경우에는 의미의 일치가 있는 합의가 성립한다."[77]

---

75) 이와 같은 입장으로 Brehm, Allgemeiner Teil des BGB, Rn. 538(S. 257).

76) 이러한 입장으로 Larenz/Wolf, Allgemeiner Teil des Bürgerlichen Rechts, §29/IV(S. 568 f.).

77) BGH LM Nr. 1 zu §155; BGH WM 1973, 1114. RGZ 100, 134 판결에서 원고는 인쇄되어 매도인으로부터 전송된 계약초안에서 일정한 규정내용을 쉽게 못 찾도록 할 의향으로 괄호를 쳤다. 이렇게 작성된 계약서에 원고는 서명을 하고 전송하였고 매도인은 이러한 조그마한 변화를 알아차리지 못하고 계약서에 서명하였다. 그에 따라 양 당사자는 괄호 안에 들어가 있는 내용이 계약의 내용이 되었는지에 관하여 다투게 되었다. 제국법원이 이 사안에서 당사자의 의견이 일치하지 않았음에도 불구하고 불합의를 인정할 수 없다고 하였다: "계약은 제157조에 기하여 신의성실에 따라 해석되어야 하고 계약이 일정한 의미로 해석될 수 있는 경우에는 불합의(제155조)가 인정될 수 없다. … 원고의 행위는 신의성실에 위반한다. 그에 따라 원고는 괄호가 있다는 사실을 주장할 수 없고 계약상 괄호가 없는 것처럼 취급당해야 한다." 이 판결은 객관적 해석을 통하여 합의개념이 어떻게 이해될 수 있는지를 잘 보여주고 있다. 계약당사자들이 그들의 의사를 제대로 표현하여 객관적 해석을 통하여 분쟁의 대상이 된 계약내용에 대하여 특정한 의미를 확정할 수 있다면 불합의가 문제되지 않

객관적 해석의 원칙에 따른 합의개념은 오표시무해의 원칙을 통해서만 배제된다. 양 당사자가 사용된 문언의 의미를 동일하게 이해하였다면 잘못된 문언사용에도 불구하고 합의가 있는 것으로 보고 당사자의 의사에 따라 계약의 내용을 결정하는 것이다.[78]

우리 학설도 독일의 판례와 학설의 논의를 받아들여 규범적 합의와 자연적 합의개념을 통하여 해석의 결과에 따른 합의개념을 사용하고 있다.[79] 즉 표시된 내용이 일치하면 이를 규범적 합의라고 하며, 표시된 내용과 상관없이 당사자의 의사가 일치하면 자연적 합의가 존재한다고 본다. 우리 판례도 당사자 확정과 관련하여 학설의 논의를 수용하고 있다. 즉 "계약을 체결하는 행위자가 타인의 이름으로 법률행위를 한 경우에 행위자 또는 명의인 가운데 누구를 계약의 당사자로 볼 것인가에 관하여는, 우선 행위자와 상대방의 의사가 일치한 경우에는 그 일치한 의사대로 행위자 또는 명의인을 계약의 당사자로 확정하여야 할 것이고, 행위자와 상대방의 의사가 일치하지 않는 경우에는 그 계약의 성질·내용·목적 체결경위 등 그 계약 체결 전후의 구체적인 제반 사정을 토대로 상대방이 합리적인 사람이라면 행위자와 명의자 중 누구를 계약당사자로 이해할 것인가에 의하여 당사자를 결정하여야 한다"라고 판시하고 있다.[80] 판결의 판시 중, "행위자

는다는 것이다. 한 당사자가 자신의 의사와 계약내용이 일치하지 않다는 것을 주장하면 그는 착오를 이유로 하여 의사표시를 취소할 수 있을 뿐이다.

78) 유명한 Haakjöringsköd 사례(RGZ 99, 147)에서 양 당사자는 고래고기를 목적으로 하는 매매계약을 체결하면서 "Haakjöringsköd"라는 용어를 사용하였는데, 이는 노르웨이 말로는 상어고기를 의미한다. 이에 대하여 제국법원은 양 당사자가 동일한 계약내용을 전제로 하였고 잘못하여 그들의 의사와 일치하지 않는 표현을 사용한 것뿐이므로 계약은 고래고기를 목적으로 하는 매매계약이 성립하였다고 판시하였다.

79) 김형배, 채권각론[계약법], 93면.

또는 명의인 가운데 누구를 당사자로 할 것인가에 관하여 행위자와 상대방의 의사가 일치하는 경우에는 그 일치하는 의사대로 행위자의 행위 또는 명의인의 행위로서 확정하여야 할 것"이라는 부분은 자연적 해석에 해당하고, 그러한 일치하는 의사를 확정할 수 없을 경우에는 "상대방이 합리적인 인간이라면 행위자와 명의자 중 누구를 계약당사자로 이해할 것인가에 의하여 당사자를 결정하여야 한다"라는 부분은 규범적 해석에 해당한다. 자연적 해석과 규범적 해석은 상대방 있는 의사표시에 적용되는 해석방법인데 당사자 확정에 있어서도 항상 상대방이 존재하여 당연히 적용될 수 있음을 판례도 인정하고 있는 것이다.[81]

(2) Manigk처럼 표시상의 착오를 계약법영역에서 떼어 내면 통일된 합의개념을 도출할 수 있다. Manigk은 "오해로서의 불합의"라는 시각을 갖고 있으면서 합의는 의사의 일치를 통한 의사표시의 일치를 의미한다고 보았다.[82] 이러한 합의개념의 이론적 전제는 당사자의 착오 없는 의사표시이며 계약이 성립하기 위해서는 두 개의 하자 없는 의사표시의 일치만이 문제된다는 것이다.[83] 계약의 체결을 도모하는 의사표시가 당사자의 의사를 제대

---

80) 대법원 2003.9.5. 선고, 2001다32120 판결.

81) 판례가 자연적 해석을 규범적 해석보다 선행되는 것으로 서술하고 있다는 점에 큰 의미를 부여하는 시각도 존재한다[손현찬, "계약 당사자의 확정 — 타인의 이름으로 계약을 체결한 경우를 중심으로," 재판과 판례(대구판례연구회) 제10집, 2001, 200면]. 그런데 실무에서 자연적 해석에 의하여 당사자가 확정되기 위해서는 계약당사자 사이의 의사가 실제로 표시된 내용과 다르다는 점을 주장하고 입증해야 하는데, 이는 매우 어려우며 이것이 이루어지기 전에는 규범적 해석에 의하게 되므로 해석방법의 선후를 논하는 의미는 크지 않다고 할 수 있다.

82) Manigk, Das Wesen des Vertragsschlusses in der neuen Rechtssprechung — Beiträge zur Lehre vom Konsens und Dissens —, JherJb, 75(1975), 223.

로 나타내야 하기 때문에, 합의가 존재하기 위해서는 항상 의사의 일치가 필요하다고 한다. 이러한 전제에 도달하기 위해서 Manigk은 일반적으로 인정되고 있는 "한 당사자의 착오는 합의가 성립하는 것을 방해하지 않는다"는 명제를 부정하고 착오가 방법론적으로 무효의 한 종류로 본다.[84] 의사표시의 본질에 관한 일반적인 문제들은 계약법의 특수문제가 아니라고 보면서, 착오를 이유로 하여 착오자가 자신의 개별적인 의사표시인 청약 내지 승낙의 의사표시를 취소하는 경우에는 계약을 취소하는 것이 아니라고 한다. 계약은 단지 본질적인 요소가 무효로 되면서 자신의 효력을 간접적으로 잃을 뿐이라고 한다.[85]

그러나 Manigk의 주장은 현행법 체계에서는 받아들여질 수 없다. 왜냐하면 취소된 법률행위가 법률행위 측면에서 처음부터 무효인 법률행위와 동일하기는 하지만, 취소 전에 취소가능한 법률행위는 우선 유효하며, 취소되지 않는다면 계속하여 유효한 상태로 남을 수 있기 때문이다. 현행 독일민법과 우리 민법상 객관적 해석의 원칙과 착오에 관한 규정을 기초로 하여 중요한 사례인 표시상의 착오가 불합의로부터 떨어져 나왔기 때문에 표시상의 착오가 존재하더라도 계약의 성립을 방해하지 못한다. 그에 따라 Manigk의 견해와 달리 두 가지 전형적인 착오 사례에서 합의로 인한 계약의 성립을 인정할 수 있다. 첫째, 한 계약당사자가 자신의 의사와 객관적으로 다른 청약의 의사표시를 하고 상대방이 객관적인 의미로 이해하여 객관적 의미대로 승낙의 의사표시를 하는 경우, 둘째 청약자가 자신의 의사에 부합하는 객관적 의미로 청약의 의사표시를 하였으나, 상대방이 의사표시의 내용을 잘못 이해한 상태에서 자신의 의사와 다른 객관적으로 승낙의 의사표시로 볼 수 있는 내용의 의사표시를 한 경우이다.[86]

83) Manigk, JherJb, 75(1975), 224 u. 227.

84) Manigk, JherJb, 75(1975), 226.

85) Manigk, JherJb, 75(1975), 228.

(3) Bailas는 다수설이 형성한 두 갈래의 합의개념에 반대하고 이러한 이중적 구성은 단지 오해와 불명확성만 야기한다고 비판하였다.[87] 합의개념의 통일적 개념정의는 의사주의 내지 표시주의 어느 한 입장만을 고수할 경우에만 달성될 수 있다. 그런데 현행 민법에 착오로 인한 의사표시의 취소를 인정하고 있는 규정을 Bailas도 무시할 수 없었다. 그에 따라 Bailas도 '이해(Verständigung)'라는 통일된 용어를 통하여 두 갈래의 설명방식을 극복하지 못하였다. 의사의 일치를 원칙으로 하면서도 Bailas는 착오로 인한 취소규정 때문에 의사가 일치하지 않더라도 표시된 내용의 일치로 계약이 성립함을 인정하지 않을 수 없었던 것이다.[88]

Bailas처럼 두 갈래의 합의개념에서 두 개의 표지, 즉 의사의 일치와 객관적으로 표시된 내용의 일치로 해석하는 것은 옳지 못하다. 왜냐하면 '내적인' 합의로 계약이 성립하는 것은 오표시무해의 원칙에 따라 당사자들의 의사가 실제로 일치하는 경우만이다. 따라서 합의는 객관적 해석에 의하여 원칙적으로 검토된다.[89] 그럼에도 불구하고 통일된 합의개념을 원한다면 이를 의사표시 내용의 일치라고 개념정의하면 된다. 왜냐하면 객관적 해석 내지 주관적 해석에 의하여 의사표시의 내용이 결정되든 상관없이 합의개념에서 중요한 것은 의사표시의 내용이 일치하는 것이기 때문이다.[90] 그에 따라 계약의 성립에 있어서 의사표시의 해

---

86) Kramer, Grundfragen der vertraglichen Einigung, S. 176 f.참조.

87) Bailas, Das Problem der Vertragsschließung und der vertragsbegründende Akt, S. 8.

88) Bailas, Das Problem der Vertragsschließung und der vertragsbegründende Akt, S. 8. 이에 대한 비판적인 시각으로 Kramer, Grundfragen der vertraglichen Einigung, S. 178 ff.

89) 그에 따라 Diederichsen은 객관적 해석의 우위라고 설명한다(ders., Der logische Dissens, FS Jur. Gesellschaft zu Berlin, 1984, S. 81, 84 f.).

90) Thiele, Die Zustimmung in der Lehre vom Rechtsgeschäft, 1966, S. 109: "이러한 한도에서는 계약효력의 근거지음에 있어서 두 갈래의

석을 통하여 도출된 의사표시 내용의 일치가 계약상의 합의를 인정함에 있어 결정적이라고 말할 수 있다.[91]

4. 의사표시내용의 불일치로서의 불합의

(1) 결국 불합의는 의사표시내용의 불일치로 이해될 수 있다. 이 개념정의는 주관적 해석과 객관적 해석이라는 두 개의 해석방법을 기초로 하고 있는데, 그에 따라 불합의가 성립하기 위해서는 당사자의 의사는 물론 표시된 내용이 상호 모두 일치하지 않아야 한다.[92] 따라서 양자 모두 일치하지 않아야 하므로 단순히 표시된 내용의 불일치로 불합의를 단순하게 정의하는 것은 올바른 개념정의가 못된다.

(2) 일치하는 의사표시의 객관적 의미내용이 계약의 성립에 있어서 결정적 역할을 부여한다면, 그 논리적 귀결로 양 당사자 어느 측에서도 객관적으로 확정된 계약내용을 원하지 않은 경우에도 합의가 인정되어야 한다. 즉 양 당사자의 독립된 착오에 있어서는 명백한 표시내용의 일치는 존재하나 양 당사자의 의사는 표시된 내용과 다르며 다른 당사자의 의사와도 일치하지 않아도 합의는 표시된 내용대로 인정되어야 한다는 것이다.[93] 이에 대하여 Kramer는 양 당사자 모두 잘못된 언어사용에 대한 비난을 가

설명은 존재하지 않는다."

91) Larenz/Wolf, Allgemeiner Teil des Bürgerlichen Rechts, §27/IV(S. 569); 송덕수, "합의와 불합의," 경찰대 논문집 제7집, 187면.

92) 예를 들어 Larenz/Wolf, Allgemeiner Teil des Bürgerlichen Rechts, §27/IV(S. 569); 송덕수, "합의와 불합의," 경찰대 논문집 제7집, 190면.

93) 예: 甲은 乙에게 물건을 팔면서 매매가격을 잘못 기재하여 "850"이라고 할 것을 "580"이라고 기재하였다. 눈이 나쁜 乙은 기재된 내용을 잘못 읽어서 "380"이라고 읽고 "승낙합니다"라고 답하였다.

할 수 있으므로 어느 당사자도 자신이 의도한 내용을 주장할 수 없다고 한다. 그에 따라 이 사례의 경우 불합의를 인정해야 한다고 주장한다.[94] 그렇지만 양 당사자의 의사와 다르게 의사표시의 내용이 객관적 의미로 확정되어 그 내용대로 계약의 성립을 인정하더라도 당사자의 이해관계를 부당하게 침해하지 않는다. 왜냐하면 양 당사자가 성립된 계약을 모두 원하지 않으면 계약을 합의하여 해제하면 되기 때문이다. 다른 한편 성립된 계약에 대하여 정당한 신뢰가 한 당사자측에 발생할 수가 있고 이러한 신뢰를 보호할 필요가 있으므로, 확정된 내용대로 계약의 효력을 원하지 않은 당사자에게 착오를 이유로 한 취소를 인정하면 충분할 것이다.[95]

5. 소 결

지금까지의 논의를 종합하면 불합의는 계약당사자의 의사는 물론 표시된 내용이 모두 일치하지 않아야만 인정될 수 있다. 결국 오늘날 ―로마법에서와는 달리― 계약의 성립을 위하여 외적인 합

---

94) Münchkomm/Kramer, Rn. 10 zu §155; 동일한 입장으로 Bailas, Das Problem der Vertragsschließung und der vertragsbegründende Akt, S. 19ff. Flume에 따르면 오표시무해의 원칙을 반대로 적용해야 한다고 한다[Allgemeiner Teil des bürgerlichen Rechts, 2. Band, Das Rechtsgeschäft, §34/4(S. 623)].

95) 이러한 견해로 송덕수, "합의와 불합의," 경찰대 논문집 제7집, 206면; Diederichsen, FS Jur. Gesellschaft zu Berlin, 1984, S. 81, 88 f.; 이에 찬성하는 견해로 Erman/Hefermehl, Rn. 8 zu §155; Soergel/Wolf, Rn. 11 zu §155. 그에 반하여 Nipperdey는 독일민법 제242조에 기한 해결책을 제시하면서 당사자들에게 계약으로부터 해방될 수 있는 권리가 부여된다고 한다[Enneccerus/Nipperdey, Allgemeiner Teil des Bürgerlichen Rechts, Zweiter Halbband, 15. Aufl., 1960 §177 VI(S. 1086)].

의, 즉 당사자 쌍방의 의사표시 해석에 따라 확정된 내용이 일치하면 그 내용이 당사자의 내적 의사와 일치하지 않더라도 계약의 성립은 인정된다. 따라서 당사자의 오해를 기초로 하여 계약이 체결되었더라도 계약상의 합의가 인정될 수 있다. 그에 따라 당사자의 오해가 당연히 계약의 불성립을 가져오는 것은 아니며, 경우에 따라서는 착오를 이유로 한 의사표시의 취소만이 문제될 뿐이다. 물론 무의식적 불합의의 경우, 특히 표시상의 불합의의 경우에는 당사자의 오해를 기초로 해서 불합의가 발생할 수 있다.[96] 그러나 의식적 불합의의 경우에는 당사자의 오해를 생각할 수 없을 뿐만 아니라, 무의식적 불합의의 경우라도 의사표시의 불명확성 내지 의사표시의 불충분으로 인하여 불합의가 발생하는 경우에는 당사자의 오해 없이도 불합의가 성립할 수 있다.

III. 계약체결상 의사소통의 하자의 취급

불합의를 오해로서 바라보는 시각은 표시주의의 영향으로 독일민법 제2초안부터 포기되어야 했다. 그에 따라 불합의에 있어서 관점은 주관적 의사 하자로부터 외부적인 일치의 하자로 옮겨 갔다. 이하에서는 현행법이 오해 내지 의사소통의 하자를 어떻게 다른 제도를 통하여 취급하고 있는지 살펴보려고 한다.

1. 의사소통 하자의 종류

계약체결과정에서 당사자들에게 2가지의 의사소통의 하자가 발생할 수 있다.[97] 첫 번째 사례군은 인식의 하자(Wahrnehmungs-

---

96) 이러한 경우 오해를 기초로 불합의가 발생하고 있다고 설명하는 입장으로 송덕수, "합의와 불합의," 경찰대 논문집 제7집, 204면 참조.

97) 이러한 구분으로 Titze, Die Lehre vom Mißverständnis, S. 13.

fehler)로서 의사표시의 수령자가 잘못 읽거나 잘못 들어서 의사표시를 제대로 인식하지 못한 경우이다. 두 번째는 해석의 하자(Deutungsfehler)로서 의사표시의 수령자가 제대로 인식을 하였으나, 이를 잘못 해석하여 의사표시에 잘못된 내용을 부여한 경우이다.[98] 이 해석의 하자는 의사표시의 수령자의 오해를 기초로 하고 있다. 인식의 하자에 있어서는 의사표시의 수령에 하자가 존재하므로 의사표시의 도달이 제대로 되었는지의 문제가 발생함에 비하여, 해석의 하자에서는 최소한 제대로 된 의사표시의 도달은 개념상 전제되어 있다.

2. 의사표시의 도달에 관한 제111조 제1항의 의미

의사소통의 하자를 우리 민법에서 어떠한 방식으로 취급하는지는 의사표시의 효력발생과 관련된 제111조 제1항과 밀접한 관련이 있다. 의사표시의 효력발생과 관련하여 당사자의 이해관계를 정확히 파악하여 합리적인 이해관계의 조정이 필요하기 때문이다.

(1) 의사표시의 효력발생에 관한 입법과 해석론

1) 우리 민법은 의사표시의 효력발생과 관련하여 상대방 있는 의사표시에 관하여 도달주의를 취하고 있다(제111조 제1항). 제111조에서 단순히 상대방 있는 의사표시에 관하여 규정할 뿐이고, 그 상대방이 격지자이냐 또는 대화자이냐를 구별하지 않으므로 격지자냐 아니면 대화자냐를 구분하지 않고 언제나 도달주의 원칙에 의해야 한다는 것이 다수설의 입장이다.[99] 그에 반하여

---

98) 예: 의사표시의 수령자가 나쁜 전화상태로 인하여 200개의 주문량을 100개로 들었다. 수령자가 단지 보여준 증서의 내용을 잘못 읽었다.

99) 곽윤직, 민법총칙, 249면; 김증한 · 김학동, 민법총칙, 373면; 이은영, 민법총칙, 555면; 명순구, 민법총칙, 334면; 백태승, 민법총칙, 449면;

구민법은 격지자 사이의 의사표시에 관하여 도달주의를 규정하고 있었기 때문에, 대화자 사이에는 명문의 규정이 없어 이를 어떻게 취급하여야 하는 지가 문제되었으나, 민법은 이러한 문제를 해소하기 위하여 '격지자'라는 표현을 삭제하고 '상대방 있는 의사표시'로 규정하였다고 보고 있다.[100)]

2) 마찬가지로 도달주의를 취하고 있는 일본민법은 격지자 사이의 의사표시 효력발생에 대하여만 규정하고 있어(일본민법 제97조), 우리 민법과 달리 대화자 사이의 의사표시에 관하여는 명문의 규정이 없다. 일본민법의 기초자로서 격지자 사이의 의사표시 효력발생에 관한 규정의 기초를 담당하였던 富井政章은 일본민법 시행 후 그의 저서에서 의사표시의 목적이 상대방에게 자신의 의사표시를 요지시키는 것이라는 점에 비추어 대화자 사이에서는 요지주의에 의해야 한다고 주장하였고, 그 당시에 있어서는 이 입장이 통설로 되어 가는 듯하였다. 그러나 鳩山秀夫가 일본민법 제97조 준용설을 주장하였고 我妻榮도 이 입장을 취하면서 대화자 사이의 의사표시에 관하여서 도달주의가 압도적 다수설이 되어 오늘날에 이르고 있다.[101)] 이 견해에 따르면 격지자・대화자의 구분은 실익이 없고 이러한 입장이 우리 민법의 제정과정과 그 이후 학계에 결정적인 영향을 미친 것으로 생각된다.

송덕수, 민법강의(상), 187면; 민법주해[Ⅱ]/박영식, 612면.

100) 국회 법제사법위원회 민법심의소위원회는 "현행법(구민법)의 '격지자'라는 용어를 피한 초안은 개념의 정확을 기하는 의미에서 타당하다"고 심의하여 원안대로 합의했다고 한다[동 위원회, 민법안심의록(상), 75-76면].

101) 일본 최고재판소는 의사표시에 관하여는 직접적인 것은 아니었지만, 구두의 통지・최고에 관하여 도달주의를 채용하였다(일본 최고재판소 1975년 6월 27일 판시 748호 65면).

3) 독일민법의 경우도 격지자 사이의 상대방 있는 의사표시에 관하여 도달주의를 채용하고 있어(독일민법 제130조 제1항), 대화자 사이의 의사표시에 관하여 명문의 규정이 없다. 독일민법의 입법과정을 통하여 명확하게 도달주의를 채용한 제130조 제1항을 대화자 사이에서도 적용할 것인지가 드러나지 않으나, 그 규율방향을 학설과 판례에 맡긴 것으로 보고 있다. 그에 따라 독일에서는 격지자와 대화자 사이의 의사표시를 구별하는 것에서 더 나아가 의사표시가 유체화되어 이루어지느냐에 따라 구분하고 있고, 대화자 사이의 유체화되지 않은 의사표시에 대하여 요지주의가 다수설의 입장을 차지하고 있다.[102] 이 견해에 따르면 구두에 의한 의사표시처럼 유체화되지 않은 의사표시에 대해서는 원래 요지와 구별해야 할 도달은 이론적으로 생각할 수 없다고 한다. 왜냐하면 도달이라고 함은 계속해서 요지가능성이 있는 유체화된 의사표시에서 생각될 수 있는 개념이기 때문이다. 따라서 유체화되지 않은 의사표시의 효력발생에 있어서 기준이 되는 것은 요지라고 한다. 유체화되지 않은 의사표시에서는 상대방을 보호하기 위하여 의사표시가 상대방에 의하여 인식된 시점에만 의사표시의 효력발생을 인정해야 하는 것으로 보고 있다.

그러나 독일의 경우 오히려 최근에는 요지주의를 기초로 하면서도 표의자의 이익도 충분히 고려할 필요가 있다는 입장에서 일정한 경우에 예외를 인정하는 절충주의(약화된 요지주의)가 유력하게 제기되고 있다. 절충주의에 의하면 의사표시에 대하여 상대

102) 독일에서도 의사표시의 상대방이 그 자체로서는 인식가능한 의사표시를 특별한 개인적인 사정으로 인식하지 못한 경우 이를 표의자의 책임으로 전가해서는 안 된다는 것을 고려하여 유체화되지 않은 의사표시의 경우에도 상대방이 의사표시를 인식하는 것이 객관적으로 가능하였다면 도달을 인정하자는 견해도 주장된 적이 있다. 이와 같은 도달주의가 예전에는 상당한 지지를 받을 적도 있지만, 2차 세계대전 이후에는 극소수의견에 머물고 있다.

방의 객관적인 요지가능성이 있고 동시에 표의자로서 인식할 수 있는 여러 사정을 기초로 의사표시가 상대방에 의하여 요지되었다고 믿을 수 있는 사정이 있는 경우에는 실제로 상대방이 요지하지 못하였다고 하여도 표의자를 보다 보호할 필요성이 있으므로 의사표시의 효력발생을 인정해야 한다고 주장한다.

(2) 제111조 제1항에 의한 도달주의

우리 민법은 제111조 제1항에서 상대방 있는 의사표시에 관하여 도달주의를 취하고 있다. 그러나 제111조 제1항은 명시적이지는 않지만 다음과 같은 사안, 즉 상대방 있는 격지자 사이의 유체적 의사표시를 모델로 하고 있으며 이러한 경우에 정당한 이해관계의 조정을 하고 있음은 분명하다. 예컨대 우편을 통하여 취소의 의사표시를 하는 경우에 의사표시가 표의자로부터 상대방에게 전달될 때까지는 여러 단계를 거치게 된다. 즉 표의자가 편지를 쓰고, 우체통에 편지를 넣어서 우체국을 통하여 편지가 상대방의 우편함에 투입되고 마지막으로 상대방이 이 편지를 읽을 것이다. 이 경우 표의자가 편지를 쓰는 것(표백), 편지를 우체통에 넣어서 표의자의 영역을 벗어나 상대방을 향하여 의사표시가 발신되는 것(통지), 상대방의 우편함에 편지가 투입되는 것(도달) 그리고 상대방이 편지를 읽는 것(요지) 등의 전달과정을 거치게 된다.

의사표시의 효력발생의 가장 빠른 시점으로 고려될 수 있는 것이 의사표시를 표시하거나 발신한 경우이다. 그러나 상대방 있는 의사표시에서는 상대방은 의사표시를 통하여 발생하게 될 법률관계의 변화에 대처해야 하기 때문에 최소한 의사표시를 인식할 수 있는 가능성이 존재해야 한다. 따라서 의사표시를 표시하는 것만으로는 부족하고 최소한 상대방을 향하여 의사표시를 전달하는 과정은 필요하다고 할 수 있다(제142조 참조). 그렇지만 의사표시의 효력발생을 가장 늦은 시점인 상대방이 의사표시의 내용을 알게 되거나 이해한 때를 기준으로 삼는다면 표의자는 상대방이 내용을 알게 될 때까지의 위험과 불이익을 너무 길게 부담해야 하며 상대방은 표의자의 이러한 부담을 기초로 하여 결과적으로 유리한 지위를 누릴 수 있게 된다. 왜냐하면 이 경우 표의자는 상대방이 우편내용을 받고 그 내용을 읽어 보는 데에는 영향을 미칠 수 없기 때문이다. 따라서 의사표시의 효력발생시점은 의사표시가 잘못 전달될 위험이 표의자에게서 상대방으로 이전하는 시기인 의사표시의 발신과 인식 사이에 놓여야 한다. 의사표시가 상대방의 지배영역으로 진입한 경우에 원칙적으로 상대방은 의사표시를 인식할 수 있는 가능성을 갖게 되며 표의자는 상대방이 그 내용을 인식하는 데에는 더 이상 영향을 미칠 수 없다. 따라서 각국의 입법은 의사표시 상대방의 수령 내지 도달을 기준으로 의사표시의 효력발생을 인정하고 있다. 이러한 입장이 가장 정당한 결과를 가져오기 때문에 우리 민법도 상대방 있는 의사표시에서 도달주의를 취하고 있다(제111조 제1항).

(3) 제111조 제1항의 적용범위 설정을 위한 사례군의 구분

우리 다수설은 입법과정을 통하여 우리 입법자가 격지자와 대화자 사이의 구분을 포기하고 통일된 원리, 즉 도달주의에 의하여 의사표시의 효력발생문제를 규율해야 한다는 의도를 갖고 있었다고 보고 있다.[103] 입법 당시에 일본의 다수설의 영향을 받고 있던 우리 학계의 입장이 입법에 반영된 것이므로 다수설의 지적은 문헌적·역사적 고찰 측면에서는 타당하다. 그에 반하여 독일의 입법자는 격지자에 관한 규정을 둠에 있어서 대화자 사이의 의사표시에 대하여 명시적으로 어떠한 규정도 두지 않았고 이 규율은 학설과 판례에 맡겼다.[104] 그러므로 독일의 입법자는

---

103) 곽윤직, 민법총칙, 249면; 김증한 · 김학동, 민법총칙, 373면; 이은영, 민법총칙, 555면; 명순구, 민법총칙, 334면; 백태승, 민법총칙, 449면; 송덕수, 민법강의(상), 187면; 민법주해[Ⅱ]/박영식, 612면.

대화자 사이의 효력발생문제에 관하여 어떠한 입장을 취한 것도 아니다. 즉 명문의 규정을 두지 않은 취지를 반대해석하여 도달주의를 취하고 있는 격지자 사이의 의사표시와 다른 원리에 의한다는 입장을 갖고 있었다고 해석할 수는 없고, 그와 반대로 도달주의에 의한 통일된 원리에 의하여 규율해야 한다는 취지를 갖고 있었다고 보기도 어렵다고 한다. 독일의 입법자는 '사물의 본성'에 의하여 대화자 사이의 의사표시의 효력발생의 문제가 해결될 것으로 보았고 그에 따라 독일의 학설은 대화자 사이의 의사표시의 특성을 파악하고 그에 맞는 합당한 이해관계의 조절을 도모하고 있다.

이러한 시각, 즉 '사물의 본성'에 따라 대화자 사이의 의사표시 효력발생문제를 규율해야겠다는 시각에서 이 문제를 다시 고찰하면 우리 민법의 해석에서도 현재의 다수설과 다른 결과가 도출되지 않을까 하는 입장에서 아래에서 제111조 제1항의 적용범위를 고찰하려고 한다. 즉 방법론적으로 현재 다수설은 너무 입법자의 의사에 천착하고 있으며, 이러한 시각 때문에 정당한 이해관계의 조절을 도모하고 있지 않다는 문제의식에서 논의를 전개하려고 한다. 이하에서는 의사표시의 효력발생과 관련하여 당사자의 이해관계가 달라질 수 있는 사례군을 살펴보려고 한다.

1) 상대방 있는 의사표시와 상대방 없는 의사표시의 구분

우리 민법은 "상대방 있는 의사표시"라는 표현을 법문에서 사용하고 있다. 따라서 상대방 없는 의사표시에 대하여는 제111조 제1항이 적용되지 않음이 명백하다. 이와 같이 상대방 없는 의사표시에 관하여는 명문의 규정이 없으나, 상대방 없는 의사표시는 원칙적으로 표시행위가 완료한 때, 즉 의사표시의 통지가 이루어진 때 효력을 발생하기 때문에 명문의 규정이 없더라도

---

104) 이와 같은 논의로 Brinkmann, Der Zugang von Willenserklärungen, S. 87 ff. 참조.

특별한 문제가 없는 것으로 보고 있다.[105] 여기서 상대방 있는 의사표시와 상대방 없는 의사표시의 구분[106]은 상대방이 존재하느냐에 따라 구분하고 있는 것이 아니라, 상대방에게 의사표시가 효력을 발생하기 위하여 도달할 필요가 있느냐 없느냐에 따라 나누고 있음을 주의해야 한다.[107]

그러면 의사표시가 효력을 발생하기 위하여 상대방에게 의사표시가 도달할 필요가 있는지의 여부는 어떻게 판단할 것인지가 문제된다. 물론 취소(제142조)와 해지·해제(제543조 제1항)처럼 명문의 규정을 통하여 의사표시가 상대방에게 행하여져서 도달이 필요하다는 것이 전제되어 있는 경우도 있다. 그러나 명문의 규

---

105) 곽윤직, 민법총칙, 247면; 고상룡, 민법총칙, 451면; 김증한·김학동, 민법총칙, 372면; 백태승, 민법총칙, 444면; 민법주해[Ⅱ]/박영식, 604면.

106) 상대방 있는 의사표시와 상대방 없는 의사표시로 구분하는 것이 일반적이다. 그런데 유언의 경우가 상대방 없는 의사표시의 대표적인 경우에 해당하는데, 이 때 유언의 경우도 유증 등을 받을 자를 위하여 유언의 의사표시가 행하여진다는 측면에서는 상대방이 존재한다. 따라서 상대방 없는 의사표시에서 특정한 상대방의 인식이 중요하지 않다는 표현은 오해를 불러일으킬 수 있다. 그런데 '상대방 있는 의사표시'와 '상대방 없는 의사표시'를 구분하는 기준은 의사표시가 상대방에게 도달해야만 의사표시가 효력을 발생하는지의 여부에 따라 나누고 있다. 따라서 이러한 오해의 여지 때문에 독일에서는 수령을 요하는 의사표시(empfangsbedürftige Willenserklärung)와 수령을 요하지 않는 의사표시(nicht-empfangsbedürftige Willenserklärung)라는 용어를 Zitelmann 이후 많이 사용하고 있고(Staudinger/Singer/Benedict, Rn. 9 zu §130) 그에 따라 우리 학설도 이러한 표현을 사용하자고 주장하는 입장도 있다. 그러나 용어구분의 의미만을 명확히 한다면 민법 제111조 제1항 법문에서 사용하고 있는 용어를 그대로 사용하는 것이 더 타당하다고 생각된다. 즉 상대방 있는 의사표시와 상대방 없는 의사표시의 구분은 의사표시가 효력발생을 위하여 상대방에게 의사표시가 도달할 필요가 있는지의 여부에 따라 구별함을 기억하면 될 것이다.

107) 이와 같은 설명으로 이영준, 민법총칙, 150면.

정이 없더라도 사물의 본성에 의하여 도달이 필요한 것으로 인정되는 경우가 있을 것이다. 예컨대 계약의 경우 항상 계약상대방이 존재하므로 계약의 체결을 목적으로 하는 의사표시는 상대방 있는 의사표시가 될 것이다. 따라서 단독행위의 경우에만 상대방 있는 의사표시와 상대방 없는 의사표시의 구분이 문제될 수 있다. 그런데 단독행위를 통하여 다른 자의 권리가 제한되거나 변경되는 경우에는 그 성질상 상대방에게 의사표시가 알려진 경우에만 효력이 있는 것으로 인정해야 할 것이다.[108] 이러한 측면에서 타인의 권리를 침해하지 않은 경우에만 상대방 없는 의사표시가 될 것이고 타인의 권리를 침해하는 경우에는 상대방 있는 의사표시로 보아야 할 것이다.[109]

2) 격지자 사이의 의사표시와 대화자 사이의 의사표시의 구분

민법의 입법과정에서 격지자라는 용어가 삭제됨으로써 현재 우리 다수설은 민법의 입법자들이 격지자와 대화자의 구분을 포기한 것으로 보고 있다. 그에 반하여 독일과 일본민법은 이러한 구분을 견지하고 있다. 독일민법의 입법자는 특별한 규정이 필요한 영역에 대하여만 규정을 해야 한다고 보아 격지자 사이의 상대방 있는 의사표시에 관하여만 규정을 두었다고 한다. 그에 반하여 대화자 사이의 의사표시에 대하여는 특별한 규정을 둘 필요가 없다고 본 것이다. 왜냐하면 이 경우 사물의 본성에 의하면 의사표시를 통지하는 순간에 바로 의사표시가 효력을 발생하기 때문이다.[110]

격지자와 대화자의 구분은 통신수단이 발달하기 전에는 얼굴을 앞에 두고 의사표시를 하는 경우와 장소적으로 떨어져서

---

108) Flume, Allgemeiner Teil: Das Rechtsgeschäft, §11, 4; Larenz/Wolf, Allgemeiner Teil des Bürgerlichen Recht, §28 Rn. 11.

109) Staudinger/Singer/Benedict, Rn. 9 zu §130.

110) Motive Ⅰ, S. 156.

우편으로 의사표시를 하는 경우를 나누는 기준으로 활용되었다. 따라서 이 경우는 장소적인 근접성과 시간적 근접성이 일치하여 장소적으로 대화자인 경우에도 시간적으로 대화자였고 장소적으로 격지자인 경우에는 시간적으로도 격지자였다. 그런데 전화가 발명되면서 이러한 장소적 근접성과 시간적 근접성은 분리되었다. 즉 장소적으로 격지자이더라도 시간적으로는 격지자가 아닐 수 있게 되었다. 그런데 이미 위에서 살펴본 것처럼 통지와 도달이라는 개념적 구분은 의사표시가 통지된 후 도달될 때까지의 시간적 간격을 전제로 한 개념이므로 격지자와 대화자의 구분은 장소적 기준이 아니라 시간적 기준으로 활용되게 이르렀다.[111] 즉 여기서 중요한 것은 표의자가 한 의사표시를 상대방이 수령하고 그에 반응할 수 있는 시간적 간격이 존재하느냐의 여부이다. 따라서 전화의 경우 장소적으로 당사자들이 떨어져 있으나, 시간적으로 의사표시를 한 즉시 상대방이 의사표시를 수령하고 이에 반응할 수 있으므로 이를 대화자로 보게 된다.[112]

따라서 의사표시 효력발생에 관한 명문의 규정이 필요한 것은 의사표시의 전달과정에서 시간적 간격이 존재하여 의사표시의 통지와 도달 내지 인식 사이에 시간적 간격이 존재하는 경우이다. 이러한 경우에만 어느 시점에 의사표시의 효력발생을 인정할 것인지가 문제되며 누가 의사표시 전달과정에서 발생하는 의사표시의 소실, 변조로 인한 위험을 부담할 것인지가 문제되기 때문이다.[113] 이러한 측면에서 현재 우리 민법에서 통지와 도달을 구분하고 있는 것으로 보아서는 입법자가 어떠한 생각에서 "격지

---

111) [Staudinger/Singer/Benedict, Rn. 17 zu §130; Larenz/Wolf, Allgemeiner Teil des Bürgerlichen Recht, §26 Ⅳ. 1.(S. 476)]

112) 전자우편을 통한 의사표시의 격지자성과 관련하여 최신섭, "E-메일로 전달한 의사표시의 효력," 비교법학연구 제4집, 2004, 187면 이하 참조.

113) Staudinger/Singer/Benedict, Rn. 17 zu §130.

자"라는 용어를 삭제하였던 것이든 상관없이 통지와 도달 사이에 시간적 간격이 있음을 전제로 하고 있다고 하겠다. 따라서 민법 제111조 제1항은 격지자 사이의 의사표시에 관한 규정이라고 보아야 하며, 이러한 측면에서 격지자 사이의 의사표시와 대화자 사이의 의사표시의 구분은 의미가 있다고 생각된다.[114)]

3) 유체적 의사표시와 무체적 의사표시의 구분

유체적 의사표시와 무체적 의사표시의 구분도 과학기술이 발달하기 전에는 말로써 당사자가 의사표시를 하는 경우와 우편으로 의사표시를 하는 경우를 구분하기 위해서 사용되었던 표지이다. 따라서 구두에 의한 의사표시와 서면에 의한 의사표시라는 표현을 더 많이 사용하였다. 그러나 녹음기술의 발달로 말로 한 의사표시도 예컨대 테이프, 파일 등과 같은 전달매체에 저장될 수 있는 방법이 생겼으므로 이러한 구분이 정확한 표준으로서 기능을 하지 못하게 되었다.

따라서 현재 유체적 의사표시는 전달매체에 의사표시의 내용이 저장된 경우를 말하고 무체적 의사표시는 저장되지 않은 경우를 의미한다.[115)] 예컨대 전화자동응답기에 해지의 의사표시를 녹음한 경우에 이는 말로서 하였지만, 저장되어 그 내용을 상대방이 여러 번 확인할 수 있기 때문에 유체적 의사표시에 해당한다. 그러므로 이 구분에서의 기준은 해당 의사표시가 전달매체에 의하여 저장되어 상대방이 이 내용을 다시 확인할 수 있는 가능성이 존재하느냐이다. 따라서 유체적 의사표시에서는 의사표시가 상대방에게 전달되어 여러 번 의사표시의 내용을 제대로 인식할 수 있는 가능성이 있음에 반하여 무체적 의사표시에서는 의사표시가 상대방에게 전달될 때 제대로 인식되지 않으면 다시 의사표시의 내용을 인식할 수 없다는 점에 차이점이 있다.

---

114) 이러한 입장으로 이영준, 민법총칙, 412면.

115) 이 구분에 관하여 더 자세한 것은 John, AcP 184(1984), 387 ff. 참조.

'도달'이라는 개념을 통하여 유체적 의사표시와 무체적 의사표시의 구분필요성을 도출하려는 입장이 있다. 즉 유체적 의사표시의 경우에만 도달을 생각할 수 있으므로 제111조 제1항이 적용될 수 있고 무체적 의사표시는 적용될 수 없다고 한다. 그러나 '도달'이라는 개념은 이와 같이 일정한 물체만이 상대방에게 전달되는 것을 전제로 한 개념은 아니고 상대방의 지배영역에 의사표시를 인식할 수 있는 것이 진입 내지 전달되는 것을 의미한다고 보면 무체적 의사표시에서도 '도달'이라는 개념을 생각할 수 있다.

(4) 소 결: 제111조의 적용범위

이상에서 살펴본 바와 같이 우리 입법자는 격지자·대화자 사이냐 아니면 유체적·무체적이냐를 구분하지 않고 일률적으로 제111조 제1항에 의하여 의사표시의 효력발생문제를 해결하려고 하였던 것으로 보인다. 그러나 의사표시의 전달과정이 갖는 특성상 일단 격지자와 대화자 사이로 나눌 수 있고 대화자 사이의 의사표시를 다시 유체적 의사표시와 무체적 의사표시로 나누어서 고찰할 필요가 있다. 일단 입법자의 의사와 달리 제111조 제1항이 의문 없이 적용될 수 있는 경우는 격지자 사이의 의사표시로 제한되어 있다. 대화자 사이의 의사표시에 관하여는 제111조 제1항이 적용될 것인지 아니면 다른 원리에 의하여 의사표시의 효력발생문제를 해결할 것인지는 논의가 필요한 열려있는 문제라고 하겠다. 이 입장에 대한 더 자세한 근거는 아래의 논의를 통하여 더 자세히 살펴보기로 한다.

3. 의사소통 하자의 취급

도달된 의사표시만이 해석의 대상이 되므로 의사표시의 도달의 문제가 해석의 문제보다 먼저 검토되어 한다. 한편 —이미 살펴본 바와 같이— 의사표시의 해석을 통하여 의사표시의 내용이 결정되므로 의사표시의 해석이 착오와 불합의보다 먼저 이루어져야 한다. 이하에서는 이러한 순서에 따라 의사소통의 하자가 우리 민법상 어떻게 취급되고 있는지 살펴보려고 한다. 이를 유체적 의사표시와 무체적 의사표시로 나누어서 살펴본다.

(1) 유체적 의사표시의 경우

유체적 의사표시에서는 해석의 하자는 물론 인식의 하자도 법률행위의 성립과 그 효력발생에 영향을 미치지 못한다.[116] 우선 유체적 의사표시에서는 —개별적인 차이는 있지만— 수령자의 지배영역에 진입하면 도달이 인정되며, 이때 수령자가 의사표시를 인식할 필요는 없고 단지 인식가능성만 존재하면 충분하다.[117] 따라서 유체적 의사표시에서는 수령자가 의사표시의 내용을 잘못 이해하였거나 전혀 이해하지 못하더라도 도달이 인정된다.

객관적 해석의 원칙에 따라 실제의 의사는 아주 제한적인 사례에서만 계약내용이 될 수 있다. 의사소통의 하자로 인하여 의사표시의 수령자가 표의자의 진정한 의사를 잘못 이해하고 그 결과 양 당사자의 의사가 일치하지 않을 수 있다. 이 때 수령자가 청약의 의사표시의 객관적인 의미가 다른 승낙의 의사표시를 하는 경우에 불합의가 문제될 수 있다. 그러나 인식의 하자 내지 해석의 하자에도 불구하고 객관적인 표시내용이 일치하면 규범적 합의가 인정되어 계약은 성립하고 착오로 인한 의사표시의 취소만이 문제된다.

승낙의 의사표시는 단순한 동의로도 가능하다("네", "동의합니다.").[118] 이러한 단순한 동의가 의사소통의 하자가 있는 상태에서

---

116) Titze, Die Lehre vom Mißverständnis, S. 192; Grünwald, Der versteckte Dissens, S. 30.

117) 대법원 1960.12.15. 선고, 4293민상455 판결; 대법원 1983.8.23. 선고, 83다카439 판결.

이루어진 경우에 그 동의의 의사표시가 어떠한 내용을 갖는지가 문제된다. 왜냐하면 그 의사표시의 내용은 그 자체로는 정해진 바가 없기 때문이다. 그 내용은 청약의 의사표시와 연관해서만 특정될 수 있다. 유체적 의사표시에는 의사소통의 하자에도 불구하고 도달이 인정되므로 청약의 내용은 해석을 통하여 확정되는 내용으로 상대방에게 도달한 것으로 본다. 그러므로 이를 기초로 단순한 승낙을 하는 경우에는 객관적 해석에 따라 승낙의 의사표시는 청약에 동의하고 청약의 내용대로 계약을 체결하겠다는 것으로 해석된다.[119] 따라서 이 경우 청약의 내용대로 계약이 성립하므로 승낙자는 착오를 이유로 취소할 수 있을 뿐이다.

(2) 무체적 의사표시의 경우

무체적 의사표시의 경우에는 잘못된 인식으로 인한 오해가 의사표시의 효력에 영향을 미칠 수 있다. 왜냐하면 이 경우에 원칙적으로 의사표시의 요지가 있어야만 상대방의 지배범위 안으로의 진입이 인정되기 때문이다. 유체적 의사표시의 경우에 해당 의사표시는 제대로 "저장이 되어 있다."[120] 따라서 수령자는 그 내용을 여러 번 다시 확인할 수 있는 기회가 있다는 점에서 무체적 의사표시의 경우에는 다르다. 구두로 의사표시를 통지하였을 때 요지를 잘못하였다면, 그 후에 이를 다시 반복하여 확인할 수 있는 기회가 전혀 없다. 따라서 수령자가 부주의하거나, 듣는

118) Flume, Allgemeiner Teil des bürgerlichen Rechts, 2. Band, Das Rechtsgeschäft, §35/I 1(S. 636); Münchkomm/Kramer, Rn. 2 zu §151.

119) 송덕수, "합의와 불합의," 경찰대 논문집 제7집, 205면; Staudinger/Bork, Rn. 8 zu §155.

120) John에 따르면 저장이 인정되기 위해서는 수령자가 기대가능한 방법으로 의사표시의 내용을 다시 확인할 수 있어야 한다. 즉 표의자에게 직접적인 접촉을 하지 않고도 의사표시를 통한 정보를 나중에 다시 확인할 수 있어야 한다[ders., Grundsätzliches zum Wirksamwerden empfangsbedürftiger Willenserklärungen, Acp 184(1984), 391].

기능이 떨어져서 또는 장소의 소음 등으로 그를 향하여 통지된 의사표시를 전혀 듣지 못하거나 잘못 듣는 경우에는 제대로 된 '저장'이 이루어지지 못한다. 이 경우 해석을 위하여 기초가 될 수 있는 의사표시가 존재하지 않는다. 왜냐하면 의사표시는 단지 하나의 행위에 불과한 것이 아니라, 연속적으로 그 의미를 인식할 수 있는 실체를 갖고 도달해야 하는데, 바로 무체적 의사표시의 경우에는 의사표시가 요지되지 못한다면 이 요건은 충족되었다고 할 수 없기 때문이다.

독일의 구 다수설에 의하면(요지설, Vernehmungstheorie)[121]은 수령자가 의사표시를 음향적으로 제대로 받아들인 경우에 도달이 인정되고 의사표시를 제대로 듣지 못한 경우에는 도달이 인정될 수 없다고 보았다. 그렇지만 수령자가 의사표시의 내용을 제대로 이해하거나 제대로 된 의미를 부여할 필요가 없다. 그에 따라 유체적 의사표시의 경우에는 인식의 '추상적 가능성'만 있으면 되는 데에 반하여, 무체적 의사표시에서는 인식의 구체적 가능성이 존재해야 한다. 그에 따라 인식의 하자는 경우에 따라서 의사표시의 효력발생에 영향을 미칠 수 있다.

무체적 의사표시에서 의사표시의 내용이 제대로 요지되었는지에 관하여 의심이 있는 경우에 원래 양 당사자 모두에게 물어볼 수 있는 가능성이 있다. 그런데 요지설에 따르면 제대로 의사표시의 요지가 이루어졌는지를 물어볼 책무는 항상 표의자에게 부과된다. 그에 따라 요지설에서는 항상 표의자가 전달의 위험(Übermittlungsrisiko)을 부담하므로 요지설을 제한 없이 따를 수는 없다.

수령자가 말을 제대로 요지하였을 것으로 보이지 않는 사정이 존재하는 경우에는 표의자에게 요지가 제대로 되었는지를 물

---

121) BGH WM 1989, 650(652); Flume, Allgemeiner Teil des bürgerlichen Rechts, 2. Band, Das Rechtsgeschäft, §14/3 f.(S. 241).

어보거나 이미 한 의사표시를 다시 반복할 책무를 부과할 수 있다. 그러나 이러한 사정이 존재하지 않은 경우에는 일정한 사정하에서는 전달위험을 수령자에게 전가하는 것이 타당하다. 이 경우에 무조건 요지여부를 표의자에게 확인하도록 하는 것은 부당하며 이를 수령자측에 부과하는 것이 더 타당할 것이다. 따라서 도달의 제도적 목적을 고려한다면 표의자가 이성적으로 판단하였을 때, 수령자가 의사표시를 제대로 요지하였을 것으로 기대할 수 있는 경우에, 도달을 인정하는 것이 타당할 것이다.[122] 즉 표의자가 인식할 수 없는 수령자의 난청 사실 또는 통신의 하자와 관련하여 수령자측에서 전달과정에서 일정한 공동책임을 부담해야 한다. 따라서 수령자는 장애사실을 고지하거나 자신이 제대로 들었는지를 다시 물어보아야 한다. 이와 같은 '약화된 요지설'에 의하면 인식의 하자는 제한된 경우에 한해서만 고려된다.

무체적 의사표시에서 수령자가 제대로 요지하였으나, 의미를 잘못 파악한 상태에서 단순한 동의를 한 경우에는 의사표시의 취소문제만이 발생한다. 불합의가 인정되기 위해서는 수령자가 잘못 이해한 상태에서 다른 내용의 의사표시를 하였어야 한다.

(3) 의사표시의 부도달과 숨은 불합의

견해에 따라서는 의사표시가 도달하지 않은 경우에 숨은 불합의의 문제가 발생할 수 있다고 보고 있다.[123] 이 문제의 제대

---

122) John, AcP 184 (1984), 392 ff.; Soergel/Hefermehl, Rn. 21 zu 130; Larenz, §21 Ⅱ c) (S. 427); Pawlowski, Allgemeiner Teil des BGB, 5. Aufl., 1998, Rn. 375(S. 167); Rüthers, Rn. 273 (S. 169); Scherner, S. 109; Coester-Waltjen, Einige Probleme des Wirksamwerdens empfangsbedüfrtiger Willsenserklärungen, Jura 1992, 441.

123) Flume에 따르면 숨은 불합의가 발생하는 경우는 기본적으로 3가지 사례군으로`나눌 수 있는데, 그 중 의사표시가 통지되었으나, 상대방에게 도달하지 않거나, ―무체적 의사표시의 경우― 상대방이 의사표시를 잘 못 들은 경우가 한 사례군에 속한다고 한다[ders., Allgemeiner

로 된 평가를 하기 위해서는 기본적으로 2개의 사례군을 구분해야 한다. 의사표시의 도달이 없다고 하기 위해서는 의사표시가 수령자의 지배영역에 아예 진입을 하지 않은 경우가 있을 수 있고, 진입하였으나 부분적으로만 진입하였거나 상대방이 이를 물리적으로 잘못 들은 경우가 있을 수 있다.

첫 번째 사례군인 의사표시가 상대방의 영역으로 진입하지 않은 경우에는 아예 상대방의 인식가능성은 존재하지 않는다. 이 경우에는 계약의 효력을 부여하는 행위로서의 의사표시가 존재한다고 평가할 수 없다. 이 경우에는 단지 의사표시의 부도달의 문제만이 발생하며 계약체결과 관련하여 의미가 있는 의사표시가 존재하지 않기 때문에 불합의는 처음부터 문제가 될 수 없다. 그러나 두 번째 사례군에서는 좀 다른 평가가 가능하다고 생각된다. 의사표시가 부분적으로만 도달되거나 상대방에 의하여 잘못 요지된 경우에 그 자체로 효력을 가지지 못할 것이다. 그러나 법률행위, 즉 계약에서는 상대방의 의사표시와 연관하여 해당 의사표시는 계약의 성립과 관련하여 일정한 내용을 취득할 수 있고 그에 따라 계약의 성립에 이를 수 있다. 이 때 합의 또는 불합의가 존재하는지는 다시 의사표시의 해석을 통하여 검토되어야 할 것이다.

제 3 절 대상을 갖는 합의개념

지금까지 제2절에서 살펴본 합의와 불합의법의 변화는 의사

Teil des bürgerlichen Rechts, 2. Band, Das Rechtsgeschäft, §34/4 (S. 622 f.)].

주의와 표시주의의 극복을 통한 제109조의 착오규정 및 법률행위 해석의 논의를 반영함으로써 일어났다. 앞으로 살펴보게 될 단순한 의사표시의 일치에서 대상을 갖는 합의개념으로의 변화는 우리 민법상의 필연성은 없으나, 독일 학계와 판례의 논의를 수용하면서 일어나게 되었다. 독일민법의 경우 제154조와 제155조의 규정을 통하여 불합의를 규율하게 되었고 그에 따라 크게 두 가지 변화가 일어났다. 즉 첫째는 계약성립을 위해서 본질적 구성부분에 관한 합의를 적극적으로 요구하고 있다는 점이고, 두 번째는 당사자에 의하여 합의가 필요하다고 요구된 점에 관한 합의가 없는 경우에 계약의 성립을 부정한다는 점이다.[124] 이러한 시각은 우리 판례에 의하여 전면적으로 받아들여진다(Ⅲ). 이하에서 먼저 학설의 시각을 살펴보고(Ⅰ) 대상을 갖는 합의개념을 어떻게 이해할 것인지에 관하여 논증하려고 한다(Ⅱ).

Ⅰ. 합의개념에 관한 학설의 논의

1. 단순한 의사표시의 일치로서의 합의개념과 문제제기

계약의 성립요건인 합의개념을 어떻게 이해할 것인가와 관련하여 우리 다수설[125]은 합의개념을 주관적 합치와 객관적 합치로 나누고 있다. 그에 따르면 객관적 합치는 의사표시가 그 내용에 있어서 일치하는 것을 의미하며 주관적 합치는 의사표시가 의도한 상대방에게 도달하고 그 상대방이 다시 의사표시를 표의자에게 한 때에 인정된다고 한다.[126] 다수설은 합의를 통하여 특

124) 이에 관하여 자세한 것은 Lee, Voraussetzungen der Bindungswirkung vertraglicher Einigung, 1999, S. 37 ff. 참조.

125) 김형배, 채권각론[계약법], 90면 이하; 김주수, 채권각론, 60면; 김상용, 채권각론(상), 50면.

정한 내용이 형성될 것을 요구하지 않고 단순히 내용이 일치하고 있으면 계약이 성립함을 인정하고 있으며, 따라서 다수설은 불합의는 의사표시가 일치하지 않은 경우에 인정된다고 한다. 결국 다수설은 합의개념을 '단순한' 의사표시의 일치로서 이해하고 있다고 생각된다.

그러면 단순한 의사표시의 일치로 계약은 성립하고 구속력을 갖는가? 이에 대하여 다음 판례 사안에서 그렇지 않음을 보여주고 있다.

[진해시 경화동 사례] 대법원 1997.1.24. 선고, 96다26176 판결

매매계약의 목적물을 "진해시 경화동 747의 77, 754의 6, 781의 15 등 3필지 및 그 외에 같은 동 소재 소외 망 장순남 소유 부동산 전부"라고 표시하여 매매계약의 목적물 중 특정된 3필지를 제외한 나머지 부동산이 토지인지 건물인지, 토지라면 그 필지·지번·지목·면적, 건물이라면 그 소재지·구조·면적 등 어떠한 부동산인지를 알 수 있는 표시가 전혀 되어 있지 아니하고 계약 당시 당사자들도 어떠한 부동산이 몇 개나 존재하고 있는지조차 알지 못한 상태에서 이루어졌다.

이에 대하여 대법원은 매매계약에서 그 목적물과 대금은 반드시 구체적으로 특정될 필요는 없고, 이를 사후에라도 구체적으로 특정할 수 있는 방법과 기준이 정해져 있으면 족하다고 전제하였다. 그리고 목적물 중 특정된 3필지를 제외한 나머지 부동산에 대한 매매는 그 목적물의 표시가 너무 추상적이어서 매매계약이 체결된 후에 이를 구체적으로 특정할 수 있는 방법과 기준이 정해져 있다고 볼 수 없기 때문에 매매계약이 성립되지 않았다고 판시하였다.

---

126) 주관적 합의에 대한 비판적 시각으로 송덕수, "합의와 불합의," 경찰대 논문집 제7집, 186면 참조.

본 사안에서 외형상 당사자의 의사표시가 일치되어 있다. 그러나 대법원은 매매목적물이라는 '계약의 요소가 되는 내용,'[127] 즉 본질적 구성부분에 대한 확정성이 없다는 이유로 계약의 성립을 부정함으로써, 의사표시의 일치 외에 '계약의 본질적 구성부분'에 대한 규율이 확정적 또는 확정 가능하게 규율될 것을 요구하고 있음을 알 수 있다.

만약 계약의 성립요건이 이러한 요건들을 포괄하고 있고 합의개념을 계약성립의 유일한 요건으로서 유지하려고 한다면, 합의개념을 단순한 의사표시의 일치가 아니라, 의사표시의 일치를 통하여 계약의 본질적 구성부분을 규율하고 그 내용이 확정성을 가져야 한다는 '대상을 갖는 합의개념'으로 이해하여야 할 것이다. 그러면 합의는 광의의 개념으로서 본질적 구성부분에 대한 일치된 규율로서의 의미를 갖게 되고, 그에 대응되는 개념으로서의 불합의 개념은 의사표시를 일치를 통하여 본질적 구성부분이 규율되지 못한 상태를 의미하게 된다.

2. 우리 학설의 계약관과 합의개념

합의개념을 협의로 또는 광의로 파악하느냐는 의사표시의 일치라는 요건과 다른 성립요건들의 관계를 어떻게 이해하느냐에 따라 다르다고 할 수 있다. 즉, 의사표시의 일치와 계약성립의 요건을 분리하여 관찰하는 분리론에 의하면, 논리적으로 단순한 합의개념에 귀결할 것이며, 의사표시의 일치와 다른 계약성립요건을 같이 관찰하는 융합론에 의하면, 필연적으로 대상을 갖는 합의개념에 이르게 된다. 의사표시의 일치와 다른 계약성립의 요건들과의 관계는 계약체결과 계약성립의 검토를 어떻게 이해하고 있느냐 하는 계약관의 차이에서 발생한다.

---

127) 대법원 1993.10.22. 선고, 93다32507 판결 참조.

(1) 분리론 – 단순한 합의개념

1) 다수설이 기초로 하고 있는 계약관

다수설이 ―명시적으로 밝히고 있지는 않지만― 합의개념을 논하는 단계에서 의사표시의 일치만을 검토하고, 본질적 구성부분, 확정성을 논하지 않는 데에는 두 가지 기본사고를 갖고 합의개념을 바라보고 있기 때문이라고 생각된다. 첫 번째, 계약의 체결은 청약과 승낙에 의해서만 가능하다는 사고이다.[128] 이는 "청약과 승낙의 일치로 계약은 성립한다"[129]라는 표현에서 잘 드러난다. 두 번째, 청약의 요건과 합의의 요건을 분리할 수 있다는 사고이다. 이는 우선 계약의 체결을 검토하고, 그 계약체결이 이루어지면 의사표시의 합치를 검토하는 순서를 통하여 알 수 있다.[130] 이러한 사고과정을 통하여 계약의 성립에 필요한 요건 중 계약의 본질적 구성부분을 확정적으로 또는 확정가능하게 담고 있어야 한다는 요건이 이미 청약의 요건으로 충족되어 있다.[131] 따라서 이 요건들을 다시 합의개념에서 살펴볼 필요가 없기 때문에, 의사표시의 일치와 다른 요건을 나눌 수 있는 전제가 형성되었다고 생각된다. 실제로 이러한 시각을 갖고 다수설이 합의개념을 형성했다고 명시적으로 밝히고 있지는 않지만, 다수설이 청약의 요건과 합의의 요건은 서로 상관관계가 없다는 점을 전제로 하고 있으며 대상을 갖는 합의개념으로 합의개념을 구성하고

128) 송덕수, "합의와 불합의," 경찰대 논문집 제7집, 184면.

129) 이은영, 채권각론, 77면.

130) 다수설에 대하여 계약당사자들의 행위의 존재 여부를 합의론에서 고려하지 않고 있다는 점을 지적하는 비판이 제기되고 있으나[윤형렬, "계약의 체결과 불합의 ― 계약의 체결로서의 합의 ―," 이명구박사 화갑기념논문집(III), 163면], 그 비판은 다수설이 청약과 승낙이라는 계약체결을 전제로 하고 있고, 이에 따라 계약체결의 행위적 측면을 고려하여 이 부분에서 이 요건을 검토하고 있다는 점을 인식하지 못한 데서 비롯된 비판이라고 생각된다.

131) 이은영, 채권각론, 79면; 김상용, 채권각론(상), 53면.

있지 않다는 점은 명백하다.

2) 3단계 계약관

다수설의 두 가지 기본사고를 비판적으로 논의하면서도 단순한 합의개념을 유지하는 견해가 최근에 등장하였음은 이미 앞에서 살펴보았다.[132] 이 견해는 계약체결이 청약과 승낙에 의해서만 가능한 것이 아니라, 계약문안에 공동으로 동의하는 방식에 따라 계약체결이 가능하다는 전제를 갖고 출발한다. 즉, 다수설의 첫 번째 전제를 부정하고 있다. 이를 통하여 이 견해는 청약의 요건과 계약의 요건의 관계를 살펴볼 수 있는 계기를 마련하였으나, 본질적 구성요소 등의 성립요건과 의사표시의 일치를 분리하여 검토하는 것은 다수설과 차이가 없다. 오히려 이 견해는 행위로서의 계약체결, 규율로서의 계약성립, 그리고 효력발생이라고 하는 세 단계로 나누어 검토하고 있다.[133] 그리하여 계약당사자의 의사표시의 합치로 계약이 체결되면, 규율적 관점에서 최소한의 내용인 본질적 구성구분이 확정적으로 규율되었는지를 판단하고, 규율로서의 계약이 성립한 대로 효력을 발생하는 데 아무런 제한사유가 존재하지 않는가의 검증에 따라 유효성 여부가 결정된다고 한다.[134] 3단계 계약관이 의사표시의 일치와 다른 요건을 분리한다는 점에서는 다수설과 같으나, 먼저 의사표시의 일치를 검토하고 다른 요건을 검토한다는 점에서는 다르다.

이 견해는 합의의 대상을 상정하고 있다는 점에서 '대상을 갖는 합의개념'에 접근하고 있다고 볼 수 있다. 그러나 본질적 구성부분에 대한 검토를 소극적으로 하고 있다는 점에서 대상을

---

132) 위 29면 이하 참조.

133) 윤형렬, "계약의 체결과 불합의 — 계약의 체결로서의 합의 —," 이명구박사 화갑기념논문집(III), 164면 이하.

134) 특히 윤형렬, "계약의 체결과 불합의 — 계약의 체결로서의 합의 —," 이명구박사 화갑기념논문집(III), 170면 참조.

갖는 합의개념과 다르다. 다시 말하면 적극적으로 합의를 통하여 본질적 구성부분이 규율되었는지를 검토하는 것이 아니라, 의사표시의 불일치가 있으면 그 불일치된 내용이 본질적 구성부분에 해당하는지를 검토한 후 그것이 긍정되면 계약의 성립을 부정하는 것이다. 본질적 구성부분을 소극적으로 검토하는가 아니면 적극적으로 검토하는가에 따라 불합의로 인정될 수 있는 사례군의 범위에서 차이가 있다. 소극적으로 검토하면 불합의에 대한 초점이 의사표시의 불일치에 있으므로 계약을 체결하려고 하는 양 당사자의 의사가 일치하지 않고, 그 부분이 본질적 구성부분에 해당하는 경우에만 불합의가 인정된다. 그러나 본질적 구성부분을 적극적으로 검토하게 되면 의사표시가 일치하지 않는 경우뿐만 아니라, 당사자들이 본질적 구성부분을 아예 규율하지 않는 경우, 그리고 규율하였지만 명확하지 않아서 그 내용을 확정할 수 없는 경우에도 불합의가 인정된다.[135]

(2) 융합론 — 대상을 갖는 합의개념

적극적으로 의사표시의 일치를 통하여 본질적 구성부분을 규율할 것을 요구할 때에만, 의사표시의 일치, 본질적 구성부분, 확정성이라는 요건들이 함께 검토되고 대상을 갖는 합의개념에 이를 수 있다. 우리 학계에서는 합의의 대상으로서의 본질적 구성부분론이 최근에 확산되고 있으나,[136] 이를 대부분 소극적으로 검토하고 있다. 또한 합의를 유일한 계약의 성립요건이라고 하는 견해도 있지만,[137] 의사표시의 일치와 다른 성립요건들과의 관계

135) 자세한 것은 110면 참조.

136) 송덕수, "합의와 불합의," 경찰대 논문집 제7집, 185면; 윤형렬, "계약의 체결과 불합의 — 계약의 체결로서의 합의 —," 이명구박사 화갑기념논문집(III), 171면 이하; 최공웅, 주석 채권각칙(Ⅰ), 92면; 민법주해(XII)/이주흥, 41면 이하; 민법주해(XII)/지원림, 187면. 구문헌으로 이를 간단히 언급하는 것으로 황적인, "불합의," 고시계 1989/9, 47면.

그리고 합의를 유일한 요건으로 인정했을 때의 합의개념의 변화에 대하여 명확한 규명이 없는 것으로 보인다. 다만 이 견해가 의사표시의 일치와 본질적 구성부분을 동일선상인 합의개념에서 설명하고 있는 것으로 보아서는, 대상을 갖고 있는 합의개념을 전제로 하고 있지 않는가 추측할 수 있을 뿐이다. 그리고 본질적 구성부분이 결여된 경우와 불분명하게 규율된 경우를 불합의의 한 사례군으로 설명함으로써 본질적 구성부분이 적극적으로 규율되었는지를 검토하는 입장을 전제로 하고 있는 견해도 있으나,[138] 실제로 의식적으로 대상을 갖는 합의개념을 상정하고 이러한 논의를 펼치고 있는지는 명확하지 않다.

II. 대상을 갖는 합의개념의 구성

제2장에서 논의된 다양한 쟁점들을 통하여 분리론의 논거는 필연적인 것이 아님은 충분히 드러났다고 생각된다. 그러나 융합론을 기초로 한, 대상을 갖는 합의개념이 필연성을 갖기 위해서는 의사표시의 일치와 다른 계약성립의 요건들 사이에 불가분의 관계가 존재해야 한다.

1. 대상을 갖는 합의개념의 논거

(1) 계약당사자의 의사

우선 대상을 갖는 합의개념은 계약을 체결하는 계약당사자들의 의사와 합치한다. 즉, 계약당사자들은 합의를 통하여 단순히

137) 민법주해(II)/송덕수, 166면.

138) 이은영, 채권각론, 89면; 송덕수, "합의와 불합의," 경찰대 논문집 제7집, 203면 이하.

그들의 의사표시가 일치할 것을 의도하는 것이 아니라, 일치를 통하여 일정한 내용을 규율하려고 한다. 계약을 체결하는 자는 이와 같이 합의에 이르는 과정만을 의도하는 것이 아니라, 일정한 내용을 형성하는 측면에 더 관심이 있기 때문이다.

(2) 민법의 규정

우리 민법도 계약당사자가 합의에 의하여 일정한 내용을 규율할 것을 요구하고 있다. 우리 민법에서 매매계약은 당사자 일방이 재산권을 상대방에게 이전할 것을 약정하고 상대방이 대금을 지급할 것을 약정함으로써 성립한다(제563조). 즉, 매도인의 재산권이전의무와 매수인의 대금지급의무에 관한 합의가 있어야만 계약당사자가 의도한 계약유형인 매매계약이 성립함을 알 수 있다. 만약 반대급부로 금전 이외의 다른 물건이나 권리의 이전을 약정하는 경우에 당사자가 의도한 계약유형은 교환계약(제596조)이며, 아예 반대급부를 약정하지 않고 무상으로 재산을 상대방에게 수여하기로 한 경우에는 증여계약이 된다(제554조). 제563조는 매매계약의 특성을 나타내는 매도인과 매수인의 주된 급부의무를 규율하고 있을 뿐만 아니라, 매매계약이 성립하기 위한 요건을 규정하고 있음을 알 수 있다. 그러므로 우리 민법은 합의의 대상을 전제로 하여 매매계약의 성립요건을 정하고 있다는 것이다.

(3) 새로운 계약관 — 전체로서의 계약

융합론은 분리론이 계약체결과정과 계약성립을 분리하여 고찰하는 것과는 달리 이 과정을 하나의 전체 또는 통일체로서 파악할 수 있는 가능성을 열어준다. 계약이 체결되기 전까지는 각 의사표시가 독립되어서 고찰되지만,[139] 일단 계약으로 인정될 수

---

139) 특히 청약에 구속력이 인정되는가는 엄격히 그 요건을 검토해야 할 것이다.

있는 규율이 양 계약당사자의 행위로 체결되었다면, 계약체결과 관련된 전후의 모든 사정을 고려하여 각 성립요건을 유기적으로 판단해야 한다. 예컨대 다의성을 갖는 청약이 있다면, 그 청약 자체로는 구속력을 얻지 못하지만, 상대방이 청약자와 동일한 의미에서 그 내용을 이해하고 승낙의 의사표시를 하면, 계약은 성립할 수 있는 것이다. 이와 같은 시각을 통하여 계약성립을 '전체로서의 계약(Vertag als Ganzes)'[140]으로 바라볼 수 있게 되며 대상을 갖는 합의개념은 이 계약관을 기초로 하고 있다.

2. 의사표시의 일치와 다른 요건과의 관계

대상을 갖는 합의개념의 이론적 논거가 위와 같다면 실제로 의사표시의 일치와 다른 계약성립요건의 관계를 대상을 갖는 합의개념 속에서 고찰할 필요가 있는지를 검증할 필요가 있을 것이다.

(1) 의사표시의 일치와 본질적 구성부분

계약성립을 위해서 필수적으로 확정되어야 하는 계약의 내용을 본질적 구성부분이라고 하며 이미 여러 번 살펴보았듯이 본질적 구성부분은 계약당사자의 의사표시의 일치를 통하여 규율되어야 한다. 즉, 합의의 목적은 의사표시의 일치를 통하여 일정한 내용을 규율할 것을 요구하는데, 그 대상이 바로 본질적 구성부분이다. 본질적 구성부분은 두 가지 측면, 즉 체결될 계약유형의 본질로부터 나오는 구성부분과 계약당사자의 의사에 의하여

140) Eneccerus/Nipperdey, Allgemeiner Teil des Bürgerlichen Rechts, Zweiter Halbband, §163; 이 표현에 반대하는 견해로 E. Wolf, Allgemeiner Teil des bürgerlichen Rechts, 3. Aufl., 1982, §8 A/II(S. 366).

인정되는 구성부분이 있다.[141] 계약유형의 본질로부터 나오는 구성부분을 객관적 본질적 구성부분이라고 부르고, 계약당사자의 의사에 의하여 인정되는 구성부분을 주관적 본질적 구성부분이라고 한다.

본질적 구성부분이 확정적으로 규율되지 못한 상태는 이미 살펴본 바와 같이 다음과 같은 3가지 경우에 인정될 수 있다.[142] 즉 i) 규율되어야 할 본질적 구성부분이 전혀 규율되지 않은 경우, ii) 의사표시가 일치하지 않아서 본질적 구성부분이 규율되지 않은 경우, iii) 의사표시가 명확하지 않아서 본질적 구성부분이 규율되지 않은 경우에 불합의가 있다. 이 세 사례군의 차이점은 다음과 같다. 당사자들이 —의도적이든 의도적이지 않든 상관없이— 규율되어야 할 계약요소를 전혀 규율하지 않았으나, 당사자에게 법적 구속의사가 존재하는 경우에 보충적 계약해석 또는 임의규정의 적용을 통하여 흠결이 보충될 수 있다. 그에 반하여 다른 두 사안의 경우에는 해당 규율내용에 관하여 당사자의 의사가 명시되었으므로 위의 보충을 인정하기 힘들 것이다. 따라서 뒤의 두 사례에서는 당사자의 의사표시가 실제로 일치하지 않는다는 점에서 공통점을 갖는다. 다만 한 경우에는 의사표시가 표시된 바에 의하여 일치하지 않고, 다른 경우에는 외형적으로는 일치하나 다의적이어서 실제로 일치하지 않는 것이다.

1) 첫 번째 사안은 외부적으로는 모든 사항에 대한 합의가 있으나, 규율되어야 할 본질적 구성부분이 아예 규율되지 못한

141) 자세한 것은 아래 제4장 참조.

142) 이와 같은 사례군은 독일의 판례와 학설이 제155조의 숨은 불합의와 관련하여 인정하고 있다(BGH WM 1961, 785; Münchkomm/Kramer, Rn. 6 ff. zu §155; Soergel/Wolf, Rn. 6 ff. zu §155; Staudinger/Bork, Rn. 7 ff. zu §155.

경우이다. 이 사례군에서는 본질적 구성부분을 계약당사자가 규율하려고 하는 시도 자체가 없었다는 점에 그 특징이 있다. 누락이 의식적으로 행하여진 경우에는 아예 법적 구속의사가 없는 경우가 많을 것이나, 계약당사자들이 실수로 빠뜨린 경우가 대부분일 것으로 생각된다.[143]

2) 두 번째 사안은 계약당사자들이 본질적 구성부분에 대한 합의를 하려고 하였으나, 표시된 문구(Wortlaut)가 일치하지 않은 경우이다. 이 사례군의 한 유형은 변경을 가한 승낙에 관한 제534조에 규정되어 있다. 다른 계약의 내용을 상대방이 의도하지 않은 이상, 문구가 일치하지 않은 것은 대부분 한 계약당사자가 잘못 읽거나, 잘못 쓰거나 제대로 상대방의 의사표시의 내용을 기억하지 못하여 다른 내용의 의사표시를 하기 때문에 발생한다.[144]

3) 세 번째 사안은 외부적으로 모든 사항에 대한 일치가 있으나, 본질적 구성부분이 객관적으로 불명확하고 양 계약당사자가 그 내용을 서로 다르게 이해한 경우이다. 이 사안에서 핵심이 되는 부분은 객관적 불명확성(또는 다의성[145])과 양 당사자의 서로 다른 의사이다. 앞의 두 사례군과 결정적으로 다른 점은 내적인 의사가 의사표시의 불일치를 결정한다는 점이다. 가장 대표적인 사례가 달러로 표시되었으나, 미국달러인지 아니면 홍콩달러인지가 불분명한 경우이다. 이 때 계약체결 상황이 한 당사자의 생활

---

143) 자세한 것은 Münchkomm/Kramer, Rn. 7 zu §155; Soergel/Wolf, Rn. 7 zu §155; 이은영, 채권각론, 89면 참조.

144) Soergel/Wolf, Rn. 8 zu §155; Staudinger/Bork, Rn. 8 zu §155.

145) 이은영, 채권각론, 89면.

영역에서 이루어져서 객관적으로 하나의 의미로 명확히 이해될 수 있으면 불합의를 인정할 수 없다.

분리론을 취하고 있는 우리 다수설의 입장에 따른다면, 앞의 사례들 중에서 1)의 경우 본질적 구성부분이 없다는 이유로, 2)의 경우 의사표시가 일치하지 않는다는 이유로, 그리고 3)의 경우 확정성이 없다는 이유로 계약성립이 부정되었을 것이다. 그러나 본질적 구성부분이 충분히 합의를 통하여 확정적으로 규율되지 않았다는 점에서 그 본질이 같은 사안을 이와 같이 서로 다른 이유에서, 그것도 각 요건을 독립적으로 판단해서는 안 될 것이다. 오히려 대상을 갖는 합의개념 속에서 의사표시의 일치와 본질적 구성부분을 함께 고려함으로써 그 상관관계를 이해하는 입장이 더 타당할 것이다. 이렇게 되면 위의 3가지 사례군은 불합의의 한 유형으로 파악할 수 있게 된다.[146]

(2) 의사표시의 일치와 확정성

계약내용의 확정성 또는 확정가능성이라는 요건은 계약법상 일반적으로 요구되는 기초개념이다. 의사표시의 일치를 통하여 본질적 구성부분이 확정적으로 규율되어야 한다는 사고는 확정성이라는 요건과 관련해서도 매우 중요하다. 왜냐하면 계약의 성립을 위해서 확정성은 본질적 구성부분에 한해서만 요구되기 때문이다. 확정성과 관련하여 법률행위의 목적(내용)이라는 요건은 의사표시에 포함되어 있고 이를 구체화하는 것은 유효요건에 해당되는 것이기 때문에 이를 일반적 성립요건으로 요구하는 것은 정당하지 않다는 견해가 있음은 이미 살펴보았다.[147] 그러나 이

146) 이러한 입장으로 이은영, 채권각론, 89면; 송덕수, "합의와 불합의," 경찰대 논문집 제7집, 203면 이하.

147) 위 19면 이하 참조.

견해는 확정성을 법률행위의 본질적 구성부분과 비본질적 구성부분으로 나누어서 고찰해야 한다는 점을 인식하고 못하고 있다. 즉, 본질적 구성부분에 대한 확정성이 없으면 계약이 성립할 수 없지만, 비본질적 구성부분에 대하여 확정성이 결여되어 있는 경우에는 그 해당부분만 무효이고 일부무효에 관한 문제가 발생하게 된다.[148)]

3. 불합의 개념의 변화: 의사표시의 불일치에서 규율되어야 할 계약요소의 결여

대상을 갖는 합의개념을 인정하게 되면 불합의의 중심도 의사표시의 불일치에서 규율되어야 할 계약요소의 결여로 변하게 된다. 이러한 시각의 변화를 독일의 판례와 학설의 변천을 통하여 이하에서 더 자세히 살펴보려고 한다. 우리 다수설이나 독일의 구 다수설의 입장대로 청약과 승낙에 의한 계약체결만 인정하면 의사표시의 불일치가 불합의의 기본 사례에 해당한다. 독일의 제국법원은 다의적인 의사표시 내용으로 의사표시가 일치하지 않은 경우도 불합의로 인정하였다. 그에 따르면 불합의는 의사표시의 객관적 다의성과 오해가능성을 전제로 한다.[149)] 따라서 불합의는 계약당사자가 모두 불일치하는 의사를 계약의 내용으로 관철시키지 못하는 경우에 존재한다.[150)]

이미 살펴본 바와 같이 독일민법 제154조와 제155조가 계약의 중요요소에 대한 규율을 합의의 요건으로 적극적으로 규정하고 있기 때문에 중요 계약내용을 당사자들이 규율하지 않은 경우도 불합의의 사례군으로 인정하지 않을 수 없었다. 이 사례군

148) 주관적 본질적 구성부분에 대하여는 일부무효에 관한 규정의 유추적용 여부가 문제될 수 있다.

149) Manigk, JherJb 75(1925), 163-164.

150) Kramer, Grundfragen der vertraglichen Einigung, S. 187.

을 불합의로 인정하게 되면 더 이상 불합의를 의사표시의 불일치로만 볼 수 없다.

한 제국법원 판결(RGZ 106, 174)에서 당사자들이 회사설립을 위한 예약을 하였으나, 여기서 회사형태를 정하지 않았었다. 원고는 피고가 회사형태를 정할 것을 요구하며 계약체결을 위하여 소송을 제기하였다. 제국법원은 다음과 같은 이유로 원고의 주장을 받아들이지 않았다. "본 계약을 통하여 체결할 계약 내용에서 회사형태는 매우 중요한 요소이나, 이에 관한 합의가 없으므로 예약의 효력을 인정할 수 없다. 예약의 내용상 회사형태에 관한 합의는 나중으로 유보하고 있다. 본 사안에서는 제154조 제1항의 경우와 마찬가지로 부족한 합의내용을 법원에서 보충할 수 없다. 당사자들이 체결한 예약에는 확정성 내지 확정가능성이 없다. 단순히 회사 자체를 설립할 의도가 있었다는 주장만으로는 계약의 효력을 인정할 수 없다. 추상적 개념으로서의 회사는 생각할 수 없다. 즉 항상 확정된 형태인 민법 또는 상법상의 회사로 정해져 있어야 한다."[151]

이러한 사례군이 불합의법에 추가됨으로써 불합의 개념은 변화를 겪을 수밖에 없었다. 왜냐하면 당사자들이 계약의 중요요소를 전혀 규율하지 않은 경우에는 오해를 기초로 한 의사표시의 불일치는 존재하지 않기 때문이다.[152] 불합의 개념의 새로운 요소는 "계약에 정해져야 할 규율내용"이라고 할 수 있다.[153] 이처럼 불합의 개념은 객관화되면서 규율되어야 할 내용의 관점을

151) RGZ 106, 174(177).

152) Bork는 숨은 불합의를 기본적으로 "의사표시의 불충분"과 "의사표시의 오해가능성"으로 구분하고 있다(Staudinger/Bork, Rn. 7 ff. zu §155). "의사표시의 불충분"에서는 오해는 전혀 요건이 아니며, "의사표시의 오해가능성"에서도 주관적 오해가 아니라, 객관적 오해가능성이 요건이라고 한다.

153) Leenen, AcP 188(1988), 383; Staudinger/Bork, Rn. 2 zu §154.

고려하게 된다. 지금까지 생각하였던 불합의의 결정적 요소인 의사표시의 불일치는 단지 분쟁을 야기시킨 계기에 불과하다. 불합의를 통하여 계약의 성립을 부정하는 결정적인 요소는 중요한 계약요소를 합의를 통하여 규율하지 못하였다는 점이다. 위 판례에서 명시적으로 언급하고 있지만 불합의법의 추가요소로 계약의 중요요소의 확정성 내지 확정가능성이 추가된다.

4. 소 결

계약체결과 계약성립을 분리하는 다수설의 분리론과 3단계 계약관은 합의개념을 단순한 의사표시의 합치로 이해하면서, 합의를 유일한 계약의 성립요건으로 인정하고 있는데 이것이 타당하지 않음을 지금까지의 논의를 통하여 살펴보았다. 계약이 체결되지 않은 상태, 예컨대 청약의 의사표시에 대응하는 승낙의 의사표시가 없고 단지 청약의 구속력만 문제되는 상태에서는 독립적으로 그 의사표시가 구속력을 갖느냐 하는 검토가 필요할 것이다. 그러나 양 당사자의 의사표시가 존재하여 계약이 실제로 체결된 상태에서는 각 의사표시가 구속력을 갖느냐가 중요한 것이 아니라, 그 의사표시들이 합치하여 계약성립요건을 충족시켰느냐의 여부가 검토의 대상이 되어야 한다. 따라서 계약의 모든 성립요건은 유기적인 관계하에서 같이 검토되는 것이다. 이러한 융합론을 통하여 대상을 갖는 합의개념이 근거지어지고 본질적 구성부분이 확정적으로 규율되지 않은 3가지 사례군이 불합의로 인정될 수 있는 기초가 마련되었다.

지금까지의 논의를 간략하게 다시 한 번 정리하면 다음과 같다. ⅰ) 합의는 계약당사자의 의사표시의 일치로서 본질적 구성부분이 확정적으로 또는 확정 가능하게 규율된 상태를 의미한다. 단순한 의사표시로서의 일치로 합의개념을 정의하고 합의를 유일한 계약의 성립요건으로 설명하고 있는 다수설의 분리론은 타당하지 않다. ii) 융합론을 통하여 대상을 갖는 합의개념을 인정해야만 모든 계약의 성립요건, 즉 의사표시의 일치, 본질적 구성부분, 확정성 그리고 법적 구속의사를 유기적 관계에서 검토할 수 있게 된다. iii) 대상을 갖는 합의개념을 인정하면 불합의는 다음과 같은 세 가지 경우에 인정될 수 있다. ① 규율되어야 할 본질적 구성부분이 전혀 규율되지 않은 경우, ② 의사표시가 일치하지 않아서 본질적 구성부분이 규율되지 않은 경우, ③ 의사표시가 명확하지 않아서 본질적 구성부분이 규율되지 않은 경우.

Ⅲ. 조형물 사건(대법원 2003.4.11. 선고, 2001다53059 판결)과 그 의미

최근에 대법원이 합의개념과 관련하여 중요한 선례가 될 수 있는 판결을 내렸다.[154] 이 판결에서는 "계약이 성립하기 위하여는 당사자의 서로 대립하는 수개의 의사표시의 객관적 합치가 필요하고 객관적 합치가 있다고 하기 위하여는 당사자의 의사표시에 나타나 있는 사항에 관하여는 모두 일치하고 있어야 하는 한편, 계약 내용의 '중요한 점' 및 계약의 객관적 요소는 아니더라도 특히 당사자가 그것에 중대한 의의를 두고 계약성립의 요

154) 대법원 2003.4.11. 선고, 2001다53059 판결. 이에 대한 평석으로 김동훈, "계약교섭의 중도파기와 손해배상책임," 고시연구 2003/8, 207-217면; 이병준, "계약의 합의로 인한 구속력과 계약협상의 부당파기의 한계 — 대법원 2003.4.11. 선고, 2001다53059 판결 —," 민사법학 25호(2004), 167-197면; 이은영, "계약교섭의 일방파기와 손해배상책임," 법한논문집(중앙대학교 법학연구소) 제30집 2호, 2006, 321-346면; 함윤석, "계약교섭의 부당파기로 인한 책임," 민사판례연구 XXVII, 2005, 233-304면.

건으로 할 의사를 표시한 때에는 이에 관하여 합치가 있어야 계약이 적법·유효하게 성립하는 것이다"라고 판시하였다. 판례는 비록 기존의 다수설[155]이 취하고 있는 객관적 합치개념을 사용하고 있으나, 일정한 사항에 관한 합의내용을 요구하는 대상을 갖는 합의개념을 취함으로써 기존의 다수설이 취하고 있던 객관적 합치개념과는 명백히 다른 합의개념을 사용하고 있다고 볼 수 있다.[156] 즉 판례는 의사표시의 내용이 일치해야 할 뿐만 아니라, 일정한 사항에 관한 합의를 전제로 하고 있는 대상을 갖는 합의개념을 취하고 있다. 이하에서 이 판결의 의미를 더 자세히 살펴보겠다.

1. 대상을 갖는 합의개념을 취한 첫 대법원 판결

[조형물 사례] 대법원 2003.4.11. 선고, 2001다53059 판결

(1) 피고는 1996.1.경 수출 1,000억불 달성을 기념하는 목적으로 통상산업부와 협의하여 무역센터 부지 내에 수출 1,000억불 달성을 기념하는 영구조형물(이하 '이 사건 조형물'이라고 한다)을 건립하기로 계획하고, 그 건립사업의 추진을 위하여 위원회를 결성하였다. 이 위원회는 조형물의 건립방법에 관하여 분야별로 5인 가량의 작가를 선정하여 조형물의 시안제작을 의뢰한 후 그 중에서 최종적으로 1개의 시안을 선정하는 것으로 결의하였고, 원고를 비롯하여 5인을 시안제작을 의뢰할 작가로 선정하였다(다만 한 사람은 선정 직후 사퇴하

155) 김주수, 채권각론, 제2판(1997), 75면; 김상용, 채권각론(상), 1999, 50면; 민법주해(XII)/지원림, 185면 이하; 윤경, "계약교섭단계에서의 신의칙상 주의의무위반과 손해배상책임," 법조 2001/9, 193면 이하.

156) 대상을 갖는 합의개념의 의미에 관하여 자세한 것은 앞 제2절 및 이병준, "대상을 갖는 합의개념," 사회변동과 사법질서, 김형배교수 정년퇴임기념논문집, 2000, 1-22면 참조.

였다). 약정에 따라 피고는 원고 등 4인에게 시안제작비로 각 금 500만원을 지급하였고 원고 등 4인은 조형물의 시안을 제작하여 피고에게 제출하였다. 피고는 심사위원회를 개최하여 조형성 및 상징성을 수정, 보완할 것을 조건으로 원고가 제출한 시안을 이 사건 조형물의 최종 시안으로 선정하였고, 그 사실을 원고에게 통보하였다.

(2) 피고는 1996년 및 1997년에는 이 사건 조형물 건립사업에 관한 예산으로 무역진흥기금에서 금 7억 4,000만원을 배정하였으나 무역센터 확충사업에 관한 세부설계작업이 지연되는 등의 사유로 사업을 진행하지 못하였고, 1998년 이후에는 사업에 관한 예산을 배정하지도 아니하였으며, 1999.5. 하순경 국가경제의 어려움에 따른 수출 1,000억불 기념사업의 의미 퇴색 등을 이유로 이 사건 조형물 건립사업을 취소하였다. 결국 피고는 원고와 사이에 위 선정된 시안을 기초로 한 구체적인 조형물 설립에 관하여 논의조차 하지 못한 상태에서 1999.6.8. 원고에게 위 취소 사실을 통보하였다.

(3) 한편 해양수산부는 '해상왕 장보고 재조명 · 평가사업'을 추진하였고 피고는 그 사업의 일환으로 해양수산부와 협의하여 무역센터 부지에 신축중인 아셈(ASEM)컨벤션센터 앞에 아셈컨벤션센터의 건설회계에 이미 책정되어 있는 예술장식품 예산 중 일부를 들여 '해상왕 장보고 상징조형물'을 건립하기로 하였다. 피고는 1999.8.20. 위 조형물의 건립추진위원회를 구성하고 이 사건 조형물 건립과정과 같은 방식으로 소외 甲을 조형물 제작 및 설치자로 선정한 후 같은 해 11.29. 甲과 사이에 대금 8억 5,000만원에 장보고 기념 상징조형물 제작 · 납품 및 설치계약을 체결하였다.

계약의 성립과 관련하여 기존의 판례는 "청약의 의사표시는 이에 대한 승낙만 있으면 곧 계약이 성립될 수 있을 정도로 그 내용이 구체적이어야 하고 확정적이어야 한다"는 입장을 취해 왔다.[157] 그런데 판례는 개별적인 계약유형과 관련하여 어느 내용

이 확정성을 가져야 하는가에 관한 판결을 내린 바 있으나,[158] 일반적으로 계약이 성립하기 위해서 어느 내용이 구체적이고 확정적이어야 하는가에 대하여는 언급이 없었다. 본 판결에 와서 대법원은 처음으로 청약은 "계약의 내용을 결정할 수 있을 정도의 사항을 포함시키는 것이 필요하다"고 판시하였다.

이 판결은 또한 청약과 승낙의 의사표시가 일치해야 한다는 입장에서 이러한 의사표시의 일치를 통하여 일정한 항목에 관한 합의를 가져와야 한다는 입장으로 진일보하였다. 기존의 다수설[159]은 계약이 성립하기 위해서는 당사자 사이의 의사표시가 주관적·객관적으로 합치되어어야 한다고 보았다. 즉 객관적 합치는 의사표시가 그 내용에 있어서 일치하는 것을 의미하며 주관적 합치는 의사표시가 의도한 상대방에게 도달하고 그 상대방이 다시 의사표시를 표의자에게 한 때에 인정된다고 한다. 다수설의

157) 대법원 1998.11.27. 선고, 97누14132 판결; 같은 취지로 대법원 1992.10.13. 선고, 92다29696 판결; 1993.10.22. 선고, 93다32507 판결. 최근 판결로 대법원 2003.5.13. 선고, 2000다45273 판결: 청약은 그에 대한 승낙에 의하여 곧바로 계약의 성립에 필요한 의사합치에 이를 수 있을 정도로 내용적으로 확정되어 있거나 해석에 의하여 확정될 수 있어야 한다.

158) 매매계약과 관련하여 대법원 1993.6.8. 선고, 92다49447 판결: 매매는 당사자 일방이 재산권을 상대방에게 이전할 것을 약정하고 상대방이 대금을 지급할 것을 약정함으로써 효력이 발생하는 것이므로 매매계약은 매도인이 재산권을 이전하는 것과 매수인이 대가로서 대금을 지급하는 것에 관하여 쌍방당사자의 합의가 이루어짐으로써 성립하는 것이며, 그 경우 매매목적물과 대금은 반드시 계약체결 당시에 구체적으로 특정할 필요는 없고 이를 사후에라도 구체적으로 특정할 수 있는 방법과 기준이 정하여져 있으면 족하다. 이에 관하여 자세한 것은 김재형, "법률행위 내용의 확정과 그 기준," 법학(서울대) 제41권 제1호, 2000, 241-257면 참조.

159) 김주수, 채권각론, 제2판(1997), 75면; 김상용, 채권각론(상), 1999, 50면; 윤경, "계약교섭단계에서의 신의칙상 주의의무위반과 손해배상책임," 법조 2001/9, 193면 이하.

객관적 합치개념은 의사표시의 일치를 통하여 특정한 내용이 형성될 것을 요구하지 않고 단순히 내용이 일치하고 있으면 계약이 성립함을 인정하고 있을 뿐이다. 따라서 다수설은 합의개념을 '단순한' 의사표시의 일치로서 이해하고 있다고 볼 수 있다. 판례가 대상을 갖는 합의개념을 취함으로써 기존의 다수설이 취하고 있던 객관적 합치개념과 판례의 합의개념은 명백히 다르다고 볼 수 있다. 판례는 의사표시의 내용이 일치해야 할 뿐만 아니라, 일정한 사항에 관한 합의를 전제로 하고 있다.[160)]

2. 합의의 대상으로서 본질적 구성부분

판례는 의사표시의 합치, 즉 합의를 통하여 규율되어야 할 내용을 "중요한 점"이라고 하고 있으나, 독일의 영향을 받은 우리 학계에서는 이를 본질적 구성부분(essentialia negotii)이라고 칭하고 있다.[161)] 판례는 더 나아가서 본질적 구성부분이 객관적으로

---

160) 판례는 이 내용을 전적으로 한 문언에 의존하고 있다[곽윤직, 채권각론, 신정(수정판), 2000, 39면]. 그에 따르면 "당사자의 의사표시에 나타나 있는 사항에 관하여는 모두 일치하고 있어야 한다. 즉, 청약에서 제시된 사항은, 그것이 아무리 조잡·간략하든 또는 정밀·상세하든, 승낙으로 그대로 받아들여지면 계약은 성립하나, 그대로 받아들여지지 않으면 계약은 성립하지 않는다. 그러나 한편 계약내용의 '중요한 점'에 관하여서도 일치하고 있어야 한다. '중요한 점'이라 함은 계약의 객관적 요소, 즉 계약의 성질상 객관적으로 필요한 요건을 말한다. 그리고, 계약의 객관적 요소는 아니더라도 특히 당사자가 그것에 중대한 의미를 주고 계약성립의 요건으로 할 의사를 표시한 때에는, 그것도 내용의 '중요한 점', 즉 계약의 (주관적) 요소가 되며, 이에 관하여 합치가 없으면 계약은 성립하지 않는다."

161) 송덕수, "합의와 불합의," 경찰대 논문집 제7집, 1988, 185면; 윤형렬, "계약의 체결과 불합의 — 계약의 체결로서의 합의 —," 이명구박사 화갑기념논문집(III), 1996, 171면 이하; 최공웅, 주석 채권각칙(I), 92면; 민법주해(XII)/이주홍, 41면 이하; 민법주해(XII)/지원림, 187면.

중요한 요소와 당사자의 의사에 의하여 중요한 요소가 될 수 있는 주관적으로 중요한 요소로 구성될 수 있다고 한다. 법률규정에 근거하여 정하여진 기존의 본질적 구성부분을 객관적이라고 한다면, 계약체결 당사자의 의사에 의하여 기능을 획득하는 계약요소는 주관적 본질적 구성부분에 해당한다.[162)]

객관적 본질적 구성부분은 당사자들이 체결하려고 한 계약유형의 주된 요소로서 법률의 해석을 통하여 주로 확정된다. 이러한 객관적 본질적 구성부분에는 계약의 당사자, 주된 급부의무와 주된 급부의무의 구체적인 내용이 속한다. 법률에 규정된 전형계약에서는 계약유형을 결정하는 주된 급부의무를 전형계약규정을 통하여 확정할 수 있다. 예컨대 매매계약에서는 매도인의 재산권이전의무와 매매대금지급의무가 주된 급부의무에 속한다(민법 제563조, 제568조 제1항).

계약의 부수적 구성부분이 주관적 본질적 구성부분으로 되는 것은 계약 당사자의 의사에 의해서이다. 이는 2가지 방법에 의해서 가능하다. 첫째 판례가 인정한 바와 같이 명시적으로 해당 요소에 관한 합의를 계약성립의 조건으로 한다는 당사자의 의사에 의하여 주관적 본질적 구성부분이 될 수 있다. 둘째 계약당사자들이 부수적 구성부분에 관한 합의를 보려고 하였으나, 명시적으로 해당 부분에 관한 합의가 계약성립의 조건으로 하는지를 밝히지 않은 경우를 생각해 볼 수 있다. 이에 관하여 독일민법은 제154조와 제155조에서 일정한 해석규정을 두고 있으나, 이와 같은 해석규정이 없는 우리 민법의 경우 이를 어떻게 해석해야 하는지가 문제된다. 우리 해석론은 청약과 승낙에 의한 계약체결의 경우 엄격한 해석방법을 적용하고 있다. 즉 객관적으로

구문헌으로 이를 간단히 언급하는 것으로 황적인, “불합의,” 고시계 1989/9(통권 제283호), 47면.

162) 이와 같은 표현을 사용하는 문헌으로 Hübner, Allgmeiner Teil des Bürgerlichen Gesetzbuches, 2. Aufl.(1996), Rn. 1020 (S. 429).

중요한 요소가 아니더라도 청약의 내용이 된 이상 이와 다른 내용이 담긴 승낙의 의사표시가 있는 경우에는 계약은 성립하지 않는 것으로 보고 있다. 반면에 계약체결과정이 장기간의 협상을 통하여 이루어지고 계약내용이 점차 하나하나씩 합의로 정해지는 사례에서 우리 해석론은 독일민법규정의 내용을 받아들여서 열린 불합의와 숨은 불합의로 사례군을 나누고 탄력적인 해석을 시도하고 있다.

3. 본 판결에서 구체적인 사안의 판단과 문제점

(1) 대법원의 사실관계 판단 내용

계약이 성립되었는지와 관련하여 대법원은 다음과 같이 판시하였다: "피고가 무역센터 부지 내에 수출 1,000억 $ 달성을 기념하는 영구조형물을 건립하기로 하고 그 건립방법에 관하여 분야별로 5인 가량의 작가를 선정하여 조형물의 시안(試案) 제작을 의뢰한 후 그 중에서 최종적으로 1개의 시안을 선정한 다음 그 선정된 작가와 이 사건 조형물의 제작·납품 및 설치계약을 체결하기로 한 사실, 피고는 원고 등 조각가 4인에게 시안(試案)의 작성을 의뢰하면서 시안이 선정된 작가와 조형물 제작·납품 및 설치계약(이하 '이 사건 계약'이라고 한다)을 체결할 것이라는 사실을 알렸으나 당시 이 사건 조형물의 제작비, 제작시기, 설치장소를 구체적으로 통보하지 않은 사실, 피고는 작가들이 제출한 시안 중 원고가 제출한 시안을 당선작으로 선정하고 원고에게 그 사실을 통보한 사실, 그 후 피고는 여러 가지 피고 협회의 내부적 사정과 외부의 경제여건 등으로 원고와 사이에 그 제작비, 설치기간, 설치장소 및 그에 따른 제반사항을 정한 구체적인 이 사건 계약을 체결하지 아니하고 있다가 당선사실 통지시로부터 약 3년이 경과한 시점에 원고에게 이 사건 조형물의 설치를 취소하기로 하였다고 통보한 사실을 알 수 있는바, 사실관계가 그러하다면 비록 피고가 작가들에게 시안 제작을 의뢰할 때 시안이 당선된 작가와 사이에 이 사건 계약을 체결할 의사를 표명하였다 하더라도 그 의사표시 안에 이 사건 조형물의 제작·납품 및 설치에 필요한 제작대금, 제작시기, 설치장소를 구체적으로 명시하지 아니하였던 이상 피고의 원고 등에 대한 시안제작 의뢰는 이 사건 계약의 청약이라고 할 수 없고, 나아가 원고가 시안을 제작하고 피고가 이를 당선작으로 선정하였다 하더라도 원고와 피고 사이에 구체적으로 이 사건 계약의 청약과 승낙이 있었다고 보기는 어렵다고 할 것이다."

(2) 본 판결의 문제점

판례가 계약의 성립을 부정하는 것은 시안을 제작 의뢰한 피고의 행위와 선정을 알린 행위 모두 청약의 의사표시로 볼 수 없기 때문이다. 따라서 아예 계약체결행위 자체가 없다고 본 것이다. 본질적 구성부분에 관한 내용이 담겨져 있지 않다는 이유로 청약의 의사표시를 부정한 것은 타당하나,[163] 아무런 평가 없이 "제작대금, 제작시기, 설치장소"를 계약의 본질적 구성부분으로 판단한 것은 문제가 있다고 생각된다. 계약의 본질적 구성부분을 확정하기 위해서는 객관적 본질적 구성부분의 경우 체결될 계약유형을 확정했어야 했고 주관적 본질적 구성부분의 경우 당사자가 규율을 하려고 하였던 시도 또는 계약의 성립요건으로 하려고 하였던 의사를 확인했어야 했다. 그러나 이러한 법적 평가 내지 사실관계의 확인 없이 바로 위 사항들을 계약의 중요한 점, 즉 본질적 구성부분으로 판단한 것은 그 논거제시에 있어서 정치하지 못하다고 할 수 있다.

사안에서 의도한 작품의 제작·납품 및 설치를 목적으로 하

163) 이러한 측면에서 긍정하고 있는 견해로 김동훈, "계약교섭의 중도파기와 손해배상책임," 고시연구 2003/8, 211면.

는 계약은 "물건의 제작"과 "제작된 물건의 공급"이라는 요소가 모두 포함된 제작물 공급계약이라고 볼 수 있다. 제작물 공급계약의 법적 성격과 관련하여 학설대립은 있지만, 판례는[164] 일관되게 대체물이냐 비대체물이냐에 따라 구분하여 대체물인 경우에는 매매계약으로 보고, 비대체물인 경우에는 도급계약으로 해석하고 있다. 사안에서 원고가 완성해야 할 작품은 비대체물이므로 도급계약을 당사자가 체결하려고 하였던 것으로 볼 수 있다. 도급계약의 경우 객관적 본질적 구성부분은 계약유형을 파악할 수 있게 하는 주된 급부의무인 일의 완성 및 인도의무, 보수지급의무이고, 주된 급부의무의 구체적인 내용으로서 완성할 일의 내용 및 보수금액이라고 할 수 있다.[165]

피고의 의사를 통하여 도급계약이 체결될 계약이고 어느 측이 수급인 내지 도급인인지도 명확히 드러났다. 또한 완성될 일의 내용도 확정되었으나, 판례가 지적한 바와 같이 보수액인 제

164) 대법원 1996.6.28. 선고, 94다42976 판결: 당사자의 일방이 상대방의 주문에 따라 자기 소유의 재료를 사용하여 만든 물건을 공급할 것을 약정하고 이에 대하여 상대방이 대가를 지급하기로 약정하는 이른바 제작물공급계약은, 그 제작의 측면에서는 도급의 성질이 있고 공급의 측면에서는 매매의 성질이 있어 이러한 계약은 대체로 매매와 도급의 성질을 함께 가지고 있는 것으로서, 그 적용 법률은 계약에 의하여 제작 공급하여야 할 물건이 대체물인 경우에는 매매로 보아서 매매에 관한 규정이 적용된다고 할 것이나, 물건이 특정의 주문자의 수요를 만족시키기 위한 부대체물인 경우에는 당해 물건의 공급과 함께 그 제작이 계약의 주목적이 되어 도급의 성질을 띠는 것이다(같은 입장으로 대법원 1987.7.21. 선고, 86다카2446 판결; 대법원 1990.3.9. 선고, 88다카31866 판결).

165) 같은 취지로 하도급과 관련하여 지원림, "계약교섭이 부당하게 파기된 경우의 법률관계," 민사판례연구 XXV, 170면. 이에 반하여 하도급계약의 본질적 요소로 일응, 공사대금, 공사내역 및 방법, 공사기간(착수시기 및 완공시기), 대금지급 시기 및 방법, 지체상금 등을 들 수 있다는 견해가 있다(윤경, "계약교섭단계에서의 신의칙상 주의의무위반과 손해배상책임," 법조 2001/9, 199면 이하).

작대금이 결정되지 않았으므로 객관적 본질적 구성부분이 모두 확정된 것은 아니었다. 그러나 제작시기와 설치장소는 객관적 본질적 구성부분이 아니라, 부수적인 구성부분에 속할 뿐이다. 따라서 이행의 시기·장소·방법과 같은 계약 요소가 주관적 본질적 구성부분으로 되기 위해서는 이 내용에 관한 합의가 계약의 성립요건이라는 의사를 한 당사자가 상대방에게 표시했어야 한다.[166] 그러나 이와 같은 의사를 표시한 사실의 확인 없이 바로 부수적인 내용을 본질적 구성부분으로 판단한 대법원의 입장은 문제가 있다고 볼 수 있다.

166) 같은 입장으로 지원림, "계약교섭이 부당하게 파기된 경우의 법률관계," 민사판례연구 XXV, 170면.

제 4 장 합의의 대상으로서 본질적 구성부분과 불합의

최근 판례가 기존의 학설에 의해서 주장되어 오던 본질적 구성부분론을 합의개념에 도입한 것은 매우 타당하나, 판례와 학설 모두 아직 본질적 구성부분에 관한 구체적인 내용을 전개하지 못하고 있다. 이러한 정치하지 못한 점은 우리 문헌에서도 일부 발견할 수 있다.[1] 따라서 본질적 구성부분의 의미와 내용을 정확하게 다시 논의할 필요성은 아직 충분히 남아 있다고 하겠다. 또한 객관적 본질적 구성부분과 주관적 본질적 구성부분에 대한 불합의가 있을 때 각각 법률효과와 내용이 달라짐에도 불구하고 이를 엄격히 구분하고 있지 않거나, 주관적 본질적 구성부분에만 적용될 수 있는 내용을 객관적 본질적 구성부분에서도 동일하게 적용될 수 있는 것처럼 설명하는 문헌을 발견할 수 있다.[2] 그리

1) "하도급계약의 본질적인 중요 요소로 '일응' 공사대금, 공사내역 및 방법, 공사기간(착수시기 및 완공시기), 대금지급 시기 및 방법, 지체상금 등을 들 수 있다"라고 판단하는 견해가 있다(윤경, "계약교섭단계에서의 신의칙상 주의의무위반과 손해배상책임," 법조 2001/9, 199면 이하). 그러나 본질적 구성부분의 확정은 상관습 내지 경험칙에 의하여 '일응' 판단할 수 있는 것이 아니라, 당사자가 체결하려고 하는 계약유형 및 구체적으로 당사자가 갖고 있는 의사를 통하여 확정될 수 있는 것이다(이러한 타당한 지적으로 지원림, "계약이 부당하게 파기된 경우의 법률관계," 민사판례연구 XXV, 2003, 170면).

2) 예컨대 본질적 요소에 관한 합의가 사후 약정에 유보될 수 있고, 사후의 약정이 이루어지지 않는다면, 보충적 계약해석에 의해서 또는

고 열린 불합의와 숨은 불합의의 경우도 주관적 본질적 구성부분에서만 문제되는 구분임에도 불구하고 객관적 본질적 구성부분에도 같은 논의가 진행될 수 있는 것처럼 설명하는가 하면, 열린 불합의가 있는 경우에만 적용될 수 있는 법원리를 숨은 불합의에서도 동일하게 고찰하려고 하는 입장도 찾아볼 수 있다.[3)]

본 장에서 이러한 문제점에 대한 비판적 시각을 기초로 해서 본질적 구성부분의 의미와 기능(제1절)에 대하여 우선 살펴보고 객관적 본질적 구성부분(제2절)과 주관적 본질적 구성부분(제3절)이 갖는 각각의 특성을 기초로 하여 각 사항에 대하여 합의가 이루어지지 않은 경우에 어떠한 문제들이 발생하는지를 구분해서 살펴보려고 한다.

제 1 절 본질적 구성부분론

Ⅰ. 개념의 유래와 그 의미

본질적 구성부분이라는 개념은 'essentialia negotii'라는 라틴

법률규정에 따라 흠결이 보충되어야 한다고 설명되고 있다(지원림, "계약이 부당하게 파기된 경우의 법률관계," 민사판례연구 XXV, 169면). 그러나 객관적 본질적 구성부분에서 이러한 설명이 타당한지는 의문이다.

3) 예컨대 합의내용이 미정임에도 불구하고 계약을 실제로 이행하기 시작하면서 당사자가 계약을 체결하려고 하는 법적 구속의사를 표시하면, 계약이 성립될 수 있다고 하는 내용은 주관적 본질적 구성부분에 관한 불합의 중 열린 불합의의 경우만 적용될 수 있고 객관적 본질적 구성부분에 대하여는 적용되어서는 안 된다. 그러나 이러한 설명으로 민법주해(XII)/지원림, 188면.

어의 번역이다. 이를 독일 학설과 판례는 그대로 사용하기도 하고 'wesentliche Vertragspunkte'라고 번역해서 사용하기도 하는데, 이를 우리 학설은 본질적 구성부분이라고 번역해서 사용하고 있다. 'wesentlich'라는 용어는 '본질적' 내지 '중요한'으로 번역할 수 있는데, 착오에 관한 제109조의 규정을 보면 우리 입법자는 '중요한'으로 번역하고 있으므로 판례와 같이 '본질적 구성부분'이라는 표현을 대신하여 '중요한 점'이라는 용어를 사용하는 것이 맞을 수 있다(그리고 '계약의 객관적 요소'라는 표현에도 주의를 기울일 필요가 있다). 그러나 어느 용어를 사용하든 간에 그 용어가 사용된 목적과 그에 따라 이 용어에 부여하려고 했던 기능이 희석되거나 잊혀져서는 안 될 것이다.

'essentialia negotii'라는 개념의 유래는 분명하지 않다.[4] 그런데 코잉(Coing)에 따르면 이 개념은 아리토텔레스의 논리학의 영향을 받아 이미 중세의 이론에서 사용하고 있었다고 한다. 본래 비잔틴 학자들에 의하여 발전된 natura contractus의 관념으로 인하여 계약의 본성에 속하는 사항은 명시적인 합의가 필요하지 않다는 사고가 형성되었다. 여기서 아리스토텔레스의 논리학이 접목되었다. 이에 의하면 대상이 속하는 종(genus)에 의하여 원칙적으로 결정되는 본질적 특성(essentialia), 본질을 결정하지는 않지만 대상에 귀속되고 그 성격에 합당한 특성(naturalia 또는 propria)과 대상에서 발견할 수도 있으나 발견하지 못할 수도 있는 특성(accidentalia)으로 대상의 특성이 구분된다. natura contractus에 아리스토텔레스의 논리학이 전수되면서 essentialia, naturalia와 accidentalia negotii의 이론으로 발전되었다는 것이다.[5] 19세기 보통법 문헌에서는 법률

---

4) 합의 개념의 역사에 관하여 정진명, "계약상 합의의 의미와 그 발전과정," 법사학연구 제17호, 1996, 212면 이하 참조. 그러나 이 문헌은 단순한 의사표시의 일치라는 합의개념에 초점을 맞추어서 역사적 고찰을 하고 있으므로, essentialia negotii에 관한 언급은 없다.

5) Coing, Zum Einfluss der Philosopie des Aristoteles auf die Entwicklung

행위론을 설명하면서 이 개념들이 사용되고 있다.[6]

현재 각 요소는 다음과 같은 의미를 갖는다. 즉, 본질적 구성부분(essentialia negotii)은 계약당사자들이 의도한 계약합의의 필수적인 요소를 말한다. 한편 자연적 구성부분(naturalia negotii)은 합의의 대상이 아니며 계약의 본성으로부터(또는 오늘날에는 입법자에 의하여) 주어진 계약내용이며 임의적 구성부분(accidentalia negotii)은 합의의 요소로서 자연적 구성부분을 변경하거나 보충하게 된다. 결국 본질적 구성부분에 관하여 반드시 합의가 있어야 계약이 성립하며 그 밖의 사항에 관한 합의가 없더라도 계약은 성립한다. 즉 나머지 부분은 임의규정에 의하여 보충된다(자연적 구성부분). 다시 말하면 법률은 계약당사자들의 이해관계를 조화롭게 조정한 보충규정들을 제공하여 당사자의 합의 내용에 미비한 부분을 보충함으로써 마치 당사자들이 이와 같은 합의를 한 결과를 가져온다. 그러나 계약당사자들은 법률규정과 다르거나 추가적인 내용을 합의할 수도 있다(임의적 구성부분). 이 경우 계약체결시 합의를 통하여 계약의 내용이 결정되어야 한다.[7]

II. 본질적 구성부분의 기능

본질적 구성부분은 법률행위 자체 또는 해당 법률행위를 특

---

des römischen Rechts, Sav. Z. [Rom. Abtl.] 69 [1952], 24 [34].

6) Flume도 이러한 전통에 따라 규율로서의 법률행위에 관한 장에서 이 내용을 설명하고 있다, Allgemeiner Teil des Bürgerlichen Rechts, II Band, 1979, §6/2 (S. 80 f.).

7) 본질적 구성부분, 임의적 구성부분, 자연적 구성부분에 관하여 자세한 것은 Diederichsen, FS Jur. Gesellschaft zu Berlin, S. 90; 윤형렬, "계약의 체결과 불합의 — 계약의 체결로서의 합의 —," 이명구박사 화갑기념논문집(III), 171면 이하 참조.

정한 유형의 법률행위로 인식할 수 있는 법률행위의 요소를 말한다.[8] 만약 본질적 구성부분이 규정되어 있지 않다면 법률행위 자체가 존재하지 않거나 특정한 종류의 법률행위가 존재하지 않게 된다.[9] 본질적 구성부분은 해당 법률행위의 '객관적 요소'로서 법률행위의 규율의 대상이어야 하고, 이를 통하여 당사자들이 어떠한 계약유형을 체결하려고 하였는지를 알 수 있다(계약유형 확정기능, Indikationsfunktion).[10]

본질적 구성부분은 계약의 성립과 관련하여 또 하나의 기능을 갖는다. 즉 계약이 성립하기 위해서는 계약유형의 중요 구성부분, 즉 본질적 구성부분에 관한 합의를 통하여 그 내용이 확정되어야 한다.[11] 즉 본질적 구성부분에 대한 합의가 이루어지면 비록 계약이 모든 사항에 대한 규정내용이 없더라도 일정한 의미를 갖고 당사자들이 체결하려고 하는 계약이 무엇인지를 알 수 있게 해 주어서 규율되지 않은 내용을 임의규정을 통하여 보충하거나 보충해석을 통하여 보충할 수 있는 가능성을 열어준다. 따라서 계약체결 당사자들이 본질적 구성부분에 관한 합의를 하지 못하면 분쟁시 적절한 해결책을 마련할 수 있는 기초가 없기 때문에 계약을 성립하지 못하도록 한 것이다. 본질적 구성부분이 계약유형이 강제되었던 시절에 만들어졌지만, 계약유형이 강제되지 않고 계약내용 형성의 자유가 인정되고 있는 현행법 체계에서도 본질적 구성부분의 이러한 기능은 유지되고 이러한 기능을

---

8) Flume, Allgemeiner Teil des Bürgerlichen Rechts, II Band, § 6/2(S. 80).

9) Jung, Die Einigung über die "essentialia negotii" als Voraussetzung für das Zustandekommen eines Vertrages, JuS 1999, 29.

10) Mayer-Maly, Dogmatik und Interessensauswertung im Kaufrecht, ÖJZ 1973, 197.

11) Diederichsen, FS Jur. Gesellschaft zu Berlin, S. 90.

우리 판례도 '중요한 점'이라는 용어를 통하여 인정하고 있다.[12)]

그러나 계약유형강제에서 계약내용형성의 자유로 변화됨으로써 본질적 구성부분의 개념과 관련하여 하나의 변화가 일어났다. 즉 계약의 본질적 구성부분이 갖는 기능의 중심은 이제 계약의 유형을 찾는 데에서 계약의 성립을 위하여 합의되어야 할 필수적인 사항을 결정하는 차원으로 옮겨갔다. 그렇다면 본질적 구성부분은 이제 계약이 성립하기 위해서 당사자들의 합의를 통하여 규율되어야 할 중요한 계약요소를 의미하게 된다. 이와 같이 개념정의를 한다면 본질적 구성부분의 내용도 확장된다. 사적 자치의 원칙상 계약체결을 의도하는 당사자들은 그들의 의사를 통하여 부수적인 계약의 요소에 관한 합의를 계약구속력의 조건으로 할 수 있기 때문에, 이러한 요소에 관한 합의를 이루지 못하면 계약전체의 성립을 부정할 수 있다.[13)] 따라서 법률에 근거한 중요한 요소뿐만 아니라, 당사자 의사에 의한 중요한 요소가 합의를 통하여 확정되어야 계약이 성립할 수 있다. 법률규정에 근거하여 정하여진 기존의 본질적 구성부분을 객관적이라고 한다면, 계약체결 당사자의 의사에 의하여 기능을 획득하는 계약요소를 주관적 본질적 구성부분이라고 칭할 수 있다.[14)]

---

12) 이에 반하여 Staudinger/Mayer-Maly, Rn. 9 zu Einl. zu §433 ff: 계약유형강제의 시절에 발달된 essentialia, naturalia와 accidentalia negotii의 구분은 계약유형이 강제되지 않은 체계에서는 인정될 수 없다. 계약유형의 본질적 구성부분에 관한 합의가 없더라도 비슷한 유형의 계약규정을 적용할 수 없다고는 말할 수 없다는 것이다. 따라서 합의된 내용을 소구할 수 있는지의 여부를 판단할 수 있는 기능을 본질적 구성부분은 잃었다고 한다.

13) Staudinger/Bork, Rn. 2 zu §154.

14) 이와 같은 표현을 사용하는 문헌으로 Hübner, Allgeminer Teil des Bürgerlichen Gesetzbuches, 2. Aufl.(1996), Rn. 1020 (S. 429).

제 2 절 객관적 본질적 구성부분의 합의

모든 객관적 본질적 구성부분이 당사자의 의사표시의 일치를 통하여 확정되어야 계약이 성립할 수 있다. 당사자의 의사표시가 일치하지 않거나, 일치하지만 그 내용이 불명확하거나 본질적 구성부분에 대한 규율을 잊은 경우에 불합의가 존재하며 계약은 성립하지 않는다. 객관적 본질적 구성부분은 법률규정의 해석에 의하여 정해지고[15] 이 한도에서는 계약당사자들은 사적 자치에 의하여 계약내용을 자유롭게 형성할 수 있다. 그런데 여기서 주의할 점은 당사자들이 객관적 본질적 구성부분에 관한 합의를 보지 않은 이상 이를 보충할 수 있는 방법이 없다는 것이다. 즉 본질적 요소에 관한 합의가 사후의 약정에 유보되고 사후의 약정이 이루어지지 않는다면 계약당사자들은 언제나 본질적 구성부분에 관한 합의가 이루어지지 않았다는 점을 들어 계약의 성립을 부정할 수 있는 것이다. 이 부분은 당사자의 사적 자치에 맡겨져 있으며 당사자의 합의 의외의 방식으로 확정될 수 없다. 따라서 객관적 본질적 구성부분에 관한 합의가 없는 내용은 보충적 계약해석 내지 법률규정에 의하여 보충될 수 있는 것은 아니다.[16] 또한 본질적 구성부분에 관한 합의가 없으면, 열린 불합의 또는 숨은 불합의의 구분 문제도 발생하지 않는다.[17] 왜냐하

---

15) 송덕수, "불합의," 고시연구 제17권 1호, 1990/1, 76면.

16) 보충을 인정하는 견해로 민법주해(XII)/지원림, 187면; 지원림, "계약이 부당하게 파기된 경우의 법률관계," 민사판례연구 XXV, 169면; 윤경, "계약교섭단계에서의 신의칙상 주의의무위반과 손해배상책임," 법조 2001/9, 198면.

17) 그러나 열린 불합의에 관한 독일 민법 제154조 제1항이 객관적 본질적 구성부분에도 적용될 수 있다고 보는 문헌으로 Münchkomm/

면 당사자의 의사와 상관없이 계약은 당연히 성립할 수 없기 때문이다.[18] 따라서 물건에 대한 '매매'인지 '임대'인지를 확정할 수 없으면 계약은 당사자의 의사표시의 해석과 상관없이 언제나 성립하지 않는다.[19]

Ⅰ. 의사표시의 해석을 통한 합의내용의 확정

합의가 인정되기 위해서는 양 당사자의 의사표시가 일치해야 하는데, 양 당사자의 의사표시를 비교하기 위해서는 의사표시로서 각 당사자의 의사표시가 성립하고 해석을 통하여 각 의사표시가 어떠한 내용을 갖고 있는지를 확정해야 한다.[20] 이 과정을 통하여 계약당사자들이 합의를 통하여 계약내용을 어느 한도까지 규율했는지를 확인할 수 있는 기초가 마련된다. 이 때 객관적 해석이 주관적 해석에 우위를 갖는다.[21] 왜냐하면 당사자의 주관적 의사는 상대방의 의사와 일치하거나, 상대방이 표의자의 착오를 인식한 경우에만 의사표시의 내용을 결정하기 때문이다. 묵시적인 의사표시 또는 포함적 의사표시에서는 명시적인 형태로 의사표시의 내용을 확정하는 과정이 필요하다. 즉 본질적 구성부분에 관하여 명시적인 규율이 없었다고 합의가 완벽하지 못하다는 판단에 바로 이르러서는 안 된다. 명시적인 합의가 없는 해당 계약요소가 법률행위의 목적 내지 기타의 행위를 통하여 확정될

Kramer, Rn. 1 zu §154.

18) 그러나 객관적 본질적 구성부분에 대한 불합의의 근거를 당사자의 의사에서 찾는 문헌으로 송덕수, "합의와 불합의," 경찰대 논문집 제7집, 191면.

19) Diederichsen, FS Jur. Gesellschaft zu Berlin, S. 91.

20) Diederichsen, FS Jur. Gesellschaft zu Berlin, S. 84.

21) Diederichsen, FS Jur. Gesellschaft zu Berlin, S. 84.

수 있다면 불합의는 존재하지 않는다.

의사표시의 해석에 관한 이론을 합의개념에 대입해 보면 우선 표시된 내용이 일치하면 합의가 인정되며 이를 규범적 합의라고 한다. 또한 표시된 내용과 상관없이 당사자의 의사가 일치하면 합의가 인정되는데 이 합의는 자연적 합의라고 한다.[22] 규범적 합의와 자연적 합의의 개념은 객관적 의미를 기초로 한 규범적 해석과 당사자의 주관적 의사를 표준으로 하는 자연적 해석의 결과로부터 나온 개념들이기 때문에 이와 같이 부르게 되었다.[23]

II. 객관적 본질적 구성부분의 확정

1. 계약유형

계약자유의 원칙의 주요내용으로 계약체결의 자유와 계약내용형성의 자유가 있다. 그에 따르면 계약당사자들은 계약유형과 계약의 성립시기를 결정할 수 있다. 이는 전적으로 당사자의 의사에 의한 합의로 결정되어야 할 부분이다. 전형계약을 체결하려는 경우에 객관적 본질적 구성부분은 당사자들이 체결하려고 하는 전형계약 규정의 법률해석을 통하여 확정된다.[24] 이러한 객관

22) 이에 관한 자세한 내용은 54면 이하 참조.

23) 이러한 독일의 문헌을 수용한 우리 문헌으로 송덕수, "합의와 불합의," 경찰대 논문집 제7집, 191면.

24) 이를 논리적으로 확정할 수 있기 때문에 이에 관한 불합의를 '논리적 불합의'라고 부르는 견해가 있다(Diederichsen, FS Jur. Gesellschaft zu Berlin, S. 89). 이러한 주장은 급부의무와 계약당사자에 관하여 타당할 수도 있으나, 매매대금과 같은 급부의무의 내용에 대한 불합의에서는 적용되기 어렵다. 왜냐하면 급부의무의 내용은 각국의 입법에 따라 다르기 때문에 법률규정에 의거하여 확정할 수밖에 없기 때문이다.

적 본질적 구성부분에는 계약의 당사자, 급부의무와 급부의무의 주된 내용이 속한다.

(1) 급부의무

법률에 규정된 전형계약에서는 계약유형을 결정하는 급부의무를 전형계약규정을 통하여 확정할 수 있다. 우리 민법은 전형계약규정에서 각각 계약의 의의에 관한 조항을 두고 있으므로 이로부터 당사자가 합의해야 할 급부의무를 도출할 수 있다.[25] 따라서 당사자들이 의도한 계약에서 본질적인 주된 의무들에 대한 합의가 없으면 계약은 성립하지 않는다.

예컨대 매매계약에서는 매도인의 재산권이전의무와 매수인의 매매대금지급의무가 급부의무에 속한다(민법 제563조, 제568조 제1항). 따라서 매매계약은 매도인이 재산권을 이전하는 것과 매수인이 그 대가로서 대금을 지급하는 것에 관하여 쌍방 당사자의 합의가 이루어짐으로써 성립한다.[26] 증여계약의 경우에는 무상으로 재산을 상대방에게 이전하기로 하는 의무에 관한 합의가 있어야 한다(제554조). 교환계약의 경우 양 당사자 모두 금전 이외의 재산권을 이전할 의무를 부담해야 한다(제596조). 소비대차계약의 경우 금전 기타 대체물의 소유권을 상대방에게 이전할 의무와 그와 같은 종류·품질 및 수량으로 반환할 의무에 대한 합의가 있어야 한다(제598조). 사용대차계약은 대주가 차주에게 무상으로 물건을 사용·수익하게 할 의무를 부담해야 한다(제609조). 임대차계약이 성립하기 위해서는 목적물을 사용·수익하게 할 임대물제공의무와 차임지급의무에 관한 합의가 있어야 한다(제618조). 고용계약의 경우는 노무제공의무와 보수지급의무가 합의해야 할 급부의무이다(제655조).[27] 도급계약의 경우는 일의 완성의무와 보

---

25) 김재형, "법률행위 내용의 확정과 그 기준," 법학(서울대) 제41권 제1호, 2000, 249면.

26) 대법원 1993.6.8. 선고, 92다49447 판결.

수지급의무에 관한 합의가 있어야 한다(제664조). 현상광고의 경우에는 지정행위를 완료하면 보수를 지급해야 하는 의무가 확정되어 있어야 한다(제675조). 위임계약에서는 당사자의 합의 속에 위임사무처리를 할 의무가 정해져 있어야 한다(제680조). 조합계약이 성립하기 위해서는 공동사업을 목적으로 상호출자의무를 부담하여야 한다(제703조). 종신정기금의 경우는 종신정기금채무에 관한 합의가 있어야 한다(제725조). 화해계약의 경우는 분쟁을 서로 양보하여 종지시키고 새로운 계약관계로 대치시킨다는 내용에 관한 합의가 있어야 한다(제731조).

체결하려고 하는 계약유형이 법률에 규정되어 있지 않은 비전형계약의 경우에는 객관적 본질적 구성부분과 주관적 본질적 구성부분의 구분이 모호하다. 이 때에는 당사자의 계약목적이 나타나고 의미 있는 총체적인 규정내용을 법률행위의 해석을 통하여 확정할 수 있는 경우에 객관적 본질적 구성부분이 확정되었다고 볼 수 있다.[28] 그러나 끊임없이 발전하고 있는 법현실에서는 비전형계약도 유형화 및 개념화의 경향이 강하기 때문에,[29] 리스와 프랜차이즈에서와 같이 새로운 계약유형에서도 객관적 본질적 구성부분을 확정할 수 있는 가능성이 일반적으로 존재한다.

---

27) 민법 제656조 제1항이 "보수 … 의 약정이 없는 때에는 관습에 의하여"라고 규정하고 있어서 마치 보수의 지급여부에 관한 합의가 없더라도 계약이 성립할 수 있는 것처럼 보인다. 즉 보수지급의무는 고용계약의 본질적 구성부분이 아닌 것처럼 보인다. 그러나 보수의 지급을 전제로 하지 않은 고용계약은 존재할 수 없으므로 보수지급에 관한 약정은 묵시적이라도 존재해야 한다. 제656조 제1항에 규정된 '보수'는 '보수액'과 동일한 의미를 갖는 것으로서 금전이 아닌 경우 보수의 내용 또는 범위를 가리키는 말로 이해해야 한다[민법주해(XV)/남효순, 359면 참조].

28) Münchkomm/Kramer, Rn. 3 zu §145; Staudinger/Bork, Rn. 17 zu §145.

29) Diederichsen, FS Jur. Gesellschaft zu Berlin, S. 91.

(2) 의무의 당사자

계약자유의 원칙상 상대방 선택의 자유도 보장되어야 하기 때문에 당사자 합의를 통하여 계약당사자가 누구인지가 확정 내지 확정가능해야 한다.[30] 즉 계약의 개념상 필연적으로 최소한 두 당사자가 계약의 체결을 통하여 법률관계를 맺으려고 해야 한다. 어느 당사자가 계약당사자가 되느냐 하는 문제는 입법자 또는 법원에 의해서 확정될 수 있는 것은 아니다. 또한 객관적 본질적 구성부분에는 어느 계약당사자에게 어떠한 급부의무가 부과되는지의 내용도 속한다.[31] 우리 다수설은 이 사례군을 주관적 합치라고 한다. 예를 들어 계약당사자 모두 매도인으로서 팔려고 하면 매매계약이 성립할 수 없는 것이다.[32]

2. 급부의무의 구체적인 내용

(1) 확정성과 연관된 합의의 필요성

급부의무의 주된 내용(예컨대 매매계약에서 매매목적물과 매매대금)이 해당 계약유형의 객관적 본질적 구성부분에 속하느냐는 법률규정에 의하여 정해진다. 계약요소에 관한 합의가 없을 때 그 내용을 보충할 수 있는 보충규정이 있는 경우에는 해당 계약내용은 객관적 본질적 구성부분이 아니다. 반면에 주된 급부의무의 내용이 법률에 의하여 보충될 수 없는 경우에 이 흠결된 내용은 판사에 의하여 보충될 수 없는 것이며,[33] 입법자의 '정당한 침

30) Jung, Jus 1999, 29.

31) Medicus, Allgemeiner Teil des BGB, 7. Aufl.(1997), Rn. 431 (S. 167); Jung, JuS 1999, 29; 송덕수, "합의와 불합의," 경찰대 논문집 제7집, 185면.

32) Weinsteinsäurefall - RGZ 104, 265.

33) Larenz/Wolf, Allgemeiner Teil des Bürgerlichen Rechts, §23/IV 1(S. 463) 참조.

묵'[34]으로서 그 내용의 보충은 계약당사자의 자유에 맡겨진 것이다.[35] 보충규정이 없는 경우에는 계약이 성립하기 위하여 계약당사자들이 합의를 통하여 그 내용을 확정하거나 확정가능하게 정해야 하는 객관적 본질적 구성부분에 속한다. 이 경우 계약당사자들이 이 계약내용을 합의를 통하여 최소한 확정가능하게 정해야만 계약이 성립할 수 있다.[36] 예컨대 매매계약에서는 매매목적물과 대금은 반드시 그 계약체결 당시에 구체적으로 특정할 필요는 없고 이를 사후에라도 구체적으로 특정할 수 있는 방법과 기준으로 정하여져 있으면 족하다.[37]

(2) 급부목적물 또는 급부내용

급부목적물 내지 급부내용을 보충하는 규정은 없다. 왜냐하면 이는 당사자가 계약을 체결하게 된 계기를 형성하는 내용이므로 항상 당사자의 의사에 맡겨져 있어야 하기 때문이다. 따라서 급부목적물 내지 급부내용은 당사자의 합의를 통하여 규율되어야 한다.

매매의 경우 급부목적물인 매매목적물에 대한 합의가 있어야 한다. 특정물매매에서는 급부목적물이 특정되어 있어야 하나, 종류물매매에서는 일정 종류의 일정 수량으로 급부목적물이 결정

---

34) 이에 관하여 자세한 것은 Larenz/Canaris, Methodenlehre der Rechtswissenschaft, S. 191.

35) Trinkner, Anmerkung zum BGB vom 19.9.1983, BB 1983, 1875.

36) 확정성의 요건이 성립요건인가 아니면 효력발생요건인가에 관하여 학설이 대립하고 있으나, 확정성 내지 확정가능성은 본질적 구성부분과 관련해서는 성립요건이고 비본질적 구성부분과 관련해서는 효력발생요건으로 보아야 한다[이에 관하여 자세한 것은 이병준, "형식적 법률행위개념," 법이론과 실무 제4집(2000), 15면 이하; 김재형, "법률행위 내용의 확정과 그 기준," 법학 제41권 1호, 242면 이하 및 249면 참조].

37) 대법원 1993.6.8. 선고, 92다49447 판결.

되어 있어도 충분하다. [진해시 경화동 사례]에서는 매매의 목적물을 甲 소유 부동산 전부라고 표시하였으나, 부동산이 토지인지 건물인지, 토지라면 그 필지·지번·면적, 건물이라면 그 소재지·구조·면적 등 어떠한 부동산인지를 알 수 있는 표시가 전혀 되어 있지 아니하였으므로 목적물에 관한 합의가 충분히 확정적으로 이루어지지 않았다는 이유로 계약성립을 부정하였다.[38] 종류물채권에서 급부목적물의 품질에 대하여는 합의가 없어도 된다. 왜냐하면 특별한 합의가 없으면 중등품질의 물건으로 이행하면 되기 때문이다(제375조 제1항).

다른 전형계약유형에서는 교환계약에서는 교환하는 재산권(제596조), 소비대차계약은 대차되는 목적물인 금전 기타 대체물(제598조), 사용대차의 경우는 대차되는 목적물(제609조), 임대차의 경우는 임차목적물(618조)이 합의를 통하여 확정되어야 한다. 고용의 경우는 제공될 노무의 내용(제655조), 도급의 경우는 완성해야 할 일(제664조), 현상광고의 경우는 지정행위(제675조), 위임의 경우는 위임사무(제680조) 등이 합의를 통하여 정해져야 한다. 조합의 경우는 출자와 공동사업(제703조), 종신정기금의 경우 종신까지 정기로 지급될 금전 기타의 물건(제725조), 화해의 경우 서로 양보하기로 하는 분쟁(제731조)이 확정되어야 한다.

(3) 반대급부

반대급부의 경우는 당사자의 합의가 없는 경우에 적용되어 반대급부를 정할 수 있는 보충규정이 있는 전형계약이 있다. 이 때에는 그에 관한 명시적 합의 없이도 반대급부의무에 관한 합의가 있으면 계약이 성립할 수 있다. 고용계약의 경우 보수액에 관한 합의 없이도 고용계약이 유효하게 성립할 수 있다. 왜냐하

---

38) 대법원 1997.1.24. 선고, 96다26176 판결. 이에 관하여 자세한 것은 102면 참조.

면 제656조 제1항에서 "보수 또는 보수액의 약정이 없는 때에는 관습에 의하여 지급하여야 한다"라고 하는 보충규정을 두고 있기 때문이다. 따라서 고용에서는 보수의 약정 없이도 유효하게 고용계약이 성립하므로 보수는 본질적 구성부분에 속하지 않는다.[39)]

이에 반하여 매매계약의 경우 매매대금의 보충규정이 없으므로 이에 관한 합의는 계약의 성립요건이다. 다만 매매대금도 확정가능하게 정하면 되므로 '장래의 일정한 시점의 시가'[40)]로 정하거나 '대금을 다른 시장에서 통용되는 가격과 비슷하게 정하도록 하는 것'[41)] 모두 가능하다.[42)] 임대차의 차임(제618조), 도급의 보수(제664조), 현상광고의 보수(제675조) 등에서도 반대급부의 합의가 없는 경우 이를 보충할 수 있는 보충규정이 없으므로 이에 관한 합의 없이는 계약이 성립하지 않는다. 이와 같은 보충규정이 없다고 하면 당사자에게 계약에 구속되려고 하는 의사가 있더라도 반대급부에 관한 합의가 없다면 계약은 성

---

39) 같은 취지로 송덕수, "불합의," 고시연구 제17권 1호, 1990/1, 76면; 김재형, "법률행위 내용의 확정과 그 기준," 법학 제41권 제1호, 249면. 대법원 1999.7.9. 선고, 97다58767 판결: 고용은 노무를 제공하는 노무자에 대하여 사용자가 보수를 지급하기로 하는 계약이므로, 고용계약에 있어서 보수는 고용계약의 본질적 부분을 구성하고, 따라서 보수 지급을 전제로 하지 않는 고용계약은 존재할 수 없으나, 보수 지급에 관한 약정은 그 방법에 아무런 제한이 없고 반드시 명시적임을 요하는 것도 아니며, 관행이나 사회통념에 비추어 노무의 제공에 보수를 수반하는 것이 보통인 경우에는 당사자 사이에 보수에 관한 묵시적 합의가 있었다고 봄이 상당하고, 다만 이러한 경우에는 보수의 종류와 범위 등에 관한 약정이 없으므로 관행 등에 의하여 이를 결정하여야 한다.

40) 대법원 1978.6.27. 선고, 78다551, 78다552 판결.

41) 대법원 1986.2.11. 선고, 84다카2454 판결.

42) 이에 관한 자세한 판례 분석은 김재형, "법률행위 내용의 확정과 그 기준," 법학 제41권 제1호, 245면 이하 참조.

립할 수 없는 것이다.[43] 이러한 점에서 객관적 본질적 구성부분은 뒤에서 살펴보게 되는 주관적 본질적 구성부분과 다르다고 할 수 있다.

3. 특수문제: 매매대금의 확정 내지 확정가능성

매매대금이 확정되어야 계약이 성립한다는 원칙인 'pretium certum'은 로마법과 보통법시대에서부터 내려오고 있다. 그러나 거래생활의 변화로 점차 매매대금인 가격의 확정 없이도 매매계약의 구속력을 인정하고 있는 입법례가 점차적으로 늘고 있다. 따라서 현재 매매대금의 확정이 계약의 성립요건인지의 여부는 각 입법례마다 다르게 규정되어 있다. 이하에서 매매대금이 계약성립의 요소인지에 관한 다양한 입법례에 관하여 살펴보려고 한다.

(1) 로마법상의 pretium certum

로마법상 pretium certum은 매매계약이 성립하기 위한 요건으로서 계약체결시에 매매대금이 객관적으로 확정될 것을 요구하였다. certum은 확정가능한 경우에도 존재한다고 보았다.[44] 로마법상 매매대금의 확정이 요구된 것은 위험의 이전에 관한 원

---

43) 성립을 인정해야 한다는 견해로 김재형, "법률행위 내용의 확정과 그 기준," 법학 제41권 제1호, 249면. 물론 당사자가 계약체결 후 합의를 보면 문제가 없으나, 이는 하자가 치유되는 사실적인 해결책에 불과하다. 합의가 안 된다면 계약성립을 부정해야 한다.

44) 매도인의 구입가를 판매가로 합의한 경우(quanti tu eum emisti), 잠겨진 금고의 내용을 매매대금으로 합의한 경우(quantum pretii in acra habeo)에는 확정된 것으로 인정되었고 제3자가 매매대금을 결정하도록 하는 경우(quanti Titus rem aestimaverit, tanti sit empta)에는 학설이 나누어지고 있었다(Hausmaninger · Selb, Römisches Privatrecht, S. 304).

칙과 관련이 있다고 한다. 매매목적물의 점유상태와 상관없이 계약체결시점이 위험이전의 척도가 되었으므로 의사를 변경하지 못하게 매매대금을 확정하는 데에서 종국적으로 계약에 구속되려고 하는 계약당사자들의 의사를 찾은 것이다. 따라서 매매대금의 확정은 명시적으로 이루어져야 하며, 계약당사자들이 계약을 이행하는 사실로부터는 법적 구속의사를 추론하지 않으려고 하였다.[45)]

(2) pretium certum과 각국의 입법태도

매매대금이 확정되어야 계약이 성립한다는 원칙인 'pretium certum'은 오늘날 모든 국가가 취하고 있는 원칙이 아니다.[46)] 각국의 매매법을 살펴보면 pretium certum을 견지하는 국가들은 특히 오래된 입법이나 Code Civil의 전통하에 놓인 국가들이다.[47)] 이에 반하여 비교적 최근의 입법과 영미의 입법들은 계약의 성립을 위해서 매매대금의 확정이 필요없다는 입장을 취하고 있다.[48)] 이 법체계에서 계약당사자들이 매매대금을 합의하지 않은 경우, 법률상 계약체결시 또는 이행기 또는 목적물의 인도시 그 장소에 적용되는 시장가격을 매매대금으로 추정하는 규정이 있

---

45) 이에 관하여 자세한 것은 Witz, Der unbestimmte Kaufpreis — Ein rechtsvergleichender Beitrag zur Bedeutung des pretium certum, 1989, S. 11 ff. 참조.

46) 자세한 것은 Rabel, Das Recht des Warenkaufs, 2. Band, 1958, S. 7 ff. 참조.

47) 여기에는 프랑스의 Code Civil Art. 1583과 1591, 오스트리아의 ABGB §1054, 아르헨티나의 CC Art. 1323, 브라질의 CC Art. 1122, 칠레의 CC Art. 1808, 콜롬비아의 CC Art. 1864, 에콰도르의 CC Art. 1798, 우루과이의 CC Art. 1666, 베네수엘라의 CC Art. 1479 등이 속한다.

48) 여기에는 이탈리아의 Codice Civile Art. 1470, 1473, 1474, 포르투갈의 Codigo Civil (1996년) Art. 874 이하, 영국의 Sale of Goods Act Art. 8, 미국의 Uniform Commercial Code §2-204 등이 속한다.

다. 이 규정이 적용되기 위해서는 계약당사자들이 매매대금에 관한 합의가 없음에도 불구하고 구속력 있는 합의가 있다는 의사(법적 구속의사)가 있어야 한다.[49] 반대급부의 정함이 없는 경우에는 반대급부를 청구할 수 있는 자(매매계약에서는 매도인)가 이를 정할 수 있도록 하는 입법도 있다.[50] 이하에 각 입법례의 대표라고 할 수 있는 프랑스의 Code Civil, 미국의 UCC와 독일의 BGB를 간단히 살펴보고 이를 기초로 우리 민법의 입장에 대하여 논하려고 한다.

1) **프랑스의** Code Civil

pretium certum원칙에 충실한 Code Civil에 의하면, 매매계약은 매매대금에 관한 당사자의 합의가 있어야만 성립할 수 있다. 매매대금은 확정성을 갖고 있어야 하며, 당사자에 의하여 표시된 것이어야 한다(CC Art. 1591).[51] 제3자에게 매매대금의 확정을 맡기는 것도 가능하나, 이 경우 매매계약의 유효성은 제3자가 실제로 확정을 하는지에 달려 있다(CC Art. 1592). 이 조문을 근거로 매매대금이 확정가능한 경우에도 확정성은 충분하다고 해석되고 있다. 프랑스 판례에 의하면, 적어도 나중에 매매대금을 확정할

---

49) 법률상의 추정이 구속력 있는 합의의 필요성을 대체하는 것이 아니라 입증책임이 계약의 성립을 주장하는 자에게서 이를 부정하는 자에게 옮겨갈 뿐이다.

50) 여기에는 독일의 BGB §316; 스칸디나비아의 매매법 §5 등이 속한다.

51) 이와 같은 입법은 특별한 이유가 있다: Art. 1583 CC에 의하면 계약체결시에 목적물의 소유권과 그에 따라 물건의 인도와 상관없이 원칙적으로 물건에 대한 위험도 이전하게 된다. 그러므로 로마법과 동일하게 계약체결이 언제 일어났는지에 대한 정확한 척도를 설정하려고 하였는데, 바로 매매대금에 대한 합의의 시점으로 매매대금의 확정을 정한 것이다. 또한 법원에 의하여 당사자가 실제로 원하지 않았을 내용을 해석을 통하여 강제시키는 점에 우려를 표시하였는데, 특히 매매대금에 있어서 의사의 강제가 일어나지 않도록 한 것이다(이에 대한 자세한 내용은 Witz, Der unbestimmte Kaufpreis, S. 26 ff. 참조).

때 재량이 개입할 수 없는, 단순히 계산만 해야 하는 매매대금척도가 결정되면 확정가능하다고 보고 있다. 이러한 해석에는 사후에 매매대금을 결정하는 과정에서 매매대금이 한 계약당사자의 일방적인 영향력하에 확정되도록 하지 않겠다는 약자보호사상이 담겨져 있다.[52)]

2) **미국의** Uniform Commercial Code

미국의 UCC는 명시적으로 매매대금의 확정 없이도 계약당사자들이 매매계약을 유효하게 체결할 수 있다고 규정하고 있다. 중요한 것은 계약당사자들이 매매대금의 확정 없이도 매매계약에 구속되려고 하는 의사가 있느냐이다. 사후에 매매대금의 확정이 이루어지지 않으면 인도시의 '합리적인 가격(reasonable price)'이 척도가 된다(UCC Sec. 2-305). 이 규정을 통하여 매매대금의 결정이 유보되거나 한 당사자에게 맡겨진 경우에, 매매계약에 구속력이 없다는 기존의 Common Law의 전통을 깬 것이며 pretium certum의 원칙도 포기되고 있다. 여기서 주지할 것은, 매도인이 계약의 이행을 했느냐의 여부와도 상관없이 계약의 구속력이 인정될 수 있다는 것이다.

3) **독일의** BGB

독일의 민법은 매매대금의 불확정에 관한 명시적인 규정이 없다. 단지 독일민법 제453조에서 매매대금이 시장가격으로 결정된 경우에 관한 해석원칙을 규정하고 있을 뿐이다. 그러나 계약에 관한 일반규정에서 불확정인 급부내용에 관한 규정이 있다(독일민법 제315조-제319조). 이에 따르면 특별한 사정이 없는 한 매매대금청구권의 채권자인 매도인에게 반대급부인 매매대금의 확정권이 있다(독일민법 제316조). 또한 명시적으로 한 계약당사자(독

52) Witz/Wolter, Die ersten Entscheidungen französischer Gerichte zum Einheitlichen UN-Kaufrecht, RIW 1995, 812.

일민법 제315조) 또는 제3자(독일민법 제317조)에게 매매대금의 확정권을 줄 수 있다. 이 경우 공평한 재량(nach billigem Ermessen)에 따라서 확정해야 한다는 해석규정이 있다(독일민법 제315조 제1항, 제317조 제1항).

독일의 판례와 통설은 아직도 매매대금에 대한 합의가 계약의 본질적인 구성부분이며 최소한 확정가능해야 한다는 입장을 취하고 있다.[53] 그러나 최근에는 매수인이 매매대금지급의무만을 합의하면 되고 매매대금의 구체적인 내용은 확정할 필요가 없다는 견해가 유력하게 제시되고 있다.[54] 즉, 계약당사자가 매매대금에 대한 합의를 하지 않더라도 독일민법 제316조가 불확정적인 매매대금을 보충하므로 매매계약은 성립한다는 것이다. 유력설의 입장에서는 독일민법은 pretium certum원칙을 포기한 입법에 속한다.

4) 우리 민법의 입장

우리 민법은 독일민법과 마찬가지로 매매계약에 관한 각론에서 매매대금의 확정에 관하여 아무런 규정을 두고 있지 않다. 또한 계약에 관한 일반규정에서도 반대급부가 확정되지 않은 경우에 관한 보충규정도 없다. 우리 민법이 매매대금에 관하여 입법자가 침묵하고 반대급부의 정함이 없는 경우에 보충규범을 두고 있지 않는 것을 보충을 필요로 하는 흠결로 볼 수 있도 있으나, 보충을 필요로 하지 않는 정당한 침묵(bereadtes Schweigen)[55]으

---

53) RGZ 124, 81 (83 f.); BGHZ 41, 271 (274); Flume, Allgemeiner Teil des Bürgerlichen Rechts, II Band, §6/II (S. 80); Münchkomm/Westermann, Rn. 21 zu §433 BGB; Staudinger/Köhler, Rn. 1 zu §433 BGB.

54) Soergel/Huber, Rn. 137 zu Vor §433 BGB; Witz, Der unbestimmte Kaufpreis, S. 160 f.; Ulrich Huber, Der UNCITRAL-Enwurf eines Übereinkommens über internationale Warenkaufverträge, RabelsZ 43 (1979), 438 f.

55) 이에 관하여 Larenz/Canaris, Methodenlehre der Rechtswissenschaft, S.

로 볼 수도 있다. 만약 매매대금의 보충에 관하여 입법자가 규정하고 있지 않는 것을, 매매대금에 관한 합의를 전적으로 계약당사자의 합의에 맡긴 것으로 해석하는 경우, 입법자의 의도를 정당한 침묵으로 해석하는 입장에 서게 되며, 매매대금의 확정은 매매계약의 성립요건이 된다.[56] 이에 따르면 매매대금이 확정되지 않은 경우, 계약당사자는 언제든지 매매대금에 대한 합의가 없다는 이유로 계약의 불성립을 주장할 수 있으며, 매매대금의 보충권이 판사에게 인정될 수 없게 된다. 그러나 입법자가 매매대금에 대한 규정을 두고 있지 않는 것을 흠결로 보고 보충규범을 형성하게 되면, 매매대금의 확정은 더 이상 성립요건이 아니다. 이 경우 계약당사자가 매매대금에 관한 합의 없이 구속되려고 하느냐에 관한 법적 구속의사가 매매계약의 구속력을 결정하게 되는 결정적인 역할을 하게 된다.

반대급부의 정함이 없는 경우에 보충규정을 두고 있는 고용계약(민법 제655조)과의 비교를 통하여 알 수 있는 사실은, 우리 입법자가 매매계약에서는 일정한 척도에 의한 매매대금의 보충을 원하지 않았다는 것이다. 이러한 보충규범이 형성되기 전에는 매매대금에 관한 합의를 성립요건으로 보는 것이 체계적 해석의 관점에서 타당하다.

따라서 매매대금에 관한 합의가 없으면 무조건 시장가격으로 추정하거나 보충하려는 견해에는 찬성할 수 없다. 특히 그 주장근거로 하고 있는 독일민법 제453조는 계약당사자들이 매매대금을 시장가격으로 정한 경우에 다른 의사가 없는 한 이행기에 적용되고 있는 시장가격에 의한다는 의미이지 가격이 결정되지 아니한 경우에 시장가격으로 보충하려고 하는 규정이 아님을 주지할 필요가 있다.[57] 매매대금이 합의에 의하여 확정되지 않은

---

191 참조.

56) 이영준, 민법총칙, 146면.

57) Staudinger/Köhler, Rn. 2 zu §453 BGB 참조.

경우에 보충규정의 형성은 전적으로 입법자에게 맡겨진 것이고 해석론을 통하여 극복될 수 없음을 비교법적 관점에서 이미 살펴보았다.

이러한 관점에서 우리 판례가 확고히 pretium certum원칙을 취하고 있는 것은 정당하다. 판례는 확정성의 요건을 완화하여, 매매계약에 있어서 그 목적물과 대금이 반드시 구체적으로 특정될 필요는 없고, 이를 사후에라도 구체적으로 특정할 수 있는 방법과 기준이 정해져 있으면 된다는 입장을 취하고 있다.[58] 따라서 확정의 개념에는 확정가능성도 포함되어 있다. 그러므로 "타시장에 준하여 불하한다"는 내용의 약정도 특정된 것으로 볼 수 있다.[59] 또한 판례는 매매대금의 액수를 일정기간이 지난 후일의 시가에 의하여 정하기로 하였다고 해서 매매계약이 아닌 매매예약으로 판단할 수 없다[60]고 판시하였다.

(3) 유엔통일매매법

유엔통일매매법을 제정하는 과정에서 각국의 상이한 입법례로 인하여, 매매대금이 본질적 구성부분에 속하는가의 여부가 제정과정에서 문제되었음은 물론, 결국 유엔통일매매법에서 서로 모순되는 것처럼 보이는 방향으로 매매대금 확정의 필요성에 관한 문제를 규정하게 되었다. 즉, 유엔통일매매법 제14조 제1항이 매매대금의 확정 또는 확정가능성을 청약의 요건으로 하기 때문에 pretium certum원칙을 수용하고 있는 것처럼 보인다. 반대로 유엔통일매매법 제55조에서는 가격의 확정 없이도 유효한 계약체결이 가능하다고 보기 때문에 pretium certum 원칙을 포기하고

58) 대법원 1997.1.24. 선고, 96다26176 판결(진해시 경화동 사례).

59) 대법원 1986.2.11. 선고, 84다카2454 판결: 판례는, 이 약정은 특정한 사정이 없는 한 그 약정이 체결된 무렵의 타시장에 준한 시가(감정가)로 결정하여 불하한다는 뜻으로 해석하였다.

60) 대법원 1978.6.27. 선고, 78다551, 552 판결.

있는 것으로 해석할 수 있다. 그러므로 매매대금이 확정되지 않은 경우에 청약의 효력이 인정되지 않는 유엔통일매매법상, 매매대금의 확정 없이도 계약이 성립할 수 있는가, 성립할 수 있다면 어떠한 요건하에서 성립이 가능한지가 문제된다. 이 문제는 헝가리, 프랑스 그리고 오스트리아 최고법원의 판결의 대상이 되었을 뿐만 아니라, 유엔통일매매법상 가장 논란이 많은 주제 중의 하나이다.

1) 문제의 역사적 배경

불확정적인 가격의 문제는 유엔통일매매법의 전신인 헤이그 매매법을 입법할 당시에도 이미 논란이 많았다. 헤이그 매매법은 「국제동산물품매매계약체결에 관한 통일법」(Einheitliches Gesetz über den Abschluß von internationalen Kaufverträgen über bewegliche Sachen: EAG)과 「국제동산물품에 관한 통일법」(Einheitliches Gesetz über den internationalen Kauf beweglicher Sachen: EKG)으로 이루어져 있었다. EAG 제4조에서는 청약을 위해서 구속의사가 담겨진 충분히 확정된 의사표시를 요구하고 EKG 제57조에서는 매매대금에 관한 합의가 없는 경우에 매도인이 계약체결 당시 통상적으로 요구한 가격을 기준으로 하였다. 이에 따르면 아직 명시적으로 매매대금이 확정될 것을 요구하는 규정이 없었고 계약당사자가 매매대금에 관한 합의 없이도 구속되려는 의사가 충분히 표시되어 있으면 유효한 계약체결이 인정될 수 있는 가능성이 있었기 때문에 아직 모순에 대한 우려의 목소리는 없었다.[61]

유엔국제거래법위원회(The United Nations Commission on International Trade Law: UNCITRAL)의 유엔통일매매법에 대한 초안에서는, 의식적으로 한 걸음 더 나아가서 오늘날 유엔통일매매법 제14조 제1항 제1문과 동일하게 청약의 확정성을 명문화하면서

61) 이에 관하여 Witz, Der unbestimmte Kaufpreis, S. 215 ff. 참조.

매매대금이 확정될 것을 도입하였다. 비엔나에서 열린 유엔통일매매법회의에서 제55조와 관련하여 매매대금이 확정되어야 한다는 원칙을 삭제하기 위한 제14조 제1항 제2문의 수정안들이 제시되었으나 효과가 없었다. 토의에서도 제14조가 매매대금이 확정되어 있지 않은 경우 청약의 불확정성을 규정하고 있음에 반하여, 제55조가 매매대금의 확정 없이도 계약의 성립을 인정함으로써 두 규정 사이에 모순이 존재한다는 지적도 있었으나 구체적인 대안은 제시되지 못하였다.

그리하여 계약체결에 관한 제2편(제14조-제24조)에서 청약에 관하여 다음과 같은 규정을 두게 되었다:

> 제14조 (1) 특정한 1인 또는 수인을 향한 계약체결을 위한 제안은 그 내용이 충분히 확정적이고 또한 승낙이 있는 경우에 구속된다고 하는 청약자의 의사가 표현되어 있는 때에는 청약이 된다. 제안이 물품을 표시하고, 그 수량과 대금을 명시적 또는 묵시적으로 확정하거나 그 확정을 가능하게 한 때에는, 그 제안은 충분히 확정된 것으로 인정된다.

그리고 제3편 물품매매(제25조-제88조)에서는 매수인의 의무와 관련하여 다음과 같은 규정을 두게 되었다:

> 제55조 매매대금을 명시적 혹은 묵시적으로 확정하거나 확정을 가능하게 하지 않은 상태에서 계약이 유효하게 체결된 경우에, 반대의 사실이 없는 한 계약당사자들이 계약체결 당시에 해당 거래분야에서 유사한 상황 하에 매도된 것과 동일한 물품에 대하여 일반적으로 적용되는 매매대금을 묵시적으로 합의한 것으로 추정한다.

2) 유엔통일매매법 제14조 제1항과 제55조의 관계에 관한 학설의 입장

㈎ 양 조항이 모순관계에 있다는 해석론과 그 해결방안

위원회에 참가했던 대부분의 학자들[62]과 다수설[63]은 통일매매법 제14조 제1항과 제55조 사이에 내적인 모순이 존재하는 것으로 보고 있다. 즉 제14조는 매매대금의 확정성을 청약의 요건으로 함에 반하여, 제55조는 매매대금의 확정 없는 유효한 계약체결을 인정하고 있기 때문이다. 이러한 충돌은 이미 살펴본 바와 같이 각국이 견지하고 있는 입법의 차이에서 비롯되었다고 한다.[64]

학설은 이 모순을 해결하기 위하여 다양한 시도들을 보이고 있다. 제14조 제1항에 우위를 주는 다수의 견해에 의하면[65] 제55

---

62) 제14조는 러시아대표단이 그리고 제55조는 미국대표단이 제시한 초안의 극복될 수 없는 모순으로 여겨지고 있다(이에 관하여 Neumayer, Der Vertragsschluß nach dem Recht des internationalen Warenkauf [Wiener Übereinkommen von 1980] — Anwendungsprobleme, FS Lorenz, 1991, S. 748, 749 f. 참조).

63) Herrmann, Einheitliches Kaufrecht für die Welt: UN-Übereinkommen über internationale Warenkaufverträge, IPRax, 1981, S. 112; Ebenroth, Internationale Vertragsgestaltung im Spannungsverhältnis zwischen AGBG, IPR-Gesetz und UN-Kaufrecht, östJurBl 1986, S. 685; Karollus, UN-Kaufrecht, 1991, S. 61; Herber/Czerwenka, Internationales Kaufrecht: Kommentar zu den Übereinkommen der Vereinigten Nationen vom 11 April 1980 über Verträge über den internationalen Warenkauf, 1991, Rn. 6 zu §14.

64) 입법과정의 실수로 보고 모순이 의식적으로 발생한 것이 아니라 착오로 인하여 발생한 것이라고 설명하는 입장도 있다. 이 견해는 특히 물품매매에 관한 규정(제55조)과 계약체결에 관한 규정(제14조)이 독립된 회의에서 만들어졌다는 점을 지적하고 있다[Ulrich Huber, RabelsZ 43(1979), 437-439].

65) v. Cammerer/Schlechtriem-Hager, Rn. 5 zu Art. 55 CISG; Herrmann, Einheitliches Kaufrecht für die Welt: UN-Übereinkommen über

조에 의한 매매대금결정은 제14조에 의하여 유효하게 체결된 계약에만 적용될 수 있다고 한다. 이에 따르면 원칙적으로 제55조는 의미가 없게 되지만, 다음 경우에는 제55조가 의미가 있다고 한다. i) 제92조에 의하여 제14조 아래의 규정에는 가입을 하고 있지 않고 국내법규정의 내용이 제14조 제1항과 다른 내용을 갖고 있는 경우,[66] ii) 제14조 제1항이 임의규정이기 때문에 계약당사자들이 이와는 다르게 매매대금을 정함이 없이 계약이 성립된다고 보는 합의가 있는 경우 또는 iii) 상거래관행 또는 관습에 의하여 제14조 제1항이 배제되는 경우이다.

사실상 제55조에 우위를 주는 견해에 의하면, 통일매매법 제2장에 가입하지 않는 경우에는 물론 가입하고 있는 경우에도 제55조가 우선 적용될 수 있다고 한다.[67] 이 견해는 계약당사자에게 법적 구속의사가 존재하면 매매대금의 확정 없이도 계약의 유효성을 인정해야 한다는 사실상의 필요성을 근간으로 하고 있다. 이는 계약당사자의 법적 구속의사가 확인되면 매매대금의 확정성이라는 요건은 후퇴하게 된다는 제14조 제1항의 제한해석을 통하여 이루어진다. 이에 따르면 제14조는 매매대금이 확정되지 않으면 법적 구속의사가 없다는 반증가능한 해석규정이라는 의미를 갖는다. 이는 계약당사자들이 원칙적으로 본질적 구성부분에 관한 합의가 있어야만 구속되려는 경험칙과 일치한다고 한다.

---

internationale Warenkaufverträge, IPRax, S. 112; Herber/Czerwenka, Internationales Kaufrecht: Kommentar zu den Übereinkommen der Vereinigten Nationen vom 11 April 1980 über Verträge über den internationalen Warenkauf, Rn. 6 zu § 14.

66) 이는 주로 제2부인 제14조 아래의 규정들에 가입하지 않은 스칸디나비아 국가들을 염두에 둔 것이다.

67) Karollus, UN-Kaufrecht, S. 62; Honnold, Uniform Law for International Sales under the 1980 United Nations Convention, 1982, Art. 14 Anm. 137; 최준선, 국제거래법, 제2판, 1997, 140면.

(나) 모순이 없다는 해석론

양 조항의 모순을 전제로 출발하고 있는 다수설과는 달리, 양 조항은 처음부터 모순이 없었다는 유력한 견해가 제시되고 있다.[68] 그 기본적인 입장은, 제14조는 단순히 효력 있는 청약의 문제만을 규정하고 있음에 반하여, 제55조는 청약과 승낙에 의한 계약체결이 아닌 다른 방식으로 체결된 이미 성립된 계약을 전제로 한다는 것이다. 예컨대 Neumeyer에 의하면,[69] 제14조는 전적으로 청약의 정의만을 내리고 있으며, 매매대금이 특정되어야만 청약에 구속되고 매매대금이 특정되지 않는 경우에는 청약의 유인(invitatio ad offenrendum)에 불과하다는 점을 규율하고 있을 뿐, 계약성립의 방식이나 종류, 계약의 효력 그리고 계약의 최소내용에 관하여 전혀 언급이 없으며, 계약당사자들의 합의하에 매매대금을 정하지 않는 경우에도 합의를 인정할 수 있는 여지(open price contract)를 부정하고 있는 것은 아니라고 한다. 따라서 제14조는 매매대금의 합의가 계약의 필수적인 요소로 구성되는지에 대한 해답을 주는 것은 아니며, 이에 대한 해답은 제55조에서 주어지고 있다는 것이다.

3) 각국 판례의 입장

(가) 헝가리 최고법원의 입장

[Pratt & Whitney v. Malév Hungarian Airlines][70]

헝가리 비행사인 Malév는 Boing사 또는 프랑스 Airbus로부터 2개의 점보 제트기를 살 계획을 갖고 있었다. 이 비행기의 모터는 별도로 구입해야 되기 때문에 Malév는 여러 회사와 협상을 하고 있었다. 미국의 비행기모터 생산업체인 Pratt &

68) Neumeyer, FS Lorenz, S. 749 ff.; Bucher, in: Mélanges Paul Piotet, S. 394.

69) Neumeyer, FS Lorenz, S. 751 f.

Whitney는, 아직 어느 비행기를 살 것인지가 결정되지 않은 상태였기 때문에 Malév에 다음과 같은 두 개의 제안을 하였다: Boing기를 선택할 경우에는 두 개의 연동기가 제안되었는데 연동기 P&W 4056의 기초가격은 주어졌으나, 선택적으로 제시된 연동기 P&W 4060에 관하여는 가격이 정해져 있지 않았다. Airbus기를 선택할 경우에는 두 개의 제트형 연동기(P&W 4152와 P&W 4156A)와 두 개의 예비모터(P&W 4152와 P&W 4156A)가 제안되었으나, 제트 연동기의 기초가격이 주어지지 않고 다만 예비모터에 대하여만 가격이 주어졌다. 그 후 Malév는 특정한 모터(P&W 4000)를 선택하였고 미래의 협력에 대해 기뻐한다는 답변을 텔렉스로 발송하였다. 그러나 한 달 후 비행사는 Boing 767를 위해서 P&W 4000모터를 선택하지 않기로 했다는 연락을 했다. P&W는 계약위반을 이유로 손해배상을 청구하였다.

Pratt & Whitney v. Malév Hungarian Airlines사건에서 헝가리 최고법원은 통일매매법 제14조에서 요구하는 확정성의 요건을 청약의 본질적 구성부분으로 보았고 이를 매우 좁게 해석하였다. 이에 따르면 청약은, 선택할 수 있는 경우 모든 경우에 가격이 결정되어 있지 않고 단순히 기초단위에만 가격이 주어진 경우에 계약이 성립하지 않는다고 보았다. 또한 시장가격이 존재하지 않는 비행기 연동기에는 비엔나 매매법 제55조가 적용될 수 없다는 입장을 취하였다.

다른 나라 학자들에 의하여 이 판결은 제14조 제1항의 요건

70) OG 25. 9. 1992 (Az. Gf. I. 31 349/1992): 영어로 된 판결번역으로 13 Journal of Law and Commerce (1993), pp.31-47. 영어로 된 평석으로 Amato, 13 Journal of Law and Commerce, 1993, pp.1-29; Koneru, 6 Minnesota Journal of Global Trade, 1997, pp.105-152; 독일어로 된 자세한 판결소개와 평석으로 Vida, Unwirksamkeit der Offerte wegen Unbestimmbarkeit nach UN-Kaufrecht, IPRax 1995, 261 ff. 그 밖에 Magnus, Aktuelle Fragen des UN-Kaufrechts, ZeuP 1993, 86 참조.

을 너무 엄격하게 해석했다는 비판을 받았으나,[71] 헝가리 교수인 Vida에 의하면 다음과 같은 점이 이 판결에 작용하였다고 한다.[72] 우선 이 사건에서 문제가 된 매매목적물이 기술적으로 복잡할 뿐만 아니라 그 가격이 매우 비싸기 때문에 단순히 신발 또는 농산물과 같은 방식으로 매매대금이 정해질 수 없다는 것이다. 또한 헝가리법에 의하면 매매대금이 본질적 구성부분에 속하기 때문에 통일매매법 제14조 제1항의 요건을 검토하면서 헝가리 최고법원 판사들이 이에 영향을 받지 않을 수 없었다는 지적이 흥미롭다. 즉 통일매매법을 판단하면서도 국내법 해석에 구속될 수밖에 없었다는 것이다.

㈏ 프랑스 최고법원의 입장

[Fauba v. Fujitsu][73]

Fauba France사는 독일의 Fujitsu Mikroelectronik사의 프랑스 연결사무소에 부속품들을 주문하였다. 주문은 시장가격이 하락하는 경우에 매매대금을 다시 협상할 수 있다는 제한 외에는 기존에 Fujitsu가 제시한 조건하에서 이루어졌다. 다음날 Fujitsu는 주문에 대한 확인을 하면서 다음과 같이 승낙을 수정하였다: “매매대금은 시장가격이 상승하거나 하락하는 경우에 다시 협상할 수 있다. 주문 제5항 버전 70NS가 아직 공급되지 않았기 때문에 이 부분에 대하여는 승낙할 수 없다; 빠른 시일 내에 공급할 것이며 이 경우 연락을 취하겠다.” 전화연락 후 Fujitsu는 주문 제5항과 관련된 내용을 확인하는 텔렉스를 보냈다. 그 후 매수인인 Fauba France사는 그의 주문을 수정하는 내용의 텔렉스를 보냈으나 Fujitsu는 인도기한을 지킬 수 없다는 이유로 이를 거절하였다. 매수인인 Fauba France사가 물건을 인도받은 후 매매대금을 지급하지 않자 Fujitsu는 소를 제기하였다.

71) Magnus, IPRax 1996, 147.

72) Vida, IPRax 1995, 263 f.

pretium certum 원칙에 충실하였던 프랑스의 최고법원은 헝가리 최고법원과는 다른 입장에서 Fauba v. Fujitsu 사건에 접근하였다. 이 사건에서 다른 쟁점들 외에 특히 "시장가격이 상승하거나 하락하는 경우에 다시 협상할 수 있다"라는 조항의 법적 평가가 문제되었다. 원심인 Cour d'appel은, 매매대금에 관한 재협상이 이루어지지 않았기 때문에 기존에 합의한 매매대금이 척도가 된다고 판시하였고, Cour de cassation도 이에 찬성하였다. 이 판결에서 어떠한 법적 근거로 이러한 판단을 하였는지는 명시하지 않았으나, 이는 사실 매우 흥미있는 문제이다. 왜냐하면 통일매매법에서 시장가격으로 매매대금을 정하는 것은 원칙적으로 허용되나, Code Civil에 대한 프랑스 법원의 해석에 의하면 시장지배적 지위 등으로 인하여 매도인의 영향력하에 놓여 있지 않은 경우에만 시장가격이 척도로서 허용되었기 때문이다. 학설은 이러한 결론에 이를 수 있었던 것은 유엔통일매매법 제14조 제1항이 적용되었기 때문이라고 해석하였다.[74] 그 뒤 Cour de cassation이 1995년 12월 1일 판결로 계속적인 공급계약에서 기존의 입장을 수정하여 매매계약의 성립요건으로서 매매대금의 확정성을 포기하였다.[75]

㈐ 오스트리아 최고법원의 입장

[친칠라 모피사건: Chinchilla furs fall: Fa. N. GmbH v. Fa. N. GesmbH & Co.][76]

오스트리아 매수인이 독일 모피상에게 "상당한 양의 중급 또

---

73) Cour de cassation, 4. 1. 1995, D. 1995, 289 ff. m. Anm. Claude Witz; 판결의 영어번역 Curran, 16 Journal of Law and Commerce (1997), 345. 기타 평석으로 Witz/Wolter, RIW 1995, S. 812 f.

74) Witz/Wolter, RIW 1995, S. 813.

75) 이에 대하여 자세한 것은 Krenz, Bestimmtheit des Preises und der Leistung bei Sukzessivlieferungsverträgen und ähnlichen Verträgen nach französischen Recht, RIW 1997, S. 201-206 참조.

는 고급 친칠라 모피"를 주문하였고 그 가격으로 모피당 35~65마르크를 제시하였다. 그 후 매도인은 아무런 연락 없이 249개의 모피를 배달하였고 매수인은 이를 이탈리아 모피상인에게 팔아서 매도인에게 2400마르크를 지급하였다. 매도인은 35~65마르크에 해당하는 품질의 모피를 공급하였으므로 66.740쉴링을 청구하였다.

친칠라 모피사건에서 오스트리아 최고법원은, 상당한 양의 중급 또는 고급 친칠라모피를 모피당 35~65마르크로 매매대금의 범위를 설정한 것은 제공된 모피의 품질에 따라 매매대금을 결정할 수 있는, 충분히 특정된 척도를 설정한 것으로 판단하였다. 따라서 유엔통일매매법 제14조의 확정성의 요건을 충족하였기 때문에 가격이 명시적 혹은 묵시적으로 확정되지 않은 경우에도 유엔통일매매법에 의하여 매매계약이 성립할 수 있는가의 문제는 판단할 필요가 없다고 하였다. 이에 반하여 본 사안에서 이미 계약당사자들이 구속되려는 의사가 충분히 표시되었기 때문에(매도인은 모피의 인도로, 매수인은 모피의 인수와 판매로) 매매대금이 확정될 필요가 없다는 견해가 제시되었다. 이에 따르면 매매대금의 확정성 또는 확정가능성은 비엔나 매매법의 성립요건이 아닌 것으로 된다.[77)]

4) 유엔통일매매법 제14조 제1항과 제55조의 의미

계약체결방식은 청약과 승낙에 의한 계약체결 외에 다양한 형태로 존재할 수 있고 계약의 성립을 판단할 때에는 합의만이 계약성립에 있어서 중요하다는 점 그리고 청약과 승낙에 의한 계약체결의 특이성으로 인하여 청약의 요건과 계약의 성립요건이

76) OGH, 10. 11. 1994 - 2 Ob 547/93, östJurBl 1995, S. 253 ff. m. Anm. Karollus. 기타 평석으로 Magnus, IPrax 1996, S. 145-148 참조.

77) Karollus, östJurBl 1995, 225.

본질적으로 같지만, 그 정도에 있어서는 달리질 수 있다는 점을 고려한다면[78] 다음과 같이 유엔통일매매법 제14조 제1항과 제55조의 의미를 재해석할 수 있다.

(가) 제14조 제1항과 제55조의 관계

제14조 제1항 제2문의 내용이 청약의 내용을 설명하고 있으나, 그렇다고 해서 이 규정에 의하여 요구되는 요건이 당연히 계약의 성립요건이 되는 것은 아니다.[79] 그러므로 우선 청약의 요건을 규정하고 있는 제14조 제1항이 계약의 성립요건을 규정하고 있는 제55조와 다른 내용을 규정하고 있다고 해서 법논리적으로 통설이 가정하고 있는 모순이 존재하지 않는다.

매매대금이 정함이 없는 경우에 이를 보충하는 규정이 제55조에 규정되어 있기 때문에 우선 매매대금이 확정되어야 한다는 pretium certum 원칙은 계약의 성립요건으로서 포기된다. 다만 매매대금의 확정을 제14조 제1항 제2문에서 청약의 구속력을 인정하기 위한 요건으로서 규정하고 있는 것은 청약자를 성급한 구속으로부터 보호하기 위함이다. 유엔통일매매법은 매매대금의 확정이라는 객관적 사실을 법적 구속의사를 인정할 수 있는 표준으로서 규정한 것이다. 그러나 유엔통일매매법에서 제55조의 보충규정을 두고 있는 한 제14조 제1항 제2문은 일방 당사자가 일방적으로 구속되지 않는 다른 계약체결 형태에는 적용되어서는 안 된다. 또한 계약당사자의 법적 구속의사가 명백히 표시된 경우에도 제14조 제1항이 상대화됨은 물론이다.[80]

---

78) 이에 관하여 자세한 것은 제1장 제2절 참조.

79) Roth/Kunz, RIW 1997, 19; Neumayer, FS Lorenz, 1991, S. 748, 751.

80) 여기서 주의할 것은 보충규범이 없는 매매목적물 또는 그 수량에 대하여 정함이 없는 때에는 아무리 계약당사자의 법적 구속의사가 표현되어 있어도 계약은 성립하지 않는다는 것이다.

(나) 제14조 제1항과 제55조의 적용범위

제14조 제1항이 전적으로 청약의 요건만을 정하고 제55조는 매매대금의 정함이 없는 경우에 그 보충방법을 규정하고 있다고 해석할 때 그 적용범위는 달라진다. 제14조 제1항에 우위를 두는 해석에 의하면 제55조가 적용될 수 있는 경우는 제6조에 의한 사적 자치에 의하여 제14조 제1항 제2문과 다른 내용을 합의하여 매매대금을 본질적 구성부분으로 하지 않기로 한 경우와 상거래관행이나 관습에 의하여 제14조 제1항이 배제되는 경우에만 가능하다고 한다. 그러나 제55조가 보충규정으로서 존재하는 한 매매대금은 이미 객관적 본질적 구성부분이 아니기 때문에 당사자 사이에 특별한 합의가 없어도 그 법적 구속의사만 확인되면 계약은 성립할 수 있다. 매매대금의 확정은 이미 법률에 의하여 절대적 계약성립요건이 아니므로 이를 상대화하는 계약당사자의 의사는 필요가 없는 것이다. 반대로 매매대금의 확정을 계약성립의 절대적 요건으로 설정하려고 하면 당사자의 의사가 필요하게 된다.

이에 반하여 당사자의 법적 구속의사는 계약의 이행을 통하여만 확인될 수 있기 때문에 계약의 이행전 상태를 제14조 제1항 제2문이 규정하고 있다면, 제55조는 양 계약당사자가 계약을 이행한 경우를 대상으로 하고 있다는 견해가 있다.[81] 이행을 하거나 이행을 수령한 자는 계약이 성립하였다는 사실을 부정하지 않거나 부정하더라도 그 부정하는 행위는 모순된 행위의 금지의 원칙(venire contra factum proprium)에 저촉되기 때문에 그 자는 권리남용으로 그 계약에 구속되어야 한다는 것이다.[82] 그러나 계약의 이행자체뿐만 아니라, 다른 여러 사정들도 법적 구속의사를 판단하는 기준으로 작용할 수 있기 때문에 이 해석은 제55조의

81) Bucher, in: Mélanges Paul Piotet, S. 394 ff.

82) Bucher, in: Mélanges Paul Piotet, S. 395.

효용성을 너무 감소시키는 것으로 생각된다. 제55조는 매매대금이 확정되지 않았어도 양 계약당사자의 법적 구속의사가 표시된 경우에는 계약의 이행 전이라도 적용될 수 있다.

유엔통일매매법에서 매매대금의 확정 없이도 유효한 계약체결이 인정될 수 있는 경우는 다음과 같다: 1. 청약과 승낙에 의한 계약체결에 의한 방식이 아닌 다른 형태로 계약이 체결된 경우, 2. 청약과 승낙에 의한 계약체결방식에 의하더라도 (1) 청약자의 법적 구속의사가 확인될 수 있는 경우(통일매매법 제14조 제1항의 적용이 없다는 청약자의 명시적인 의사가 있는 경우, 청약자가 계약의 이행을 계시하거나 이행을 완료한 경우), (2) 제92조에 의하여 제14조 이하의 규정에는 가입을 하지 않고 국내법규정의 내용이 제14조 제1항과 다른 내용을 가지고 있는 경우, (3) 상거래관행 또는 관습에 의하여 제14조 제1항이 배제되는 경우.

제 3 절 주관적 본질적 구성부분의 합의

주관적 본질적 구성부분에 대한 합의가 이루어지지 않아서 불합의가 되는가의 여부가 특별히 문제되기 위해서는 최소한 객관적 본질적 구성부분에 관한 합의가 이루어졌어야 한다.[83] 객관적 본질적 구성부분에 관한 내용이 합의를 통하여 확정되어 있지 않으면 다른 법률효과의 검토와 상관없이 계약은 성립하지 않는다. 객관적 본질적 구성부분에 관한 합의가 이루어졌더라도 사적 자치의 원칙상 계약체결 당사자들은 부수적 구성부분에 대

83) Diederichsen, FS Hübner, S. 422.

한 합의가 이루어지지 않았음을 이유로 계약의 성립을 부정할 수 있다.[84] 그러기 위해서는 최소한 한 당사자가 해당 요소에 관한 합의를 계약성립의 조건으로 한다는 의사를 표시했어야 한다. 이 경우 해당 부수적 구성부분은 주관적 본질적 구성부분이 되어 그에 관한 합의가 없으면 계약의 성립을 부정할 수 있다.[85]

주관적 본질적 구성부분에 관한 합의가 이루어지지 않아서 이에 관한 규율내용이 존재하지 않은 경우에는 추가적으로 법률효과에 관한 해석이 필요하다. 부수적인 계약의 요소가 주관적 본질적 구성부분으로 된 것은 당사자의 의사가 있었기 때문이므로 사적 자치의 원칙상 당사자는 주관적 본질적 구성부분의 기능을 다시 빼앗을 수도 있다. 즉 계약당사자들은 계약협상과정, 계약체결과정 내지 계약이행단계에서 해당 요소에 대한 합의가 없더라도 더 이상 계약구속력에 영향이 미치지 않는다라는 의사를 다시 표시할 수 있다.[86] 따라서 주관적 본질적 구성부분에 관한 합의가 없는 경우에는 항상 의사표시의 해석을 통하여 계약당사자들에게 이 요소에 관한 합의를 계속하여 계약성립의 요건으로 유지하려고 하는 의사가 있는지를 확인해야 한다.

---

84) 이를 사적 자치의 표현으로 보는 것으로 Flume, Allgemeiner Teil des Bürgerlichen Rechts, II Band, §34/6 c (S. 628); Diederichsen, FS Hübner, S. 427.

85) 주관적 본질적 구성부분에 관한 합의가 없으면 계약은 나머지 부분으로는 계약의 성립요건을 모두 갖추고 있기 때문에 그 합의는 무효라고 보는 견해가 있다(Diederichsen, FS Hübner, S. 422 Fn. 4.). 주관적 구성부분이 되었다면 이 내용에 관한 합의가 계약 구속력의 요건으로 되었기 때문에 법률행위의 요건으로 볼 수 있는 법적 구속의사가 존재하지 않게 된다. 따라서 주관적 본질적 구성부분에 관한 합의가 없는 경우에도 계약은 성립하지 않은 것으로 보아야 한다.

86) 이와 동일한 시각으로 민법주해(XII)/지원림, 189면.

Ⅰ. 계약의 성립요소로 만드는 당사자의 의사

계약의 부수적 구성부분이 주관적 본질적 구성부분으로 되는 것은 계약당사자의 의사에 의해서이다. 이는 2가지 방법에 의해서 가능하다. 첫째, 판례가 인정한 바와 같이 명시적으로 해당 요소에 관한 합의를 계약성립의 조건으로 한다는 당사자의 의사에 의하여 주관적 본질적 구성부분이 될 수 있다.[87] 이 경우 해당 요소에 관한 합의가 없는 경우에는 계약에 구속력을 부여하지 않겠다는 당사자의 의사가 명백하다. 두 번째, 계약 당사자들이 해당 부수적 구성부분에 관한 내용을 임의규정과 다르게 정하려고 하였으나, 명시적으로 해당 부분에 관한 합의가 계약성립의 조건으로 되는지를 밝히지 않은 경우를 생각해 볼 수 있다.[88] 이 경우는 첫 번째 경우와 달리 당사자가 이에 대한 합의가 없는 경우에 계약에 구속력을 부정할지의 여부가 명확하게 표시되어 있지 않다. 따라서 독일 민법은 당사자가 일정한 사항에 관한 합의를 원하였으나 합의가 이루어지지 않은 경우에 당사자의 의사를 해석하기 위하여 제154조와 제155조에서 일정한 해석규정을 두고 있으나, 이와 같은 해석규정이 없는 우리 민법의 경우 이를 어떻게 해석해야 하는지가 문제된다. 우리 해석론은 청약과 승낙에 의한 계약체결의 경우 엄격한 해석방법을 적용하고 있다. 즉 객관적으로 중요한 요소가 아니더라도 청약의 내용이 된 이상 이와 다른 내용이 담긴 승낙의 의사표시가 있는 경우에는 일치하지 않은 부분이 아무리 경미한 부분이더라도 계약은 성립하지 않는 것으로 보고 있다.[89] 반면에 계약체결과정이 장기간의

87) 민법주해(XII)/지원림, 188면; 송덕수, "불합의," 고시연구 1990/1, 77면.

88) 송덕수, "합의와 불합의," 경찰대 논문집 제7집, 186면 및 193면.

89) 곽윤직, 채권각론, 신정(수정판), 2000, 47면.

협상을 통하여 이루어지고 계약내용이 점차 하나 하나씩 합의로 정해지는 사례에서는 독일 민법규정의 내용을 받아들여서 열린 불합의와 숨은 불합의로 사례군을 나누고 탄력적인 해석을 시도하는 견해도 있다.[90)]

해석의 대상이 되는 것은 한 계약요소에 관한 합의를 성립요건으로 하거나 적어도 합의할 필요가 있다는 양 당사자 또는 한 당사자의 의사표시이다. 물론 이와 같은 의사표시는 묵시적으로 행하여질 수 있다.[91)] 이 계약요소가 객관적으로 보았을 때 중요한지의 여부는 결정적이지 않다. 여기서 판단해야 하는 것은 계약협상과정에서 계약당사자들이 이 요소를 중요하게 취급하였고 이에 관한 합의를 요구하였는가이다.[92)]

II. 합의가 이루어지지 않은 부분의 확정

객관적 본질적 구성부분에서와 마찬가지로 불합의가 되기 위해서는 주관적 본질적 구성부분이 당사자의 합의로 규율되지 않아야 한다. 물론 당사자의 명시적인 의사표시의 내용이 불충분하거나 불명확하면 해석을 통하여 표면적인 합의의 하자가 제거될 수 있다. 그러나 이는 의사표시의 해석으로서 '보충해석'과는 엄격히 구분해야 한다.[93)] 왜냐하면 계약의 보충해석에서는 이미

90) 숨은 불합의에서 제137조를 유추적용하자는 견해(황적인, "불합의," 고시계 1980/9, 50면) 및 그 취지와 비슷한 해석을 할 수 있다는 견해(송덕수, "합의와 불합의," 경찰대 논문집 제7집, 209면)가 있다.

91) 민법주해(XII)/지원림, 188면; BGH NJW-RR, 1990, 1009(1011).

92) BGH LM Nr. 2 zu §154.

93) 계약체결을 목적으로 하는 개별적인 의사표시의 해석에서는 주관적인 요소도 고려할 수 있으나, 계약의 보충해석에서는 주관적 요소는 고려될 수 없고 단지 객관적인 표지와 계약목적만이 고려되어야 한다 (Larenz, Ergänzende Vertragsauslegung und dispositives Recht, NJW

유효한 계약이 전제되어 있으나, 의사표시의 해석은 이를 통해서 비로소 계약이 성립하였는지를 판단할 수 있기 때문이다. 따라서 합의가 존재하는지의 여부를 판단함에 있어서는 보충적 계약해석을 사용해서는 안 된다.[94)]

이와 같이 합의가 이루어지지 않아서 발생한 흠결과 계약흠결은 구분되어야 한다. 계약의 흠결은 계약의 당사자들이 완결된 내용의 합의를 하여 계약의 효력이 발생하였으나, 특정한 문제에 대한 내용을 규율하지 않는 경우에 존재하게 된다. 따라서 계약보충은 합의의 흠결시에 적용될 수 있는 방법이 아니다. 예컨대 법률규정 또는 상관습에 기하여 합의된 내용을 보충할 수 있는 가능성이 존재한다고 하여 주관적 본질적 구성부분에 관한 합의의 흠결이 제거될 수 있는 것은 아니다.[95)] 객관적 본질적 구성부분인지를 판단함에 있어서 법률상 보충규정이 존재한다는 사실은 해당 요소가 객관적 본질적 구성부분이 아니고, 따라서 그 요소에 관한 합의가 없어도 계약성립을 막지 못한다는 것을 의미한다. 그러나 주관적 본질적 구성부분에서는 해당 계약요소를 법률규정과 다르게 결정하려는 의사가 존재한다고 할 수 있다. 당사자의 의사가 법률규정의 적용을 막는다면 합의가 없는 부분을 보충규정을 통하여 규율하려고 해서는 안 된다.

반면에 보충될 수 없는 흠결이 합의된 내용에 존재한다고 하여 바로 계약이 성립하지 않는다고 보아야만 하는지가 문제된다. 이에 대하여 독일 판례는 당사자의 법적 구속의사가 존재하더라도 합의된 내용의 불충분으로 계약성립이 부정될 수 있다고

1963, 739).

94) Soergel/Wolf, Rdn. 23 zu §157; Diederichsen, FS Hübner, 1984, S. 421, 431; 다른 견해로 Enneccerus/Nipperdey, Allgemeiner Teil des Bürgerlichen Rechts, zweiter Halbband, 15. Aufl.(1960), §163 I (S. 1002 Fn. 2); E. Schmidt, Von der Privat- zur Sozialautonomie, JZ 1980, 158.

95) 송덕수, “불합의,” 고시연구 1990/1, 78면.

한다.[96] 독일 판례에서는 합의가 없는 계약내용이 보충가능한지의 여부를 기초로 해서 계약의 성립을 판단하는 것으로 보인다. 그렇다고 한다면 다시 객관적 본질적 구성부분과 주관적 본질적 구성부분의 구분문제에 이른다. 주관적 본질적 구성부분에서는 해당 부분에 대한 불합의가 존재하더라도 당사자의 법적 구속의사에 의하여 해당 부분의 합의 없이도 계약이 성립할 수 있는 가능성이 존재하나, 객관적 본질적 구성부분에서는 당사자의 법적 구속의사가 존재하더라도 이에 대한 합의가 없으면 계약은 성립할 수 없는 것이다.

III. 법률효과의 도출

1. 부분합의의 효력에 대한 법률효과 해석

해석을 통하여 객관적 본질적 구성부분에 대한 합의가 없다는 것이 확정되면 불합의의 요건은 바로 충족된다. 그에 반하여 주관적 본질적 구성부분에 대한 합의가 없는 경우에는 합의된 내용만으로 계약을 체결할 의사가 당사자에게 있는지를 추가적으로 해석해야 한다. 당사자의 의사에 의하여 본질적 구성부분이 되었으므로 계약당사자들이 그러한 의사를 계속 갖고 있는지를 확인할 필요가 있기 때문이다. 부분적인 합의가 이루어진 상태에서 그 내용에 대한 합의를 추가적으로 하지 않고 계약을 성립시킬 의사가 있는지의 여부는 계약협상과 계약이행시에 행하여진 당사자의 의사표시의 해석을 통하여 판단된다.[97]

계약당사자들이 합의되지 않은 계약요소가 있음에도 불구하

---

96) BGH NJW 1990, 1234(1235); NJW 1997, 2671(2672).

97) Vgl. Diederichsen, FS Hübner, S. 430.

고 부분적인 합의 내용을 구속력 있는 것으로 다루려고 할 때, 이는 해당 계약요소를 규율해야 할 사항에서 뺀다는 것을 반드시 의미하는 것은 아니다. 물론 추후에 명시적이든 묵시적이든 규율하려고 했던 계약요소를 합의목록에서 삭제할 수 있다. 그러나 합의할 필요성은 인정하지만 계약성립의 요건으로서의 지위를 빼앗을 수도 있다. 즉 계약협상과정에서 합의된 내용만으로 계약을 체결하고 나머지 사항은 추후의 합의에 맡기는 경우를 흔히 볼 수 있다. 그러나 이 경우에는 더 이상 이 요소에 대한 합의가 계약의 성립요건이 아니므로, 추후에 그 사항에 관한 합의가 이루어지지 못하더라도 계약의 구속력에는 영향을 미치지 못한다. 또한 계약체결시까지 해당 요소에 관한 합의가 반드시 필요하다는 의사를 표시하지 않으면 계약이 성립된 후 계약당사자에게 그 사항이 아무리 큰 중요성을 갖고 그에 관한 합의를 이루지 못하더라도 계약의 구속력에 영향을 미치지 못한다. 주관적 본질적 구성부분으로서의 기능을 다시 빼앗으면 이에 관한 합의가 없더라도 불합의가 존재하는 것이 아니라, 단지 계약상의 흠결이 존재할 뿐이므로 결국 계약의 구속력에는 영향을 미치지 않는다.[98] 이 때에는 계약의 보충해석을 통하여 흠결된 내용을 보충하면 된다.

2. 법적 구속의사에 의한 계약구속력의 발생

주관적 본질적인 구성부분에 관한 합의가 없더라도 구속력이 있는 계약을 체결할 수 있다. 물론 당사자의 의사에 의하여 주관적 본질적 구성부분의 성질을 소멸시키기 위해서는 당사자가 이에 관한 합의가 없다는 사실을 알고 이에 대한 합의가 없는 상태로 계약을 체결하겠다는 법적 구속의사가 표시되어야 한다.

---

98) Staudinger/Bork, Rn. 7 zu §155.

따라서 열린 불합의의 경우에만 법적 구속의사에 의하여 주관적 본질적 구성부분에 대한 합의가 없는 상태가 극복될 수 있다.

부분적인 합의가 이루어졌음에도 불구하고 계약을 체결하겠다는 법적 구속의사는 명시적으로 표시될 수 있다. 그러나 구체적인 사례에서 문제가 발생하는 것은 법적 구속의사가 명시적으로만 표시되지 않고 당사자가 행위한 정황을 통하여 당사자의 의사를 해석해야 하기 때문이다. 이 때 해석의 임무는 합의된 상태에서 계약을 체결하려는 의사가 있는지를 확정하는 것이다.[99] 계약협상의 과정, 의도된 계약의 경제적 배경 등을 기초로 법적 구속의사의 존부에 관하여 해석하게 된다. 법적 구속의사가 사실관계를 통하여 분명히 드러나야 하므로 가장 중요한 단서는 일부분에 대한 불합의에도 불구하고 계약의 이행을 시작하거나 완료하는 행위이다.[100] 즉 계약체결 당사자들이 계약의 주관적 본질적 구성부분에 관하여 합의가 없다는 사실을 알고 계약을 체결하였고 그럼에도 불구하고 계약을 이행하게 되면, 해당 계약내용에 관한 합의가 없더라도 계약의 구속력에 영향을 미치지 않는 것으로 당사자의 의사를 해석할 수 있다.

계약의 이행으로부터 당사자의 법적 구속의사를 추단할 수 있다는 원칙은 독일의 판례에서 도입되었다. 그러나 학설이 주장하는 바와 같이 모든 계약유형에서 인정된 것이 아니라,[101] 일부 계약유형으로 제한해서 인정하고 있는 것으로 보인다. 처음에는 고용계약과 조합(사원)계약 등에서 인정되었다가 계속적 계약관계로 확대되었다. 그리고 계약의 양 당사자가 서로 다른 약관을 사용하여 약관이 충돌하는 경우에는 특정 계약유형과 상관없이 계약이행이 법적 구속의사를 표현하는 것으로 판시하였다.[102]

---

99) Vgl. Münchkomm/Kramer, Rn. 7 zu §154.

100) LAG AP Nr. 1 zu §154 BGB.

101) 제한 없이 인정하는 견해로 Staudinger/Bork, Rn. 7 zu §154.

102) 약관의 충돌에 관하여 자세한 것은 275면 참조.

3. 신의칙에 기한 구속력의 발생

일부합의에도 불구하고 신의칙에 기하여 계약의 구속력이 인정되는 경우가 있다.[103] 예컨대 목공소사례[104]에서 독일 판례는 명시적인 불합의를 이유로 계약의 성립을 부정하려는 자가 상대방의 계약이행을 받아서 이미 이익을 얻고 있는 상태에서 오직 자신의 의무를 면하기 위한 목적으로 불합의를 주장하고 있었다. 또한 상대방은 합의가 안 된 부분에 대하여 불합의를 주장하는 자의 제안에도 찬성하고 있었다. 독일 판례는 이러한 사정하에서 계약의 구속력을 인정하여 양 급부의 완전한 이행을 강제하는 것만이 당사자의 이해관계에 적합한 결과를 가져올 수 있다고 판단하여 신의칙을 기초로 계약의 구속력을 인정하였다.[105]

그러나 객관적 본질적 구성부분에 대한 합의가 없으면 계약당사자는 언제든지 불합의를 주장할 수 있다. 왜냐하면 사적 자치는 신의칙에 우선하기 때문이다. 예컨대 매매대금에 관한 합의가 없다는 이유로 계약성립을 언제나 부정할 수 있으며 이 경우 신의칙에 기한 합의의제는 인정하지 않는 것이 타당하다.[106]

---

103) 독일 판례에서 신의칙에 기하여 계약구속력이 인정된 것은 열린 불합의의 경우이며 숨은 불합의인 경우에 인정될 수 있는가에 대하여 명시적인 판단을 하지 않았다[BGH WM 1958, 1414 (1416); WM 1965, 950 (952)]. 신의칙의 적용을 긍정하는 견해로 Canaris, Die Vertrauenshaftung im deutschen Privatrecht, 1971, S. 324.

104) Sägewerksfall — BGH LM Nr. 2 zu §154 BGB = MDR 1954, 217.

105) 이에 찬성하는 견해로 Canaris, Die Vertrauenshaftung im deutschen Privatrecht, S. 322; Flume, Allgemeiner Teil des Bürgerlichen Rechts, II Band, §34/6 e(S. 629); Münchkomm/Kramer, Rn. 7 zu §154.

106) 그러나 객관적 본질적 구성부분에 대한 불합의에도 불구하고 신의칙에 기한 구속력을 인정하는 견해로 Diederichsen, FS Jur. Gesellschaft zu Berlin, S. 91.

4. 체약강제에 기한 합의의제

합의되지 않은 부분이 존재하고 계약을 체결하겠다는 법적 구속의사가 당사자에게 실제로 없었음에도 불구하고 계약의 구속력이 합의의제를 통하여 예외적으로 인정될 수 있다. 즉 체약강제가 존재하는 경우에는 법적 구속의사가 당사자에게 없어도 계약의 구속력이 인정된다.[107] 독일 판례[108]에서는 체약강제가 존재하는 우유를 공급하는 축사농가와 우유생산업자 사이에 매매대금에 관한 합의가 이루어지지 않았다. 이에 대하여 독일 판례는 체약강제가 존재하는 공급자와 수요자 사이에는 계속적인 계약관계가 존재하고 이미 공급된 급부와 공급될 급부의 문제를 계약관계로 해결하는 것이 당사자의 이해관계에 전혀 맞지 않은 부당이득관계로 취급하는 것보다는 더 타당하다고 보았다.

5. 소　　결

합의를 통하여 계약이 성립하기 위한 필수적인 구성요소를 확정함에 있어서 본질과 비본질이라는 용어는 그 유래를 통하여 알 수 있듯이 객관적 계약의 요소를 확정하는 데 그 유용성이 아직 남아 있다. 그러나 비본질적 요소도 당사자의 의사를 통해서 계약이 구속력을 갖기 위한 필수적인 합의사항이 될 수 있으므로 본질과 비본질의 문제는 이제는 객관적인 법률의 해석뿐만 아니라, 당사자의 주관적인 의사의 해석을 통해서 구분되어야 한다. 그러나 계약개념의 성질 및 법률규정에 의하여 정하여진 객관적 본질적 요소와 당사자의 의사에 의하여 만들어진 주관적 본질적 요소는 그에 대한 합의가 없을 때 계약의 성립을 부정하는 근거가 다를 뿐만 아니라, 그 성질 또한 다르다.

---

107) 이에 관하여 자세한 것은 Bydlinski, Kontrahierungszwang und Anwendung allgemeinen Zivilrechts, JZ 1980, 380.

108) BGHZ 41, 271 = NJW 1964, 1617.

객관적 본질적 구성부분은 최소한 이 부분에 대한 합의가 있어야만, 어느 계약유형이 체결되었는지를 확정하고 의미 있는 계약의 모습을 갖추게 됨으로써 소송을 통하여 당사자들의 분쟁을 해결할 수 있는 기초가 마련된다. 따라서 객관적 본질적 구성부분에 대한 합의가 있어야만, 그 밖에 정하여지지 않은 계약내용을 합리적인 한도에서 임의규정의 적용 또는 보충해석을 통하여 규율할 수 있는 기초가 마련된다. 그러나 그 이전의 내용, 즉 객관적 본질적 구성부분에 대한 합의는 당사자에게 맡겨진 것이고 어떠한 방식에 의해서도 보충이 허용되어 계약성립을 강제해서는 안 된다. 이러한 의미에서 당사자들은 상대방 선택의 자유 및 계약내용 형성의 자유를 누리게 된다.

주관적 본질적 구성부분도 계약당사자들이 부수적인 계약의 요소에 대한 합의를 계약성립의 요건으로 할 수 있다는 점에서 사적 자치의 발현이다. 즉 당사자의 의사에 기하여 객관적으로 부수적인 요소도 계약의 필수적인 합의사항으로 할 수 있는 것이다. 다만 주관적 본질적 구성부분은 당사자의 의사에 기하여 중요한 합의사항이 되었으므로 언제든지 당사자들이 그러한 지위를 빼앗을 수 있고, 그러면 그 부분에 대한 합의가 없더라도 계약을 성립시킬 수 있다는 점에서 객관적 본질적 구성부분과 다르다. 사적 자치의 원칙상 당사자의 의사에 의하여 주관적 본질적 구성부분으로 만든 그 합의사항을 부수적인 부분으로 만들 수 있을 뿐만 아니라, 본래 부수적인 구성부분이었으므로 당사자가 합의를 보지 않더라도 임의규정의 적용 내지 계약의 보충해석을 통하여 합의가 없는 부분을 보충할 수 있는 가능성이 열려 있기 때문이다.

제 5 장 계약체결의 특수유형 —의사실현에 의한 계약체결—

우리 민법은 계약체결의 특수한 유형으로 의사실현에 의한 계약체결을 제532조에서 규정하고 있다. 그러나 현재 학계에는 의사실현으로 인한 계약체결에 관하여 논의가 부족한 상태이고[1] 제532조를 근거로 한 선례도 거의 없는 상태이다.[2] 따라서 이

---

1) 이에 관한 논문으로는 최광준, "의사실현에 의한 계약의 성립과 사실적 계약관계의 공통성," 법학연구 17집, 2004, 425-443면이 유일하며, 관련 사례연습으로는 백태승, "계약의 성립과 착오에 의한 의사실현의 취소," 고시계 1994/10, 289-297면; 송덕수, "의사실현에 의한 계약 성립 여부," 고시계 2003/1, 155-164면이 있다.

2) 예금계약의 성립시기와 관련된 판례들이 있으나, 이들은 제532조를 참조조문으로 들고 있을 뿐 명시적으로 의사실현에 의한 계약체결을 언급하고 있지 않다(이에 대하여 의사실현에 의한 계약체결에 관한 것이 아니라고 보는 입장도 있다[주석민법 채권각칙(1)/안춘수, 197면]). "예금계약은 예금자가 예금의 의사를 표시하면서 금융기관에 돈을 제공하고 금융기관이 그 의사에 따라 그 돈을 받아 확인을 하면 그로써 성립하며, 금융기관의 직원이 그 받은 돈을 금융기관에 실제로 입금하였는지 여부는 예금계약의 성립에는 아무런 영향을 미치지 아니한다"(대법원 2005.12.23. 선고 2003다30159 판결; 대법원 1996.1.26. 선고 95다26919 판결; 대법원 1984.8.14. 선고 84도1139 판결). "당좌수표금액에 관한 저축예금계약에 적용되는 은행 수신거래기본약관은 제5조 제1항 제2호에서 '거래처가 증권으로 입금하는 경우에는 은행이 그 증권을 교환에 돌려 부도반환 시한이 지나고 결제를 확인한 때'를 예금

장에서는 우선 제532조의 법문을 기초로 규정의 내용을 살펴보고, 다음으로 제532조의 입법취지를 기초로 하여 세부적인 요건을 도출한 후 승낙의사가 청약수령자에게 없는 상태에서 객관적으로 의사실현으로 볼 수 있는 행위가 있는 경우 계약의 성립여부에 대하여 살펴보려고 한다.

제 1 절 의사실현에 의한 계약성립(제532조)

Ⅰ. 제532조의 법문

제532조는 [의사실현에 의한 계약성립]이라는 표제 아래 "청약자의 의사표시나 관습에 의하여 승낙의 통지가 필요하지 아니한 경우에는 계약은 승낙의 의사표시로 인정되는 사실이 있는 때에 성립한다"라고 규정하고 있다. 우리 민법은 본 규정을 통하여 계약이 성립하기 위해서 "승낙의 통지가 필요하지 않다"고 소극적으로 규정하고, 더 나아가서 계약이 성립하기 위해서는 "승낙의 의사표시로 인정되는 사실"이 필요하다고 적극적으로 규정

이 되는 시기로 규정하고 있는바, 이는 다른 점포에서 지급될 당좌수표 등 증권으로 예입하는 경우에는 이를 교환에 돌려 지급지 점포에서 액면금을 추심하여 그 결제를 확인한 때에 예금계약이 체결된 것으로 본다는 의미이지, 지급지 점포에서 당해 증권이 정상적으로 추심되었는지 또는 부도처리되어 추심이 이루어지지 않았는지 여부에 관계없이 추심을 의뢰한 점포에 부도반환 시한까지 부도통지가 없으면 무조건 예금계약이 성립된 것으로 본다는 취지라고는 볼 수 없다"(대법원 1996.9.20. 선고 96다1610 판결; 대법원 1995.6.16. 선고 95다9754, 95다9761 판결).

하고 있다.

1. "승낙의 의사표시로 인정되는 사실"이라는 적극적인 형태의 규정형식

비교법적으로 보았을 때 우리 민법은 의사실현에 의한 계약체결이 인정되기 위해서 '승낙의 의사표시로 인정되는 사실'을 요구함으로써 적극적으로 계약이 성립하기 위한 요건을 규정하고 있다.[3] 그에 반하여 독일 민법 제151조는 소극적인 형태로 규정되어 있다.[4] 독일에서는 우리 민법과 다르게 '승낙의 의사표시로 인정되는 사실'이라는 적극적인 계약성립의 요소가 규정되어 있지 않기 때문에 계약을 체결하려는 청약수령자의 의사만 있으면 되고 외부로 드러나는 행위는 전혀 필요 없다는 입장을 취하는 것도 가능하다.[5] 그러나 우리 민법상으로는 외부로 드러나는 승낙의 의사표시로 인정되는 사실이 있어야 하므로 청약수령자가 단순히 승낙의 의사를 갖는 것만으로는 계약이 성립할 수 없을 것이다.[6]

---

3) 동일하게 적극적인 규정형태를 띠고 있는 것으로 오스트리아 민법 제864조와 유엔통일매매법 제18조 제3항이 있다.

4) 즉 "관습에 의하여 승낙의 의사표시가 기대되지 않거나 청약자가 승낙의 의사표시의 통지가 필요하지 않다고 한 경우에 청약자에 대하여 승낙이 통지되지 않더라도 청약에 대한 승낙으로 계약은 성립한다"라고 규정되어 있다. 독일 민법에 의하더라도 청약에 대한 승낙으로 계약이 성립하고 있음은 의문의 여지가 없으나, 승낙이 어떠한 모습을 띠어야 계약이 성립하고 승낙의 법적 성질이 무엇인지, 즉 의사표시인지 아니면 의사실현행위인지에 관하여 학설이 대립하고 있다(자세한 내용은 아래 제2절 Ⅰ. 참조).

5) 이러한 입장으로 Flume, Allgemeiner Teil: Das Rechtsgeschäft, S. 655. 그러나 이러한 입장에 대하여 비판적인 견해가 독일의 다수설이다(특히 Brehmer, Die Annahme nach §151 BGB, JuS 1994, 387 참조).

6) 김형배, 채권각론[계약법], 110면. 이에 따라 청약수령자가 승낙의 의

다만 승낙으로 인정되는 사실만 있으면 계약이 성립하는지 아니면, 이 때 청약수령자에게 승낙의 의사도 있어야 하는지는 우리 민법하에서도 문제될 수 있다. 즉 이 문제는 의사실현과 의사표시라는 개념표지를 갖고 전개되고 있으며, 이는 제532조에 의한 승낙이 의사표시(Willenserklärung)인지 아니면, 이와 별도로 구분해야 하는 의사실현(Willensbetätigung, Willensgeschäft)에 해당되는지의 문제와 연관되어 있는 것으로 논의되고 있다.

2. "승낙의 통지가 필요하지 않다"는 소극적인 형태의 규정형식

제532조의 법문상으로 "통지가 필요하지 않다"라고 규정되어 있는데, 우리 문헌 중에는 법문대로 통지가 필요하지 않은 것으로 보는 입장[7]도 있지만, 제532조의 규정이 도달을 면해주는 것으로 보는 입장[8]도 있다. 독일 학설 중 독일민법 제151조의 승낙을 의사실현으로 보는 견해는 의사표시와 의사실현의 다른 점을 의사표시의 통지목적(Kundmachungszweck)이 없다는 점에서 찾거나,[9] 의사표시의 방향성이 없어도 된다는 점에서 찾는다.[10] 이러한 독일의 논의는 결국 우리나라의 논의와 거의 같다고 생각되는데, 같은 이야기를 서로 다른 측면에서 부각시키고 있을 뿐이다.

격지자 사이에서는 승낙의 의사표시는 발송으로 바로 그 효

사를 갖고 있었다 하더라도 청약수령자의 단순한 침묵만으로는 계약이 성립하지 못한다고 한다(이은영, 채권각론, 95면).

7) 김주수, 채권각론, 제2판(1997), 77면.

8) 민법주해(XII)/지원림, 218면; 주석민법 채권각칙(1)/안춘수, 197면; 최광준, "의사실현에 의한 계약의 성립과 사실적 계약관계의 공통성," 법학연구 17집, 426면.

9) Larenz, Allgemeiner Teil des deutschen Bürgerlichen Rechts, §28 I (S. 530).

10) Medicus, Allgemeiner Teil des BGB, Rn. 382.

력을 발생하지만(제531조), 다른 상대방 있는 의사표시와 마찬가지로 상대방에게 도달해야만 완전한 효력을 발생한다(제111조 제1항). 이와 같이 상대방 있는 의사표시는 의사표시의 통지와 도달이 필요하다. 그에 반하여 상대방 없는 의사표시에서는 의사표시의 통지로 바로 의사표시의 효력이 발생한다.[11] 상대방 있는 의사표시와 상대방 없는 의사표시 모두 통지가 필요하지만, 그 의미가 다르다고 할 수 있다. 상대방 없는 의사표시에서는 표의자가 자신의 의사를 종국적으로 표시하는 행위를 하면 그것으로 의사표시가 효력을 발생한다. 그에 반하여 상대방 있는 의사표시에서는 상대방이 의사표시를 수령해야만 의사표시가 효력을 발생하므로 표의자가 자신의 의사를 외부로 종국적으로 표시하는 것 이외에도 상대방에게 해당 의사표시가 도달되도록 하기 위한 행위를 해야 한다.[12]

그런데 제532조의 승낙은 청약자라는 상대방이 존재하지만 그 효력이 발생하기 위해서는 상대방 없는 의사표시의 요건만 갖추면 된다. 즉 의사표시가 방향성 없이 종국적으로 외부로 표시되면 되므로 상대방에게 도달하기 위한 통지목적을 갖지 않아

11) 곽윤직, 민법총칙, 247면.

12) Larenz/Wolf, Allgemeiner Teil des Bürgerlichen Recht, §24 (Rn. 4). 예컨대 특정한 자를 대상으로 하지 않고 불특정 다수인을 상대방으로 하는 현상광고행위는 상대방 없는 의사표시이므로 의사표시가 종국적으로 표시되면 효력을 발생하므로 현상광고전단을 붙이는 것으로 효력을 발생한다. 그에 반하여 상대방 있는 의사표시에서는 다음과 같이 구분해서 살펴보면, 첫째 대화자 사이에서 구두에 의한 의사표시는 상대방이 의사표시를 들을 수 있도록(요지할 수 있도록) 상대방을 향하여 말한 경우에 통지가 인정된다. 둘째, 대화자 사이에 서면에 의하여 의사표시를 하는 경우에는 서면이 작성되었을 때가 아니라, 서면을 상대방에게 인도한 경우에 통지를 한 것으로 볼 수 있다. 셋째, 격지자 사이에서 서면에 의한 의사표시를 하는 경우도 서면을 작성하고 상대방에게 도달하기 위한 모든 과정을 완료한 때 통지가 인정된다.

도 되는 것이다. 우리 민법이 '승낙의 통지'가 필요하지 않다고 한 의미는 상대방에 대한 통지가 필요 없어서 결국 승낙이 상대방에게 도달하지 않아도 승낙의 효력이 발생할 수 있음을 뜻한다고 볼 수 있다. 그러나 외부에 승낙의사를 표시하는 종국적인 행위가 필요하다는 측면에서의 (상대방 없는 의사표시에서 말하는) '통지'는 필요한 것이다.

II. 제532조의 규정취지: 청약자와 승낙자의 신속한 계약체결의 이해관계

우리 문헌에서는 제532조가 청약자를 보호하고, 계약의 성립에 관한 당사자의 다툼을 피하기 위하여 둔 규정이라고 설명하고 있다.[13] 그런데 제532조가 청약자보호의 효과만을 가져오는 것은 아니고 일정한 측면에서는 청약자에게 불이익한 결과를 초래할 수 있다. 왜냐하면 승낙의 의사표시를 통지할 필요가 없기 때문에 청약자는 계약이 의사실현에 의하여 성립되었음에도 불구하고 계약이 체결되었는지의 여부를 모르고 일정한 기간 동안 불명확한 상태에 있어야 하기 때문이다. 또한 의사실현행위가 있었음을 청약자가 입증하지 못하여 계약성립을 주장하지 못하는 경우도 발생할 수 있다.

오히려 의사실현에 의한 계약체결에 관한 규정의 규정목적은 거래절차를 단순화하고 신속히 한다는 데에 있다고 한다.[14] 예컨대 주문을 하지 않은 물건을 전송받은 경우에 승낙의 의사

13) 곽윤직, 채권각론, 55면; 이은영, 채권각론, 94면.

14) 독일의 다수설의 입장으로서 Bydlinski, Probleme des Vertragsabschlusses ohne Annahmeerklärung, JuS 1988, 37; Repgen, Abschied von der Willensbetätigung, AcP 200(2000), 540. 주로 청약자의 이익을 우선시하는 입장으로 Flume, Allgemeiner Teil: Das Rechtsgeschäft, S. 657.

표시가 상대방에게 도달하지 않더라도 곧바로 계약이 체결된 상황에서 물건을 사용할 수 있고 이 시점에서 청약자도 매매대금 청구권을 취득할 수 있다는 것이다. 또한 의사표시가 도달하기 위한 과정은 종종 비용과 시간이 필요한 조치를 요하기 때문에 간단하고 신속한 거래를 필요로 하는 경우에는 장애가 될 수 있다. 예컨대 급히 필요한 물건을 Fax로 주문한 경우에 청약수령자는 계약이 체결되지 않은 상태에서 물건을 보내지 않으려고 할 테고 청약자는 되도록 물건을 빨리 받으려고 할 것이다. 이 경우에 승낙의 의사표시를 별도로 전송하지 않고도 계약의 성립을 인정할 수 있으므로 의사실현에 의한 계약체결은 계약체결의 신속을 가져온다는 것이다. 또한 자판기의 사용에 있어서 계약체결을 목적으로 하는 의사표시가 상대방에게 인식되어야만 한다면 거래절차가 매우 번거로울 것이다. 양 계약당사자 모두 계약체결이 가능한 빠르고 간단하게 이루어질 것을 필요로 한 경우가 있을 것이다. 즉 청약자와 청약의 의사표시를 수령하여 승낙을 하게 된 자 모두 큰 비용을 들이지 않고 빠르게 계약이 성립되는데 이해관계가 있을 수 있다.

계약성립시점을 승낙의 도달시로 보는 독일민법하에서는 이와 같은 주장이 당연하다고 할 수 있는데, 격지자 사이의 계약체결에서 승낙의 통지를 발송한 때에 계약이 성립하는 것으로 하고 있는(제531조), 우리 민법에서도 이와 같은 거래절차의 신속이라는 것이 의미가 있는지는 검토될 필요가 있다고 생각된다. 첫째, 설혹 제531조에서 발송시를 계약의 성립시점으로 보더라도 승낙의 의사표시가 효력을 발생하기 위해서는 승낙의 의사표시가 청약자에게 도달해야 한다. 그러나 제532조의 의사실현에 의한 계약체결에서는 승낙의 의사표시가 도달할 필요가 없으므로 당사자들은 의사실현이 있는 때 계약이 확실하게 성립하였다는 명확성을 갖고 계약을 이행할 수 있다. 특히 이는 송부매매에서의 위험부담문제와 관련하여 생각해 보면 잘 이해될 수 있는데,[15] 예컨대 甲이 신속한 배달을 요청하여 개별적인 승낙의 통지 없이 乙이 물품을 보내는 경우 제532조에 의한 계약성립을 인정하지 않는다면, 물품이 甲에게 도달해야만 계약이 성립하므로 물품이 발송 후 도달 전 멸실되었다면 그 위험은 乙이 부담해야 한다. 그러나 제532조에 의한 계약성립을 인정하면 물품의 발송으로 계약은 성립하고, 급부목적물의 특정으로 급부위험과 반대급부위험 등이 모두 甲에게 이전하여 乙은 물품이 멸실되더라도 甲에게 매매대금을 청구할 수 있게 된다. 둘째, 실제로 이행행위와 의사실현행위가 일치하지 않을 수 있으므로 제532조는 계약의 성립시점을 앞당기는 의미도 갖는다고 생각된다. 즉 승낙의 의사표시를 하기 위해서는 청약수령자가 청약자에 대한 확정적 의사표시를 해야 하는데, 이행의 준비단계에 있는 경우에는 아직 이와 같은 승낙의 의사표시가 청약자에게 행하여지기 전에도 계약의 성립을 인정하게 된다. 결국 우리 민법도 그 정도의 차이는 있지만, 거래절차를 단순화하고 신속히 한다는 점에 제532조의 규정목적이 있다고 할 수 있다.[16]

---

15) 이러한 지적으로 Flume, Allgemeiner Teil: Das Rechtsgeschäft, §35 Ⅱ. 3.(S. 657); Brehmer, JuS 1994, 387.

16) 이와 같이 제532조의 제도적 취지를 논의하는 이유는 어떠한 규정목적을 갖는 것으로 보느냐에 따라 제도를 해석하는 방향도 달라질 수 있다고 생각되기 때문이다. 즉 청약자의 이익을 위한 규정인가 아니면 청약수령자의 이익도 고려해야 하는 규정인가에 따라 규정해석이 달라질 수 있다고 생각된다. 그런데 의사실현에 의한 계약성립은 청약자는 물론, 청약수령자의 이익을 위하여 존재하는 제도라고 보아야 한다. 이는 제532조의 요건해석에 있어서 그리고 청약수령자의 의사 없이 계약이 체결된 경우에 어떠한 시각으로 해석론을 전개할 것인지를 다르게 볼 수 있는 기초가 된다.

III. 의사실현에 의한 계약성립을 위한 제532조의 요건

1. 승낙의 통지가 필요하지 않기 위한 요건

승낙의 통지가 필요하지 않기 위해서는 승낙의 통지가 필요하지 않다는 청약자의 의사표시 또는 관습이 있어야 한다. 양 경우를 명백히 구분하기 어려운 경우가 많을 수 있는데, 왜냐하면 승낙의 통지가 필요하지 않다는 청약자의 의사표시는 명시적으로는 물론 묵시적으로도 행하여질 수 있는데, 이 때 관습이 의사표시를 해석하는 수단으로 활용되기 때문이다.[17]

(1) 청약자가 승낙의 통지를 필요로 하지 않는다는 뜻을 표시하였을 것

승낙의 통지를 필요로 하지 않는다는 의사표시가 있어야 한다.[18] 그러나 승낙의 통지가 필요하지 않다는 청약자의 의사표시에 대하여 청약수령자의 승낙은 필요하지 않다.[19] 청약자의 의사

---

17) 이은영, 채권각론, 95면; 민법주해(XII)/지원림, 221면; Medicus, Allgemeiner Teil des BGB, Rn. 383. 그래도 구분필요성을 인정하는 견해로 Staudinger/Bork, Rn. 5 zu §151.

18) 우리 민법은 명시적으로 의사표시라는 표현을 사용하고 있어 그 법적 성질에 관한 논의는 없는 것으로 보이나, 독일에서는 그 법적 성질을 준법률행위로 보는 견해도 있다(Soergel/Wolf, Rn. 21 zu §151). 청약자의 의사를 통하여 이와 같은 법률효과가 발생하기 때문에 법적 성질을 의사표시로 보는 것이 타당하다(Staudinger/Bork, Rn. 5 zu §151; Erman/Armbrüster, Rn. 4 zu §151).

19) 그런데 이와 같이 청약자가 일방적 의사표시에 의하여 계약체결방식을 바꿀 수 있음에 따라, 청약수령자가 계약체결방식이 바뀌었다는 사실을 모르고 승낙에 해당하는 행위를 할 수 있다. 그에 따라 청약수령자의 행위를 너무 쉽게 승낙으로 인정하게 되는 위험으로부터 청약수령자를 어떻게 보호할 것인지가 문제된다. 그러나 이러한 청약수

표시는 반드시 명시적이어야 하는 것은 아니며 묵시적으로도 가능하다.[20] 그렇지만 제532조에 기하여 계약이 성립하면 청약자는 승낙이 되었는지를 알지 못하는 불확정적인 상태에서 일정한 기간 동안 있어야 하므로 통지의 포기의사를 너무 쉽게 인정해서는 안 된다. 중요한 의미를 갖는 법률행위에서는 통지의 포기의사가 없는 방향으로 해석하는 것이 원칙이고 아주 특별한 사정이 있는 경우에만 포기의사를 인정해야 할 것이다.[21]

현재 우리 나라에 제532조와 관련하여 판례가 축적되어 있지 않은 관계로 묵시적 포기의사가 인정되거나 인정되지 않을 수 있는 유형을 독일의 판례와 독일 문헌을 기초로 정리하면 다음과 같다. 묵시적 포기의사가 인정될 수 있는 것은 i) 청약자가 즉각적인 이행을 원하는 경우,[22] ii) 이른바 현실청약으로서 매각할 목적으로 청약과 함께 상품을 송부하는 경우,[23] iii) 당사자들이 계속적 거래관계가 있어 통상 청약에 대한 승낙의 통지를 필요로 하지 않는다고 해석되는 경우,[24] iv) 청약수령자에게

령자의 이해관계를 이 요건의 해석에서는 반영할 수 없고 청약수령자의 행위를 해석함에 있어서 정당한 해결을 도모할 수밖에 없다(동일한 관점으로 Staudinger/Bork, Rn. 5 zu §151).

20) 곽윤직, 채권각론, 55면; 이은영, 채권각론, 95면; 김상용, 채권각론 60면; 김형배, 채권각론[계약법], 111면.

21) Münchkomm/Kramer, Rn. 48 zu §151; Staudinger/Bork, Rn. 11 zu §151.

22) Staudinger/Bork, Rn. 11 zu §151. [예] 계약에 기초한 행위의 즉각적인 실행을 원하는 경우(RGZ 103, 312[313]; 84, 320[323]), 가격이 심하게 변동하는 물건을 신속히 배달할 것을 청구한 경우(RGZ 102, 370[372]).

23) 곽윤직, 채권각론, 55면; 김상용, 채권각론, 60면; 김주수, 채권각론, 79면; Staudinger/Bork, Rn. 11 zu §151.

24) 김주수, 채권각론, 77면; Staudinger/Bork, Rn. 11 zu §151. [예] 미리 서점과 신간서적을 모두 송부해 준 다음 그 중에서 원하는 것만을 구입하도록 약속한 경우 송부되어 온 책을 읽거나 그 책에 이름을

전적으로 이익만 있는 청약의 경우[25] 등이다. 또한 청약자가 자신이 아닌 제3자에 대한 승낙의 의사표시도 승낙으로 인정하는 것으로 청약의 의사표시가 해석되는 경우에도 포기의사가 있는 것으로 해석될 수 있다.[26] 그에 반하여 묵시적 포기의사를 인정하지 않는 것은 i) 청약자가 계약서의 서명 후 반송을 원하는 경우,[27] ii) 청약에서 명시적으로 '청약'이라는 표현을 사용하여 명시적인 승낙의 의사표시가 필요하다는 의사가 표시된 것으로 보이는 경우[28] 등이다.

(2) 거래에 관하여 승낙의 통지를 필요로 하지 않는 관습이 있을 것

청약자의 특별한 의사표시가 없더라도 거래상 일반적으로 승낙의 통지를 필요로 하지 않는 관습이 있으면, 그러한 관습이 있다는 사실만으로 의사실현에 의한 계약의 성립이 인정된다. 이와 같은 관습이 존재하는지의 여부는 구체적인 사안에서 판단해야 한다.[29] 이 때 체결된 계약과 비슷한 유형의 계약에서 유사한 사정하에서 청약자에 대한 승낙의 의사표시를 필요로 하지 않는다는 관습이 존재하는지를 검토해야 한다.[30]

관습은 의료에 관한 계약이나 여행 중의 숙박계약 등과 같이, 계약의 성질상 긴급을 요하는 경우에 있는 수가 많다고 한

적어 넣는 경우(김형배, 채권각론[계약법], 111면; 민법주해(XII)/지원림, 220면).

25) Staudinger/Bork, Rn. 13 zu §151. [예] 은행으로부터 대출을 받는 채무자의 보증을 위하여 보증인이 보증계약서류를 은행에 송부하고 은행에서 이 서류를 접수하는 경우.

26) RG 129, 109(113); Erman/Armbrüster, Rn. 4 zu §151.

27) BGH NJW 1999, 1328(1329).

28) BGH NJW 1999, 2179.

29) 이 때 청약자의 지방의 관습에 의해야 한다는 견해가 있다[김주수, 채권각론, 77면; 민법주해(XII)/지원림, 221면].

30) Staudinger/Bork, Rn. 6 zu §151; Erman/Armbrüster, Rn. 3 zu §151.

다.[31] 청약수령자에게 이익만 있는 청약의 경우에도 이익을 얻는 자의 승낙의 의사표시를 필요로 하지 않는 관습이 있을 수 있다.[32]

2. 승낙의 의사표시로 인정되는 사실

의사실현행위가 승낙으로 인정되기 위해서는 객관적 요건으로 '승낙의 의사표시로 인정되는 사실'이 있어야 한다. 이와 같은 승낙의 의사표시로 인정되는 사실로부터 청약수령자에게 승낙의 의사가 있다는 사실을 추단할 수 있어야 한다.[33] 즉 명시적 승낙의 의사표시가 필요하지 않으며 청약수령자의 행위를 통하여 승낙의 의사가 해석을 통하여 추단될 수 있으면 된다.[34]

1904년 Werner Wedemeyer[35] 이후에는 독일에서는 의사실현행위를 '이행행위(Erfüllungshandlung)'와 '소비(취득)(Aneignungshandlung) 내지 이용행위(Gebrauchshandlung)'로 구분하고 있다.[36] 우리 문헌도 독일의 영향을 받아 의사실현의 모습을 크게 이행행위와 소비 또는 이용행위의 두 가지로 나누고 있다.[37]

---

31) 곽윤직, 채권각론, 56면; 민법주해(XII)/지원림, 221면.

32) 이러한 논리에 따라 독일 판례는 다양한 경우에 그러한 관습을 인정하고 있다. Abtretung(BGH NJW 2000, 276[277]), Erlaßverträge(BGH WM 1984, 243), Schuldanerkenntnisse(BGH ZIP 2000, 972), Schuldmitübernahmen(BGH NJW-RR 1994, 280[281]), Bürgschaften(BGH NJW 1997, 2233), Garantieverträge(BGHZ 104, 82[85]).

33) Staudinger/Bork, Rn. 15 zu §151.

34) 이은영, 채권각론, 95면.

35) Werner Wedemeyer, Der Abschluss eines obligatorischen Vertrages durch Erfüllungs- und Aneignungshandlung, 1904.

36) Manigk, Das rechtswirksame Verhalten, S. 370 ff.; Larenz/Wolf, Allgemeiner Teil des Bürgerlichen Recht, §30 Rn. 7 ff.

37) 이은영, 채권각론, 95면; 최광준, "의사실현에 의한 계약의 성립과 사실적 계약관계의 공통성," 법학연구 17집, 427면.

(1) 이행행위를 통한 승낙

이행행위를 통한 승낙은 청약의 내용대로 이행을 하거나 최소한 이행에 착수하는 모든 행위를 포괄한다.[38] 이행행위를 통하여 급부결과가 실현될 필요는 없으나, 계약내용에 적합하게 이행되어야 한다. 이행의 전단계에 해당하는 이행의 준비행위를 의사실현행위로 볼 수 있는지에 관하여 견해가 대립하고 있다. 준비행위에 불과한 경우는 의사실현에 해당하지 않는다는 견해도 있고,[39] 그에 반하여 채무이행을 위한 준비행위도 포함된다는 견해도 있다.[40] 일률적으로 볼 것이 아니라, 준비행위를 승낙의 의사를 표현한 것으로 볼 수 있다면 이 경우에도 의사실현에 의한 계약체결을 인정해야 할 것이다.[41]

예컨대 통신판매의 경우 물건을 주문받은 후 물건을 분리하고 송부하는 것으로 이행행위에 의한 의사실현행위가 있다.[42] 제532

38) Larenz/Wolf, Allgemeiner Teil des Bürgerlichen Recht, §30 Rn. 9; Münchkomm/Kramer, Rn. 53 zu §151.

39) 최광준, "의사실현에 의한 계약의 성립과 사실적 계약관계의 공통성," 법학연구 17집, 427면.

40) 곽윤직, 채권각론, 56면; 김형배, 채권각론, 111면; 김주수, 채권각론, 78면. 이들 견해가 예로 들고 있는 것은 주문을 장부에 기입하는 행위, 호텔이 손님으로부터 청약을 받고 특정한 방을 정하여 청소하는 행위.

41) 비슷한 입장으로 지원림, 민법강의, [5-43].

42) 이은영, 채권각론, 95면; 곽윤직, 채권각론, 56면; Larenz/Wolf, Allgemeiner Teil des Bürgerlichen Recht, §30 Rn. 10. 이러한 경우에는 제532조가 적용될 필요 없이, 물건의 도착으로 승낙의 의사표시가 청약자에게 도달하기 때문에 통상의 승낙의 의사표시에 의하여 계약이 성립하는 것으로 볼 수 있다고 하는 지적이 있다(지원림, 민법강의, [5-43]; Staudinger/Bork, Rn. 17 zu §151). 물건이 도착하면 상관이 없으나, 도착하지 못하는 것을 예정하면 제532조가 적용되는 것으로 보아야 한다. 호텔예약을 하는 사례를 이행행위를 통한 승낙의 예로 드는 경우가 많으나(민법주해(XII)/지원림, 220면; Medicus, Allgemeiner Teil des BGB, Rn. 382; Münchkomm/Kramer, Rn. 54 zu §151), 통신수단의 발

조의 의사실현에 의한 계약체결을 인정하기 위하여 그 이전의 행위를 이행행위로 보려고 하면, 예컨대 창고에서 물건을 송부하기 위하여 분리하는 것을 생각할 수 있는데, 이 행위를 통하여 객관적으로 승낙의 의사가 충분히 표출되었다고 보기는 어렵다.[43]

(2) 소비 또는 이용행위를 통한 승낙

소비 및 이용행위는 특히 청약을 통하여 수령한 물품 등을 소비 또는 이용하는 행위를 말한다. 그런데 이와 같은 소비 내지 이용행위가 승낙의 의사를 나타내기 위해서는, 청약의 내용을 통하여 계약이 성립된 이후에만 소비 내지 이용행위를 할 수 있다는 청약자의 의사가 청약수령자에게 정당하게 드러났어야 한다.[44]

예컨대 청약자에 의하여 전송된 물건을 바로 사용하거나 처분을 하는 경우이다.[45] 승낙의사가 존재하는 사정으로 자주 등장하는 것이 청약수령자에게 객관적으로 오직 이익만 가져다주는 청약, 예컨대 보증증서, 채권양도증서를 반대의사표시 없이 수령하고 받아들이는 경우이다. 또한 양도하겠다고 제공된 채권을 소구하는 경우에도 승낙의 의사가 있는 것으로 볼 수 있다.

달로 거래관행이 바뀐 것으로 보아야 한다. 왜냐하면 현재는 예약을 전화, 전자우편 등으로 확인하여 주는 것이 관례가 되어 의사실현에 의한 계약성립이 일어나는 경우는 거의 없다고 할 수 있다(이와 같은 적절한 지적으로 Larenz/Wolf, Allgemeiner Teil des Bürgerlichen Recht, §30 Rn. 10; 최광준, "의사실현에 의한 계약의 성립과 사실적 계약관계의 공통성," 법학연구 17집, 435면).

43) RGZ 102, 370(372); Staudinger/Bork, Rn. 17 zu §151; Münchkomm/Kramer, Rn. 50 Fn 230 zu §151; Flume, Allgemeiner Teil: Das Rechtsgeschäft, §35 Fn. 67.

44) Larenz/Wolf, Allgemeiner Teil des Bürgerlichen Recht, §30 Rn. 11.

45) 곽윤직, 채권각론, 56면; 김주수, 채권각론, 77면; 김상용, 채권각론, 60면; 김형배, 채권각론[계약법], 110면; 이은영, 채권각론, 95면.

IV. 의사실현에 의하여 성립된 계약의 내용

의사실현행위도 그 자체로 일정한 내용을 가질 수 있고, 이러한 내용이 청약의 내용과 중요부분에서 일치해야 계약이 성립할 수 있다.[46] 예컨대 주문한 물건과 다른 물건을 송부하는 경우에는 청약과 승낙의 내용이 일치하지 않으므로 계약이 성립할 수 없다. 그러나 승낙으로서의 의사실현행위는 그 자체로 내용을 갖지 않고 청약에 대한 단순한 동의에 해당하는 경우가 대부분일 것이다. 이러한 경우 의사실현행위는 청약자의 청약과 연관되어 행하여졌다는 것을 고려하여,[47] 의사실현에 의한 승낙을 청약의 내용대로 계약을 체결하겠다는 것으로 해석해야 한다. 그에 따라 의사실현행위를 통하여 체결된 계약의 내용도 청약자의 청약내용에 의하여 정해지는 것이 일반적이다.

V. 환지계획의견서 사건(대법원 2003.5.13. 선고, 2000다45273 판결)과 그 의미

1. 의사실현에 의한 계약체결을 적용한 첫 대법원 판결 사안과 요지

[환지계획의견서 사건] 대법원 2003.5.13. 선고, 2000다45273 판결

피고들은 제주시 연동 2038의 1 전 1,931㎡와 같은 동 2046의 3 전 936㎡에 관하여 5분의 1씩 지분을 소유하는 공

46) Larenz, Allgemeiner Teil des deutschen Bürgerlichen Rechts, §28 I (S. 532).

47) 이와 같은 의사실현행위와 청약자의 청약의 연관성을 지적하는 문헌으로 Brehmer, JuS 1994, 387.

유자들로서, 1989.4.20.경 위 토지들 중 도로에 해당하는 840㎡를 제외한 나머지 부분의 지상에 건축하는 이 사건 오피스텔을 원고 및 선정자들(이하 '원고 등'이라 한다)에게 각 호실별로 분양하였는데, 위 토지들은 1989.5.16. 합병되었다가 같은 날 다시 이 사건 오피스텔이 건축된 부분인 제주시 연동 2038의 1 전 2,027㎡(이하 '분할 후 제1토지'라고 한다)와 도로분인 같은 동 2038의 4 전 840㎡(이하 '분할 후 제2토지'라고 한다)로 분할되었다. 1990.7.경 이 사건 오피스텔이 완공된 뒤 7.12. 위 오피스텔 건물에 관하여 피고들이 5분의 1 지분씩 소유권보존등기를 마치고, 이어서 원고 등 앞으로 각 분양받은 오피스텔 호실에 관하여 분할 후 제1토지를 대지권의 목적으로 하는 구분소유권이전등기를 마쳤다. 한편 건설부는 1990.5.1.경 분할 후 제1, 2토지를 포함한 일대에 관하여 토지구획정리계획결정을 하였고, 이에 따라 제주시는 1991.10.22. 신제주 제3지구 토지구획정리사업을 인가한 뒤, 그 무렵 분할 후 제1토지에 대한 환지예정지를 제3지구 16블럭 6롯트 1,412.55㎡로, 분할 후 제2토지에 대한 환지예정지를 16블럭 31롯트 564㎡로 지정하는 내용을 포함한 환지계획을 공고하였다. 그런데 위 정리사업이 진행되던 1993.3. 초순 원고 등에게 분할 후 제1토지에 관하여 약 8억 원의 환지청산금이 부과될 것이라는 말이 나돌자, 이 사건 건물의 관리소장과 입주자대표회의 대표인 원고는 제주시 담당 공무원인 오영복에게 "원고 등과 피고들 사이에 피고들이 분할 후 제2토지에 대하여 환지예정지 대신 그 대금을 교부받아 원고 등에게 부과될 환지청산금을 상쇄하는 방향으로 협의가 진행되고 있다"면서 "피고들이 위 토지에 대하여 환지예정지 대신 청산금을 교부받기를 바란다"는 내용의 환지계획의견서 양식을 작성해 줄 것을 요청하였고, 이에 오영복은 "피고들이 제주시 연동 2038-1 오피스텔 부지의 환지청산금을 해결하기 위하여, 위 토지(제주시 연동 2038-4)에 대하여 환지예정지를 받지 않고 그 대금을 금전으로 청산하여 환지청산금과 상쇄되기를 원하오니, 환지계획을 변경하여 주시기 바란다"라고 기재된 환지계획의견서 양식 5장을 작성해 주었다. 원고 등은 1993.3.3. 각 피고에게 "분할 후 제2토지의 대토를 포기하는 반면, 이를 원고 등에게 부과될 환지청산금과 상쇄토록 적극 협력하여, 이후 어떠한 경우라도 원고 등에게 환지청산금이 부과되지 않도록 책임지고 처리하여 주기 바란다"라는 내용의 통보서에 위 환지계획의견서 양식을 첨부하여 우편으로 보냈고, 이에 피고들은 같은 해 4.28. 위 환지계획의견서 양식 말미에 서명·날인을 하여 이를 제주시에 각 제출하였다. 그 후 제주시는 1996.11.19. 분할 후 제1토지에 대한 환지대상 토지를 당초 환지예정지보다 480.35㎡ 증가한 제주시 연동 2324의 5 대지 1,892.9㎡로 확정함과 아울러, 그 환지청산금으로 원고 등으로부터 합계 504,535,600원을 징수하고, 분할 후 제2토지에 대하여 환지 대신 환지청산금으로 피고들에게 합계 463,259,900원을 교부하기로 하는 내용을 포함한 환지처분 공고를 하였고, 1997.1.8.경 원고 등에게 각 환지청산금으로 원심판결문 별지 제2채권목록 기재 각 금원을 전액 또는 분할하여 납부할 것을 각 통보하였다.

대법원은 다음과 같은 이유로 원심의 판단이 수긍하기 어렵다고 보고 원심판결을 파기하고 사건을 원심법원으로 환송하였다.

(1) 청약은 그에 대한 승낙에 의하여 곧바로 계약의 성립에 필요한 의사합치에 이를 수 있을 정도로 내용적으로 확정되어 있거나 해석에 의하여 확정될 수 있어야 할 것인바, 이 사건에서 원고 등이 각 피고들에게 보낸 통지서 및 이에 첨부된 환지계획의견서 양식에 나타난 원고 등의 피고들에 대한 요구 내용은, 피고들이 분할 후 제2토지에 대하여 환지 대신 환지청산금을 교부받아 그 금원으로 원고 등에게 부과될 분할 후 제1토지에 대한 환지청산금을 처리하여 달라는 것으로서, 이는 분할 후 제2토지에 대하여 환지 대신 환지청산금이 교부되는 것을 조건으로 하

여 피고들이 교부받는 환지청산금 상당을 원고 등이 부과받을 환지청산금 범위 내에서 지급하여 달라는 의사표시이고, 당시 환지청산금의 구체적인 금액은 정하여지지 않았지만 그 대상 토지가 특정된 이상 장래 환지처분 공고시 그 금액은 자연히 확정될 수 있는 것이어서 원고 등이 피고들에게 보낸 통지서에 나타난 위 의사표시는 상대방의 승낙이 있으면 곧바로 의사의 합치에 이를 수 있는 정도로 내용적으로 확정될 수 있는 청약에 해당한다고 보아야 할 것이다.

(2) 한편, 피고들은 원고 등이 보낸 위 통지서를 받고 원고 등이 요청한 대로 그에 첨부된 위 환지계획의견서 양식 말미에 각 서명·날인하여 이를 제주시에 제출하였고, 당시 원고 등은 피고들이 제주시에 위 환지계획의견서를 제출하기만 하면 원고 등이 원하는 대로의 합의가 성립되는 것으로 생각하였을 뿐 굳이 별도로 승낙의 통지를 기대하였다고 보이지 않으므로, 피고들이 제주시에 위 환지계획의견서를 제출한 행위는 민법 제532조에 따라 승낙의 의사표시로 인정될 수 있는 사실에 해당한다.

(3) 따라서 원고 등과 피고들 사이에서는 결과적으로 분할 후 제2토지에 대하여 피고들이 각 교부받을 각 환지청산금 상당의 금액을 분할 후 제1토지에 대하여 원고 등이 각 부과받을 각 환지청산금의 범위 내에서 비율에 따라 각 지급하기로 하는 의사의 합치가 있었다고 해석하여야 할 것이다.

(4) 그럼에도 불구하고, 원심은 원고 등의 청약이나 피고들의 승낙을 인정할 수 없다는 이유로 당사자들 사이에 어떤 약정도 성립하지 않았다고 판단하였으니, 거기에는 원고 등과 피고들 사이에서의 합의에 관하여 심리를 다하지 않은 등의 위법이 있다고 할 것이다. 이 점을 지적하는 상고이유의 주장은 이유 있다.

2. 판결의 분석

(1) 문제의 제기

본 판결 사안에서 원고는, 피고들이 원고 등으로부터 통보서 및 환지계획의견서 양식을 송부받은 후 제주시에 환지계획의견서를 제출하였다는 사실만으로 원고 등과 피고들 사이에 "환지청산금이 교부되는 것을 조건으로 하여 피고들이 교부받는 환지청산금 상당을 원고 등이 부과받을 환지청산금 범위 내에서 지급하는 것을 목적으로 하는 약정이 성립하였거나, 원고 등의 제주시에 대한 환지청산금 납부의무 또는 그 이행을 인수하기로 하는 약정(환지청산금 계약)이 성립하였다"고 주장하고 그 지급을 청구였다.[48)] 이와 같은 환지청산금 계약이 성립하기 위해서는 원고의 통보서 및 환지계획의견서 양식의 송부가 청약이 되어야 하고 피고들의 환지계획의견서의 제출이 승낙으로 인정될 수 있어야 한다. 원심은 각각 청약이나 승낙으로 보지 않은 데 반하여, 대법원은 청약과 승낙이 있다고 보아 계약의 성립을 인정하였다.

계약을 체결함에 있어서 당사자들은 계약의 내용을 형성하고 그 내용에 법적 효력을 부여하게 된다. 청약과 승낙에 의한 계약체결방식의 가장 큰 특징은 이러한 임무를 청약자와 승낙자가 나누어서 맡는다는 점에 있다. 즉, 청약자는 내용을 형성하는 지위에 서게 되고 반면에 승낙자는 계약에 법적 효력을 부여할 것인지를 선택하는 지위에 있다.[49)] 본 판결에서도 청약자가 계약

---

48) 사실관계에서는 드러나 있지 않으나, 도시계획과 관련된 문헌(전연규 외, 도시개발법과 뉴타운사업 해설, 한국도시개발연구포럼, 2004, 512면; 지원림, 민법학강의, [5-42])에서는 본 판결의 사실관계로 토지구획정리사업의 시행으로 인하여 당초 오피스텔 부지로 예정되어 있던 토지의 일부에 대한 소유권을 이전받지 못한 수분양자들이 분양자에게 미이전 토지에 관한 대토를 포기하고 수분양자들에게 부과될 환지청산금과 상계되도록 처리해 달라는 내용이 전제되어 있다.

49) 청약과 승낙에 의한 계약체결 외의 정형화된 계약형태로 인정되고 있

이 성립할 수 있을 정도로 확정적으로 계약의 내용을 청약의 내용으로 모두 담았는지가 문제되었고, 또한 승낙자도 계약에 법적 효력을 부여하는 승낙으로 볼 수 있는 행위를 한 것이었는지가 문제되었다. 대법원은 환지청산금의 구체적인 금액이 정하여지지 않았지만, 그 대상 토지가 확정된 이상 장래 환지처분 공고시 금액은 자연히 확정될 수 있으므로 내용이 확정될 수 있을 정도가 되었다고 보아 원고의 통보서 및 환지계획의견서의 송부를 청약으로 인정하였다. 청약의 확정 내지 확정가능성에 관한 판례는 자주 등장하고 있으며 이 부분은, 확정가능성이 존재했느냐 하는 사실판단에 있어서 어려움이 있을지 모르겠지만,[50] 이론적으로

는 계약체결방식은 작성된 계약문안에 공동으로 동의하는 형태이다(이에 관하여 자세한 것은 이병준, "대상을 갖는 합의개념," 사회변동과 사법질서[김형배교수 정년퇴임기념논문집, 2000, 16면 이하 참조; Leenen, Abschuß, Zustandekommen und Wirksamkeit des Vertrages, AcP 188 (1988), 395 f.]. 이 형태에서는 계약의 당사자 모두 계약의 내용을 형성하고 법적 효력을 같이 부여한다.

50) 본 판결에서 환지청산금 계약의 본질적 구성부분인 환지청산금의 구체적인 금액이 청약으로 볼 수 있는 통보서 및 환지계획의견서 양식에 정하여져 있지 않았기 때문에 그 확정 내지 확정가능성이 존재하는지가 문제되었다. 도시개발법에 의하면 환지처분의 법정진행절차는 ① 환지 예정지지정(동법 제34조) ② 환지확정측량 ③ 공사완료(동법 제39조 제3항) ④ 공사완료 공람(동법 제39조, 동 시행령 제54조) ⑤ 의견서 접수 및 조치(동법 제39조 제2항) ⑥ 준공검사(시행자→지정권자)(동법 제39조 제3항) ⑦ 공사완료 공고 ⑧ 환지처분(동법 제39조 제4항, 제5항, 동 시행령 제55조)의 순으로 진행된다(전연규 외, 도시개발법과 뉴타운사업 해설, 551면 이하 참조). 도시개발구역 안의 토지소유자 또는 이해관계인은 위 공람기간 내에 시행자에게 의견서를 제출할 수 있으며, 그 의견서의 제출을 받은 시행자는 공사결과와 실시계약내용과의 적합여부를 확인하여 필요한 조치를 하여야 한다. 따라서 본 사안에서 환지계획의견서가 제출되어서 시행자인 제주시에서 이를 받아들인 경우에는 환지 대신 환지청산금이 교부될 수 있고, 이 청산금은 환지처분 공고일의 다음 날에 확정된다(법 제41조 제6항). 여기서 '확정된다'는 의미는 청산금액뿐만 아니고 그 청산금을 징수할

크게 문제될 것이 없다고 생각된다.[51)]

그에 반하여 대법원에서 피고들이 제주시에 환지계획의견서를 제출한 행위를 '제532조에 의한 승낙의 의사표시로 인정될 수 있는 사실'로 보아서 계약의 성립을 인정한 것에 관하여는 자세한 검토가 요구된다. 본 판결에서 대법원은 제532조에 관한 이론적 근거 제시 없이 사실관계의 해석을 통하여 바로 제532조에 의한 계약성립을 인정하고 있다. 그런데 본 판결에서 첫째, 의사실현에 의한 계약성립이 인정되기 위해서는 승낙의 통지를 포기하는 관습 또는 청약자의 의사표시가 있었어야 하는데, 묵시적인 승낙통지 포기의 의사표시를 어떠한 경우에 인정할 수 있는지가 문제된다. 둘째, 승낙의 의사표시로 인정될 수 있는 사실, 즉 의사실현행위가 인정되기 위해서는 이행행위가 있어야 하는데, 본 판결에서와 같이 제3자에게 한 이행의 준비행위 내지 이행을 위한 조건을 충족시키기 위한 행위도 의사실현행위로 볼 수 있는지가 검토되어야 한다.

(2) 제532조의 요건과 성립된 계약의 내용

피고들이 환지계획의견서를 제주시에 제출한 행위가 의사실현에 해당하여 제532조에 기한 계약성립이 인정되기 위해서는

권리, 청구할 권리, 납부하여야 할 의무, 교부하여야 할 의무까지도 의미하는 것으로 환지처분 공고일의 다음날 관리자 또는 의무자로 정하여진다는 것이다. 그러나 '확정된다'는 의미는 청산금에 대하여 불복이 있는 자의 소원 등의 쟁송수단까지를 금하는 것이 아니다. 환지처분이 재판상 확정판결에 의하여 취소 또는 변경될 경우, 환지처분 중 청산금처분만이 취소 또는 변경되는 경우도 있다(전연규 외, 도시개발법과 뉴타운사업 해설, 569면). 따라서 대법원이 "대상토지가 특정된 이상 장래 환지처분 공고시 그 금액은 자연히 확정될 수 있는 것이어서 … 내용적으로 확정될 수 있는 청약에 해당한다"고 판단한 것은 타당하다.

51) 따라서 이 쟁점에 관하여 자세한 논의는 하지 않기로 한다.

일정한 요건이 충족되어야 한다.

1) **승낙의 통지가 필요하지 않기 위한 요건**

본 판결 사안에서는 환지청산금 계약이 흔하게 체결되는 계약유형이 아니므로 승낙통지의 포기가 인정될 수 있는 관습이 형성되었으리라는 것은 기대하기도 힘들겠지만, 관습의 존재가 확인되지 않았다. 따라서 승낙통지 포기의 의사표시가 있어야 하는데, 명시적인 승낙통지의 포기가 없었으므로 묵시적인 승낙통지의 포기가 있었어야 한다. 대법원은 "원고 등은 피고들이 제주시에 위 환지계획의견서를 제출하기만 하면 원고 등이 원하는 대로의 합의가 성립하는 것으로 생각하였을 뿐 굳이 별도로 승낙의 통지를 기대하였다고 보이지 않으므로"라고 하여 의사표시의 해석을 통하여 승낙통지의 포기가 있는 것으로 확정을 짓고 있다. 본 판결에서 어떠한 표지를 근거로 이러한 결론에 이르렀는지는 나와 있지 않다.

묵시적인 통지의 포기가 있다고 인정될 수 있는 사정을 생각해 본다면 우선, 청약수령자의 이익만 있는 내용의 계약의 체결을 목적으로 하는 경우이다. 본 판결에서 피고들은 원고에게 제2토지의 소유권을 이전할 의무를 부담하고 있으나, 환지처분으로 소유권이전이 불가능하게 되면 그 대상물인 제2토지의 환지 내지 청산금을 원고 등에게 이전할 의무까지는 인정할 수 있다. 그렇다고 하여 원고 등에게 부과되는 환지청산금을 지급할 의무를 피고가 당연히 인수할 필요가 없으므로 환지청산금 계약이 피고들에게 전적으로 유리한 계약이라고 볼 수는 없다. 그 다음으로 제3자에 대한 승낙의 의사표시로 승낙을 인정하려는 사정이 있었다고 볼 수 있는 가능성은 존재한다고 생각된다. 왜냐하면 원고가 통보서와 함께 환지계획의견서 양식을 보냈기 때문에 피고의 환지계획의견서 양식의 제출을 승낙의 의사표시로 볼 수 있었기 때문이다. 또한 본 사안에서는 즉각적인 이행을 원하였는지를 검토해 볼 필요가 있다. 사안에서 잘 나와 있지 않기 때문에 절차상 여유가 어느 정도 있었는지는 불분명하지만, 환지계획의견서를 제출할 수 있는 기한이 촉박하였다고 한다면, 즉각적인 이행을 원한 것으로 해석하여 묵시적인 통지의 포기를 인정할 수 있었을 것이다.

2) 승낙의 의사표시로 인정되는 사실

의사실현, 즉 승낙의 의사표시로 인정되는 사실은 통상 이행행위와 소비 또는 이용행위를 통하여 나타난다고 하는데, 환지계획의견서 제출은 환지청산금 계약의 이행행위로 보기 어렵고 환지청산금 계약의 조건을 충족시키기 위한 준비행위에 불과하다. 그렇지만 준비행위라고 하더라도 승낙의 의사표시를 추단할 수 있는 사정이 있다고 한다면 충분히 의사실현행위로서 인정될 수 있다. 그런데 대법원은 특별한 논거의 제시 없이 바로 의사실현행위로 보고 있어서 어떠한 사정에 기초하여 이러한 해석을 했는지는 알 수가 없다.

그런데 원심이 승낙의 의사표시로 볼 수 없다고 부정한 논거를 살펴보면 첫째, 피고가 한 환지계획의견서의 제출은 제주시에 대한 의사표시이고 원고 등에 대한 의사표시가 아니므로 승낙의 의사표시가 될 수 없다고 보았다. 그러나 제532조의 의사실현에 의한 계약체결을 인정하면 바로 청약자인 원고 등에 대한 의사표시가 필요하지 않게 됨에 따라 이 논거는 타당하지 않게 된다. 둘째, 원심은 다양한 사정을 기초로 해서 피고들은 원고 등을 진정시키고 사후에 원고 등에게 환지청산금이 부과되면 원고들과 협의하여 이를 해결할 의도하에 환지계획의견서를 작성하여 제출하였으므로 승낙으로 볼 수 있는 구속력 있는 약정을 한다는 확정적 의사, 즉 승낙의사가 없었다고 한다. 그러나 의사실현행위가 있었는지는 해석을 통하여 확정되므로 피고들에게 승낙의사가 없었다고 하더라도 환지계획의견서를 제출하였다면 원고 등의 요구에 응하는 승낙의 의사표시로 인정될 수 있는 사실에 해당한다고 해석할 수는 있다. 왜냐하면 의사실현행위는 청약수령자의 주관적 의사에 의한 자연적 해석에 의해서가 아니라, 객관적 제3자의 입장에 의한 규범적 해석에 의하여 그 의미・내용이 확정되기 때문이다. 그런데 본 사안에서 청약의 내용을 담고 있는 통보서와 함께 보낸 환지계획의견서에 서명한 후 이를 제주시에 제출하였다면, 객관적 제3자의 입장에서는 피고들이 승낙하려는 의사가 있다고 해석할 수도 있다고 생각된다. 그러나 피고들 자신도 원고 등의 이해관계와 상관없이 환지를 대신하여 청산금으로 받으려는 생각을 가질 수 있다. 이 때 원고 등이 환지계획의견서를 작성하여 보낸 상황에서 피고의 환지계획의견서 제출행위가 원고 등의 청약에 대한 승낙으로 해석되지 않기 위해서는 피고가 별도의 환지계획의견서를 작성하여 제출하거나, 원고 등이 보낸 환지계획의견서를 제출할 때 승낙의사가 없다는 사실을 별도로 밝혀서 법적 구속의사를 유보하는 행위를 취했어야 했다.

3) 의사실현에 의하여 성립된 계약의 내용

본 사안에서 환지계획 의견서를 제출한 행위도 단순한 동의에 의한 승낙으로 해석되므로 환지청산금 계약내용은 원고의 청약의 내용에 의하여 결정된다고 보아야 한다. 원고의 청약내용은 통보서에 담겨져 있는데, 이는 두 가지 내용으로 구성되어 있다. 첫째, 제2토지에서 나오는 청산금으로 원고 등에게 부과될 환지청산금과 상쇄토록 협력해 달라는 것과 둘째, 원고 등에게 환지청산금이 부과되지 않도록 책임져 달라는 것이다. 따라서 이 내용을 모두 포괄한다면 원고 등의 제주시에 대한 환지청산금 납부의무 또는 이행을 피고가 인수하기로 하는 약정이 성립하였고, 그 이행의 일부는 피고들이 교부받는 환지청산금으로 지급하는 내용의 환지청산금 계약이 성립한 것으로 볼 수 있다.

(3) 본 판결의 의미와 요약

본 판결은 대법원에서 제532조를 명시적으로 언급하여 의사실현에 의한 계약성립을 인정한 첫 판결에 해당한다. 대법원은 직관적으로 당사자들의 행위를 해석하고 있으나, 결론에 있어서는 수긍할 수 있다고 평가된다. 다만 결론에 이르게 된 이론적 근거를 제시하지 않아서 대법원의 입장을 반영하여 결론에 이르게 된 이론적 근거의 제시가 필요하였다. 본 판결은 다음의 세 가지 점에서 의미를 갖는다.

첫째, 계약체결이 긴급성이 있거나, 제3자에 대한 의사표시를 통하여 계약이 성립될 수 있음이 전제되어 있는 경우 묵시적인 승낙통지의 포기를 하는 청약자의 의사표시를 인정할 수 있다.

둘째, 계약의 조건을 충족시키기 위한 준비행위도, 그것이 제3자에 대한 기속력 없는 공법행위이더라도, 그 행위를 통하여 계약을 체결하겠다는 청약수령자의 의사가 드러난 경우 의사실현행위를 인정할 수 있다.

셋째, 의사실현행위의 해석은 청약수령자의 주관적 의사를 기초로 하는 자연적 해석에 의하는 것이 아니라, 규범적 해석에 의하여야 한다.

제 2 절 제532조에 의한 승낙과 청약수령자의 의사

제532조는 의사실현행위로 볼 수 있는 사실이라는 객관적인 요건만 규정하고 있고 승낙자의 주관적 의사가 요건인지에 관하여 명문의 규정이 없다. 그런데 외형상으로는 의사실현에 해당하는 행위가 있지만, 승낙자에게 승낙의 의사가 존재하지 않는 경우에도 의사실현에 의한 계약체결을 인정할 것인지가 문제된다.

이와 같이 승낙을 할 의사 없이 청약수령자가 의사실현으로 볼 수 있는 행위를 한 경우에도 제532조에 의한 계약성립을 인정할 것인지, 인정할 수 있다면 승낙의사가 없는 청약수령자를 어떻게 보호할 수 있는지가 검토되어야 할 것이다.[52]

Ⅰ. 우리 학설상의 논의

우리 민법 제532조가 "승낙의 의사표시로 인정되는 사실"이라는 표현을 사용하고 있다고 해서 의사실현행위가 사실행위라고 보는 입장은 거의 없는 것으로 보인다.[53] 사실행위로 본다면 청약수령자의 의사를 고려할 필요가 없으나, 사실행위가 아니라고 본 이상 청약수령자의 의사를 고려하는 입장이 대부분이다. 오히려 의사실현이 의사표시에 해당하는지 아니면 의사표시와 구분되어야 할 개념으로 보아야 하는지와 연관되어 논의가 진행되고 있고 어떠한 형태로 청약수령자의 의사를 고려할 것인지가 문제되고 있다.

종래의 다수견해는 의사실현을 의사표시와 구분해서 보려고 하였다. 이 견해에 따르면 제532조의 의사실현은 "의사표시와 같이 일정한 효과의사를 외부에 표시할 목적으로 행하여진 것으로 볼 수는 없는 행위이지만, 그러나 그것으로부터 일정한 효과의사

52) 승낙의사가 없이 의사실현행위를 한 경우는 의사표시의 주관적 구성요소 중 표시의사 내지 표시인식이 없는 경우와 같다. 즉 승낙의사 없이 의사실현행위를 하는 청약수령자는 자신이 법률적으로 의미 있는 행위, 즉 자신의 행위가 승낙의 의사표시에 해당한다는 사실을 인식하지 못하거나 의욕하지 않은 상태에서 의사실현행위를 한 경우에 해당한다. 표시인식이 의사표시의 구성요소인가라는 논의와 대비하여 이하의 논의를 살펴보면 흥미로울 것이다.

53) 사실행위라는 표현을 사용하고 있는 문헌도 있으나(이은영, 채권각론, 96면), 순수한 사실행위로 보고 있는 것 같지 않다.

를 추단할 수 있는 행위를 가리키는 것이다. 바꾸어 말하면, 효과의사를 외부에 표시하는 것이, 보통의 의사표시에 있어서와 같이 효과의사의 구체화라고 할 수 있는 표시행위에 의한 것이 아니고, 그 자체가 표시행위라고 할 수 없는 행위에 의하여 효과의사의 존재를 추단할 수 있는 경우에, 의사실현이 있게 되는 것이다. 그러므로 의사실현에는 승낙의 의사표시를 표시하는 통지는 없으나, 승낙의 의사가 있음을 추단할 만한 행위가 있기 때문에 계약이 성립한다는 의미에서, 의사실현에 의한 계약의 성립이 인정되는 것이다"라고 하여 의사실현과 의사표시를 개념적으로 구분하고 있다.[54] 다만 이 견해에 의하더라도 승낙의 의사 없이 의사실현행위를 청약수령자가 하였다면 계약은 성립하나, 의사표시에 관한 규정이 유추적용될 수 있으므로 착오에 관한 규정에 의하여 취소할 수 있다고 한다.[55]

의사실현행위는 묵시적 의사표시와 다르지 않다는 점에서 의사표시에 해당한다고 보는 견해가 최근에 점차 늘어나고 있다.[56] 이 견해는 의사실현행위가 의사표시에 해당하므로 의사표시에 관한 이론이 그대로 적용될 수 있다고 본다. 따라서 이 견해에 따르더라도 승낙의 의사 없이 청약수령자가 의사실현행위를 하였다면 착오를 이유로 취소할 수 있을 것이다.[57] 그러므로 의사실현행위를 의사표시와 구분하든 안 하든 승낙의사가 청약수령자에게 없는 경우에는 동일한 결론에 이르고 있다.

그런데 학설 중에는 의사실현을 묵시적 의사표시 내지 추단

---

54) 곽윤직, 채권각론, 55면; 이은영, 채권각론, 94면.

55) 곽윤직, 채권각론, 56면; 이은영, 채권각론, 96면; 민법주해(XII)/지원림, 222면. 한편 행위의사조차 없는 것으로 추단되면 그것은 반사적 행위로 계약의 효력을 발생시킬 수 없다고 하는 견해도 있다(이은영, 채권각론, 96면).

56) 민법주해(XII)/지원림, 219면; 주석민법 채권각칙(1)/안춘수, 196면 이하.

57) 민법주해(XII)/지원림, 222면.

적 의사표시로 보면서 청약수령자가 승낙의 의사표시를 할 생각이 전혀 없었음을 증명하면 계약은 성립하지 않는다고 해석하는 견해가 있다.[58] 이 입장은 특별한 논거를 제시하고 있지 않은데, 뒤에서 살펴보는 독일의 판례와 다수설을 기초로 하고 있는 것으로 보인다.

II. 독일 판례와 학설

독일에서는 1985년 연방법원 판결에서 의사실현에 승낙의사가 필요하다고 한 후 이에 관한 논쟁이 다양하게 진행되고 있다. 그리고 의사실현과 의사표시를 구분하느냐에 따라 승낙의사 없이 의사실현이 이루어진 경우의 법률효과를 다르게 취급하고 있다.

1. 독일의 판례

1985년의 판결 전까지 독일 판례는 "의사실현"이라는 표현을 배제한 채 법문에 충실한 표현을 되풀이하고 있었다. 이 "의사실현"이라는 표현은 1913년의 제국법원 판결을 기초로 하고 있다: "계약이 성립하기 위해서는 종국적인 승낙의사를 표시(통지)하는 피고의 명백한 행위만 있으면 되며, 그 행위가 원고에 대하여 행하여질 필요도 없으며 일단 원고에게 알려질 필요도 없다."[59] 그 이후의 판결에서도 "의사실현"이라는 표현은 찾아볼 수 없었으나, 1985년 판결[60]에서 처음으로 독일민법 제151조의

58) 김형배, 채권각론[계약법], 112면. 이 경우 청약자가 입은 손해에 대해서는 불법행위책임(제750조), 부당이득의 반환책임(제741조) 또는 점유자의 회복자에 대한 책임(제202조)을 기초로 수령자는 손해를 배상해야 한다고 한다.

59) RGZ 84, 320(323).

60) BGH NJW-RR 1986, 414-416.

승낙을 "의사실현"이라고 표현하였고, 그 후 판결들은 계속 이 용어를 사용하고 있다.

[계산수표의 교부를 통한 채무면제청약 사건]

이 판결은 강제집행절차에서 계산수표(Verrechnungsscheck)[61]의 교부를 통한 채무면제청약(Abfindungsangebot)에 승낙이 있었는지가 문제되었다. 이 소송에서 피고인 채권자가 원고인 채무자에 대하여 약 157,000DM를 넘는 채권에 대한 강제집행을 하고 있었는데, 원고가 피고에게 단 한번의 10,000DM의 지급으로 만족을 하라는 편지를 보냈다. 원고는 "피고가 자신의 제안에 동의하는 것으로 생각한다"고 쓰고 10,000DM에 해당하는 계산수표를 같이 보냈다. 수표는 계산목적으로 위의 편지를 지칭하였다. 피고는 수표로부터 지급을 받았으나, 강제집행절차를 계속하였다. 강제집행소송에서 원고는 강제집행행위의 부당성을 주장하면서 그 근거로 피고가 수표를 지급받음으로써 채무면제청약에 대하여 동의를 한 것이라고 보아야 한다고 주장하였다. 지방법원은 원고의 주장을 인용하였으나, 고등법원은 수표를 지급받은 것이 승낙으로 볼 수 없다고 보았다. 왜냐하면 채무면제청약의 금액이 비정상적으로 낮아서 청약이 존재하지도 않았을 뿐만 아니라, 피고가 승낙을 하면 이를 통하여 신용사고보험의 청구권을 포기하는 결과에 이르렀을 것이라고 한다. 독일연방법원은 지방법원의 판결을 다시 원용하여 수표를 지급받은 것은 독일민법 제151조의 승낙에 해당한다고 보았다. 왜냐하면 수표를 지급받는 행위로부터 "청약수령자의 의사실현으로 평가될 수 있고 외부로 표현된 행위로서 승낙의사를 명확히 확인할 수 있다"고 보았다.

독일연방법원은 수표의 지급제시를 통한 의사실현이라는 사실을 통하여 승낙의사를 추단하였다. 외부적인 형상을 기초로 할 수밖에 없는 것은 의사실현이 수령을 요하는 것이 아니기 때문이라고 한다. 즉 의사실현의 해석을 위해서 수령자시계(Empfängerhorizont)를 기초로 할 수 없는 것은 수령자가 없기 때문에 누구의 시계를 기초로 해석해야 하는지를 확정할 수 없기 때문이라고 한다. 그에 따라 "객관적 제3자의 입장에서 청약수령자의 행위를 모든 외부적인 징표를 기초로 해서 '실제의 승낙의사'로 단정할 수 있는지"를 결정해야 한다고 한다.[62)]

그 밖에 독일연방법원에 의하면 의사실현을 함에 있어서 청약수령자에게 '표시인식'이 있을 것이 요구된다고 한다.[63)] 즉 청약수령자는 자신의 행위가 승낙의 의사를 표현하는 것으로 해석될 수 있음을 인식하고 있었어야 한다. 그런데 여기서 중요한 것은 독일연방법원이 표시인식이 없었다는 사실에 대한 주장 및 입증책임을 청약수령자에게 부과하고 있다는 점이다. 이렇게 함으로써 승낙의사의 외부적인 실현이 있으면 표시인식이 있었음을 전제로 할 수 있으며 표시인식은 원칙적으로 객관적 시각을 통하여 도출된다. 여기서 더 추가되어야 할 점은 판례가, 독일민법 제151조에서 의사표시가 없다고 하면서 통상의 의사표시에서는 요구되지 않는 표시인식은 요구하고 있다는 점이다.

본 판결에서 독일연방법원은 명백히 청약에 대한 승낙의 조건하에서만 수표를 지급받을 수 있다고 보았다. 청약자가 청약수령자의 정당한 행위를 기대할 수 있기 때문에 경제적으로 화해금액이 비정상적으로 낮다는 것은 상관없다고 판단하였다. 설혹 피고가 본 사안에서 다른 의사를 갖고 있었다고 하더라도 이는 비진의표시(독일민법 제116조)에 해당하여 고려될 수 없는 것이라고 판단하였다.

---

61) 계산수표는 독일에서 창안된 제도인데, 발행인 또는 소지인이 수표면에 '계산을 위한'이라는 문자 또는 이와 동일한 의의가 있는 문언을 기재하고 현금의 지급을 금지한 수표이다[이에 관하여 이기수, 어음・수표법, 제4판(1998), 464면 이하; 정찬형, 상법강의(하), 제5판(2003), 448면 참조]. 이 수표는 현금으로 지급할 수 없고 이체, 상계, 어음교환 등의 기장계산방법에 의해서만 결제할 수 있는 수표이다. 우리나라에서는 계산수표가 채용되지 않고 있으므로 외국에서 발행하여 우리나라에서 지급할 계산수표는 일반횡선수표의 효력이 있다(수표법 제65조).

62) BGH NJW-RR 1986, 415.

63) BGH NJW-RR 1986, 415.

위 독일 판례의 입장을 요약하자면 독일민법 제151조의 승낙은 의사표시가 아니라, 의사실현에 해당하고, 의사실현은 명백한 승낙의 의사가 드러나야 하는 행위로서 표시인식을 갖고 행해져야 한다. 다만 이때 표시인식이 없었다는 주장 및 입증책임은 청약수령자가 부담한다. 또한 독일 판례는 의사실현에 의사표시에 관한 규정을 유추적용하였다. 이 판결에서는 비진의표시에 관한 독일민법 제116조만 유추적용하였고, 착오에 관한 독일민법 제119조에 기하여 취소할 수 있는지는 명시적으로 판단하지 않았다.

2. 독일의 학설

제532조에 의한 의사실현에 의한 승낙을 순수사실행위로 보는 견해는 주관적 요건은 필요하지 않다고 한다.[64] 독일의 다수설[65]은 표시인식 내지 표시의사가 없는 경우에는 그 효력이 문제되는 것으로 보고 있다. 즉 (예컨대 주문하지 않은 물건을 사용 내지 소비함으로써) 자신의 행위가 승낙의 의사를 갖는 것으로 해석될 수 있다는 사실을 안 자는 독일 민법 제116조의 법 취지에 비추어 자신이 승낙의사가 없었다는 것을 주장할 수 없다고 한다. 그에 반하여 사실을 잘못 파악하여 물건을 사용 내지 소비한 경우, 예컨대 물건을 자신의 것으로 생각하거나 아니면 이미 체결된 다른 계약에 의하여 구입된 물건이라고 생각한 경우, 승낙의사가 없었다는 사실을 증명해야 하지만, 취소권의 행사 없이도

---

64) Pärn, Vertragswirkung ohne Vertragsschluss, eine Studie zu §151 BGB, S. 44 ff.

65) Bydlinski, JuS 1988, 37 f.; Flume, Allgemeiner Teil: Das Rechtsgeschäft, §35 Ⅱ. 3.(S. 656); Larenz/Wolf, Allgemeiner Teil des Bürgerlichen Recht, §30 Rn. 22; Münchkomm/Kramer, Rn. 51 zu §151; Palandt/Heinrichs, Rn. 2 zu § 151.

무효를 주장할 수 있다고 한다.66) 독일의 다수설이 의사실현의 경우 다른 의사표시와 달리 취급할 수 있는 것으로 보는 이유는 승낙자의 의사실현행위가 아직 외부로 효력을 발생하고 있지 않은 이상 청약자의 신뢰가 아직 형성되지 않아서 객관적 관찰자의 시각에 의하여 볼 때 청약자가 보호를 받을 필요가 없기 때문이라고 한다.

그에 반하여 의사실현을 의사표시로 보는 견해는 다른 의사표시에서와 마찬가지로 표시인식 내지 효과의사가 존재하여 승낙의 의사표시로 해석될 수 있는지는 청약수령자의 행위의 해석을 통하여 결정해야 한다고 한다.67) 그에 따라 객관적인 관찰자의 입장에서 청약수령자에게 표시인식 내지 효과의사가 있는 것으로 보인다면 해당 승낙은 일단 유효하며, 이 때에는 표시인식 내지 효과의사가 없었음을 입증하여 착오를 이유로 취소할 수 있을

66) 독일의 의사실현이론은 승낙의 의사가 없는 상태에서 의사실현이 있었으면 원칙적으로 계약이 성립하지 않는다고 보고 있다. 그러나 개별적인 의사실현 유형에 있어서 차이를 두고 있다. 이행행위에 의한 의사실현행위에 있어서 다수설은 착오규정을 통하여 문제를 해결하면 된다고 보고 있다[Larenz, Allgemeiner Teil des deutschen Bürgerlichen Rechts, §28 I(S. 533); Larenz/Wolf, Allgemeiner Teil des Bürgerlichen Recht, §30 Rn. 16; Bydlinski, JuS 1988, 38]. 그에 반하여 이용행위를 통한 의사실현의 경우에는 다양하게 구분하여 보고 있다. 예컨대 자신의 행위가 승낙의 의사표시로 될 수 있다는 사정을 알면서도 승낙을 하지 않겠다는 의사를 갖고 이용행위를 한 경우에는 비진의표시에 관한 규정을 유추하여 숨은 의사를 주장하지 못한다[Larenz, Allgemeiner Teil des deutschen Bürgerlichen Rechts, §28 I(S. 533); Münchkomm/Kramer, Rn. 50 zu §151]. 한편 이용행위에 있어서는 착오 유형에 따라 구분을 한다. 즉 표시상의 착오의 경우에는 취소권 행사 없이 바로 계약이 성립하지 않은 것으로 보는 데 반하여, 내용상의 착오의 경우에는 착오를 이유로 취소할 수 있을 뿐이라고 한다.

67) Staudinger/Bork, Rn. 16 zu §151; Soergel/Wolf, Rn. 23 zu §151; Brehmer, JuS 1994, 389 f.

뿐이라고 한다. 이 견해는 의사실현에 의한 계약체결에서 청약수령자의 주관적 의사까지 고려한다면 제532조에 의하여 야기될 수 있는 법적 불안정성은 더욱 커질 수밖에 없다고 한다.[68]

3. 논의의 평가

의사표시에 의사실현행위를 포함시킬 것인지는 이론적 논쟁에 불과할 수도 있다.[69] 현재 의사실현을 의사표시와 다른 것으로 보는 견해에서도 어떠한 점이 다른지를 명백히 구분할 수 있는 표지를 제공하지 못하는 측면도 있지만, 결국 '통지목적'이라는 주관적 요건을 통하여 구분하더라도 표시주의의 강세로 인하여 의사표시로 볼 수 있는 범위가 점차 넓어짐에 따라 의사실현행위를 의사표시 개념에 포함시킬 수 있는 가능성은 현재 이론적으로 충분히 열려 있다고 하겠다.[70] 이하에서는 법적 성질에

68) Staudinger/Bork, Rn. 16 zu §151.

69) 개념의 문제가 제대로 해결되어야 개별적인 행위의 요소를 판단함에 있어서 논의의 명확성을 가져올 수 있고 개념을 어떻게 정립하느냐에 따라 승낙의사가 결여된 사례군의 해결에서 차이가 있으므로 그 논의의 실익이 있다고 보는 시각도 존재하나[이와 같은 입장으로 Repgen, AcP 200(2000), 543], 개념적 논쟁은 구체적인 문제해결에 있어서 결정적인 역할을 하지 못하고 있다(Bydlinski, JuS 1988, 37; Münchkomm/Kramer, Rn. 48 zu §151).

70) 이와 관련하여 독일민법 제151조에서는 표제가 [청약자에 대한 통지가 불필요한 승낙]으로 되어 있고 법문상으로도 적극적으로 의사실현이라는 표현이 명시적으로 사용되고 있지 않으므로 승낙에 해당하는 행위가 의사표시인지 의사실현인지에 관하여 논란이 있으나, 우리 민법 제532조는 표제도 [의사실현에 의한 계약성립]이라고 되어 있고 법문도 "의사표시로 인정되는 사실"이라고 표현하고 있어 민법은 승낙의 법적 성질을 의사실현으로 파악하고 있고, 따라서 학설의 논란이 있을 수 없다는 견해가 있다(최광준, "의사실현에 의한 계약의 성립과 사실적 계약관계의 공통성," 법학연구 17집, 428면). 그러나 이

관한 논의를 생략한 채 의사실현행위의 특징을 기초로 해석론을 전개하고자 한다. 현재 이론의 방향도, 앞의 독립적인 의사실현 개념을 인정할 것인지를 기초로 이론적 전개가 이루어지고 있기는 하지만, 승낙의사가 요구되는 지의 문제는 의사실현의 법적 성질을 어떻게 보느냐의 문제와 사실상 독립하여 논의되고 있는 것으로 보이기 때문이다. 의사실현을 통하여 승낙자가 자신의 의사에 기하여 계약의 효력을 부여하는 행위라는 점에서 의사실현행위가 일반적인 의사표시와 동일하다는 것에는 어느 정도 시각이 일치하고 있다. 그에 따라 의사실현행위에 대하여 의사표시에 관한 규정이 (직접 또는 유추) 적용될 수 있고, 의사표시에서와 동일한 논의가 진행될 수 있다고 생각하고 있는 점에서는 견해가 일치하는 것으로 보인다.

(1) 의사실현과 묵시적 의사표시에 의한 승낙의 구분

의사실현을 의사표시로 보는 견해는 이를 묵시적 의사표시와 다르지 않다고 설명한다. 그러나 의사실현행위를 의사표시와

러한 견해에는 찬성할 수 없다. 첫째, 표제에 관한 기속력의 문제이고, 두 번째 표제에 따라 "의사표시로 인정되는 사실"을 의사실현으로 보더라도 의사실현이 의사표시와 구분되어 독립된 개념요소를 갖는지 아니면 의사표시에 해당하는지는 논란의 여지가 있다고 생각된다. 즉 제532조의 승낙을 의사표시로 보고 단지 계약성립을 위하여 승낙 의사표시의 통지를 면해주는 것으로 볼 수 있는 가능성을 열어주고 있는 것으로 볼 수도 있다. 따라서 우리 법상으로 제532조의 승낙이 의사표시인지 아니면 사실행위 내지 의사표시에 가까운 성질을 갖는 독자적인 개념의 의사실현인지에 관하여는 논의할 수 있는 여지가 남겨져 있다고 생각된다. 즉 의사실현으로 보는 앞의 견해도 의사실현에 대하여도 의사표시에 관한 규정을 준용할 수 있다고 하며 의사표시의 효력발생과 관련된 제111조와의 연관성 속에서 제532조의 규정취지를 살피고 있다. 따라서 실제로는 의사실현이 의사표시와 크게 다르다고 생각하고 있는 것은 아닌 것으로 보인다.

구분하지 않고 의사표시의 일종으로 보더라도 의사실현은 묵시적 의사표시 내지 추단적 의사표시로서의 승낙과 구분된다. 통상 승낙의 의사표시는 청약자라는 상대방이 존재하므로 청약자의 수령을 필요로 하는 상대방 있는 의사표시이다. 따라서 청약자에게 도달이 필요하다. 그에 반하여 의사실현은 청약자인 상대방에게 의사표시가 통지될 필요가 없으므로 청약자의 수령 없이도, 즉 청약자에게 도달하지 않더라도 계약은 성립한다.[71)]

결국 모든 묵시적 의사표시를 통한 승낙을 제532조의 의사실현으로 보아서는 안 된다. 왜냐하면 묵시적 의사표시가 청약자에게 보여지는 경우에는 제532조가 적용될 수 없다.[72)] 청약수령자가 청약자에 대하여 묵시적으로 청약을 받아들이는 행위를 한다면 (예컨대 은행에서 보증인의 신청서를 보증인 앞에서 접수하는 경우) 제532조의 요건이 충족되지 않더라도 바로 계약은 성립하는 것이다. 제532조에 의한 의사실현을 통한 계약성립이 문제되기 위해서는 청약자가 의사실현행위를 모르더라도 계약의 성립을 인정할 필요성이 존재해야 한다(예컨대 보증인의 신청서를 우편으로 보냈는데, 은행에서 신청서를 접수하는 경우). 따라서 의사실현은 구조적으로는 승낙의 의사표시의 수령이 필요 없는 상대방 없는 묵시적 의사표시와 비슷하다고 할 수 있는데, 승낙은 승낙의 의사표시의 수령이 필요한 상대방 있는 의사표시인 것이 원칙인 것이다.

의사실현행위는 구조적으로 상대방 없는 묵시적 의사표시와 비슷하다고 한다면, 그 효력발생을 위하여 상대방의 수령이 필요 없으므로 의사실현으로 계약이 성립하더라도 일정한 기간 동안은

---

71) 이와 같은 설명으로 지원림, 민법강의, [5-42]; 송덕수, "의사실현에 의한 계약성립 여부," 고시계 2003/1, 158면. 이러한 측면에서 의사실현에 의한 승낙을 의사표시로 보는 입장 중에는 이를 수령을 요하지 않는 의사표시 내지 상대방 없는 의사표시로 설명하기도 한다 (Staudinger/Bork, Rn. 1 zu §151).

72) Staudinger/Bork, Rn. 1 zu §151; Soergel/Wolf, Rn. 2 zu §151.

상대방인 청약자의 신뢰가 형성되어 있지 않다고 할 수 있다. 따라서 청약자가 계약성립 사실을 알아서 신뢰가 형성될 때까지 청약자의 신뢰보호가 필요하지 않다는 점을 어떻게 반영할 수 있는지가 문제된다. 신뢰를 보호할 필요가 없다는 점은 세 가지 측면에서 반영될 수 있는데, 첫째는 의사표시의 해석이고, 둘째 승낙의사 없는 의사실현행위의 효력문제이고, 마지막으로 의사실현의 철회문제이다.

(2) 의사실현행위의 해석

구조적으로 의사실현행위가 상대방 없는 묵시적 의사표시와 비슷하다고 하면, 상대방 없는 의사표시의 해석에 관한 원칙이 의사실현행위에 적용될 수 있는지가 문제된다. 일반적으로 법률행위를 구성하는 의사표시는 상대방 없는 즉 수령을 요하지 않는 의사표시와, 상대방 있는 즉 수령을 요하는 의사표시로 나눌 수 있다. 수령을 요하지 않는 의사표시에서는 보호하여야 할 상대방이 없기 때문에 상대방 있는 의사표시에 비하여 표의자의 의사가 더욱 존중되어야 한다고 한다. 즉 상대방 없는 의사표시는 상대방 있는 단독행위인 해제·해지·취소 등의 의사표시나 계약을 이루는 의사표시인 청약·승낙과는 다른 관점에서 다루어야 하며, 그에 따라 법률행위의 해석은 상대방 없는 의사표시의 해석과 상대방 있는 의사표시의 해석으로 나누어 살펴보아야 한다고 본다.[73] 그러면서 자연적 해석을 상대방 없는 단독행위에 도입하려고 한다. 즉 자연적 해석은 특히 표의자 이외의 자가 존재하지 않거나 의사표시 상대방을 보호할 필요가 적은 경우 적용될 수 있으므로 유언·권리의 포기 등 상대방 없는 단독행위의 해석에 있어서는 언어의 객관적 의미보다는 표의자의 진의를 존중하여야 한다고 한다.[74]

---

73) 송덕수, "법률행위의 해석," 경찰대 논문집 제6집(1986), 240면.

그렇다면 의사실현의 경우는 상대방인 청약자의 신뢰보호가 필요하지 않으므로 전적으로 자연적 해석방법을 취할 수 있는가?[75] 일반적으로 자연적 해석이 적용될 수 있는 것은 유언과 같은 상대방 없는 단독행위의 경우이다. 그러나 의사실현의 경우 상대방에 대한 통지 없이 계약이 성립할 수 있다는 점에서는 그 구조가 상대방 없는 단독행위와 유사하지만, 의사실현행위가 계약상대방이 존재하는 계약의 일부를 구성하는 승낙에 해당하기 때문에 전적으로 청약수령자의 의사만을 고려할 수는 없다고 생각된다. 즉 그 효력발생을 위해서는 상대방에게 의사표시가 통지되어 도달할 필요는 없지만, 그 해석에서는 상대방인 청약자가 존재함을 반영하지 않을 수 없다. 그에 따라 해석표준이 표의자인 청약수령자의 의사가 되는 자연적 해석에 의하여 의사실현행위의 내용을 결정해서는 안 되며, 규범적 해석에 의해서 의사실현행위를 해석해야 한다. 다만 청약자가 의사실현행위를 수령하지 않기 때문에 청약자를 기초로 하지 않고 객관적인 제3자의 입장에서 청약수령자의 의사실현행위를 해석해야 할 것이다.[76]

(3) 승낙의사 없는 의사실현행위의 효력

의사실현행위가 청약자에게 도달하지 않고 효력을 발생함으로써 승낙의사 없이 청약수령자가 의사실현행위를 한 경우에 청약자에게 계약상의 청구권을 인정하지 않아도 된다고 생각할 수 있다. 즉 이러한 경우에 청약자는 계약이 성립하였다는 신뢰를

74) 이영준, 민법총칙, 269면; 이충훈, "법률행위의 해석," 인천법학논총 제3집(2000), 275면. 그에 반하여 상대방 없는 의사표시의 해석은 자연적 해석과는 다른 별개의 해석방법에 의하여야 한다는 견해가 있다 [송덕수, 민법강의(상), 102면].

75) 의사실현의 경우 행위자의 사실적인 의사를 기초로 해석해야 한다는 견해로 Larenz, Allgemeiner Teil des deutschen Bürgerlichen Rechts, §28 I (S. 318).

76) 이와 동일한 견해로 민법주해(XII)/지원림, 221면.

갖지 않으므로 계약성립을 부정하더라도 이러한 신뢰를 침해하지 않는다고 볼 수 있다. 이미 앞에서 살펴본 바와 같이 이와 같은 시각을 독일 판례와 다수설은 가지고 있다. 다만 이러한 시각을 취하더라도 상대방의 신뢰가 형성된 경우라면, 더 이상 승낙의사 없이 의사실현행위가 이루어졌다는 주장을 관철할 수 없다고 한다. 즉 이 경우에는 계약은 성립하며 청약수령자는 착오를 이유로 의사표시를 취소할 수 있을 뿐이다.

그에 반하여 우리 다수설은 승낙의사 없이 계약이 체결되더라도 언제나 계약은 성립하며 단지 착오를 이유로 해서 취소할 수 있을 뿐이라고 설명한다. 그런데 이러한 입장을 취하는 우리 다수설은 의사실현행위의 특징을 충분히 반영하지 못하고 있다. 특히나 의사실현에 의한 계약성립이 청약수령자의 의사와 상관없이 청약자의 일방적 의사표시에 의하여 이루어질 수 있다는 점을 감안한다면, 청약수령자의 의사를 이 부분에서 충분히 고려해주는 것이 타당하다고 생각된다. 따라서 승낙의 의사 없이 의사실현행위를 한 경우에 청약자의 신뢰가 형성되기 전까지는 청약수령자는 승낙의 의사가 없다고 주장하여 '승낙의 의사표시로 인정되는 사실'이라는 외관을 제거하여 계약성립을 막을 수 있다. 다만 주의할 것은 승낙의사 없이 의사실현행위가 체결되었다는 사실의 입증책임은 청약수령자가 부담한다는 점이다. 왜냐하면 앞에서 살펴본 바와 같이 의사실현행위는 자연적 해석이 아니라, 객관적 제3자의 입장에서 해석되기 때문에 승낙의사가 있었느냐의 사실은 일단은 규범적 해석을 통하여 확정되기 때문이다. 그렇다면 —실제 입증이 어렵다는 측면에서— 결과면에 있어서는 독일 판례와 다수설의 입장이 현재 착오취소만을 인정하고 있는 우리 다수설과 크게 다르지 않은 경우가 많다고 할 수 있다.

(4) 의사실현행위의 철회가능성

마지막으로 우리나라에서는 많이 논의되고 있지 않지만, 독일 문헌에서는 많이 논의되고 있는 논점으로 의사실현행위를 철회할 수 있는지의 문제이다. 이와 같이 의사실현행위의 철회가능성을 논하는 이유는 의사실현을 통하여 계약이 성립하였지만, 아직 상대방인 청약자에게 신뢰가 발생하지 않았다는 점에서 의사실현행위를 철회할 필요성이 있는 것으로 보기 때문이다.[77] 다만 이 견해에 따르더라도 상대방의 신뢰가 형성되면 더 이상 철회할 수 없다.[78]

의사실현행위는 반대의 행위 내지 의사를 표시함으로써 효력을 제거할 수 있다. 즉 청약 수령자가 자신의 의사실현행위를 통하여 청약자에게 계약성립에 대한 신뢰가 형성되기 전에 이러한 신뢰형성을 방지함으로써 의사실현으로 인한 효력을 제거할 수 있다. 이는 청약자에 대한 명시적 의사표시에 의하여 이루어질 수 있고 의사실현의 결과를 제거함으로써 묵시적으로도 이루어질 수 있다.

통상 상대방 있는 의사표시는 상대방에게 도달한 때에 그 효력이 생기므로, 통지 후 도달 전에는 그 의사표시를 철회할 수 있다고 한다. 따라서 의사표시가 상대방에게 도달하기 전, 또는 동시에 철회의 의사표시가 상대방에게 도달하는 때에는 그 의사표시의 효력은 발생하지 않는다. 여기서 의사표시가 효력을 발생하면 더 이상 철회할 수 없다고 본다면, 의사실현행위에서는 더 이상 철회를 논할 수 없을 것이

---

77) Brehmer, JuS 1994, 390 f.; Bydlinski, JuS 1988, 38; Münchkomm/Kramer, Rn. 50 Fn. 233 zu §151; 최광준, "의사실현에 의한 계약의 성립과 사실적 계약관계의 공통성," 법학연구 17집, 429면. 철회권을 부정하는 견해가 다수설이다(민법주해(XII)/지원림, 222면; 주석민법 채권각칙(1)/안춘수, 198면; Flume, Allgemeiner Teil: Das Rechtsgeschäft, S. 656).

78) 청약자가 신뢰를 보호받을 필요가 있는 지위를 취득하는 경우는 물론 승낙의사를 갖고 행한 의사실현행위의 결과를 원상으로 회복할 수 없는 경우에도 더 이상 행사할 수 없다고 한다. 이 때에는 '승낙의 의사표시로 볼 수 있는 사실'을 제거할 수 없다는 측면에서 더 이상 철회할 수 없는 것으로 보고 있다(Bydlinski, JuS 1988, 38).

다.[79] 왜냐하면 의사실현행위로 바로 계약이 성립하기 때문이다. 그러나 상대방의 신뢰가 형성되기 전까지 철회를 할 수 있다고 한다면 의사실현의 경우도 철회가능성을 고려할 수 있다.

이와 비슷한 이해관계가 있는 경우가 바로 현상광고의 경우이다. 현상광고의 경우에 광고에서 지정행위의 완료기간을 정한 때에는, 그 기간만료 전에는 광고를 철회하지 못하지만(제679조 제1항), 광고에서 지정행위의 완료기간을 정하지 않은 때에는 지정행위의 완료자가 있기 전에 한하여 철회할 수 있다고 한다(제679조 제2항).[80] 이와 같이 현상광고는 상대방 없는 의사표시이므로 의사표시의 통지로 바로 효력을 발생하나, 아직 이를 신뢰하여 지정행위를 완료한 자가 있기 전에는 철회할 수 있다고 한다.[81]

(5) 소 결

의사실현행위를 통하여 계약이 청약수령자의 승낙의사 없이 성립한 경우 의사실현행위의 효력을 문제삼을 수 있다. 이 때 다음과 같이 구분하여 생각하여야 한다.

첫째, 청약수령자가 의사실현행위가 승낙에 해당함을 알고 의사실현행위를 한 경우에는, 비록 승낙의사가 없었더라도 이는 진의 아닌 의사표시에 해당하여 의사실현행위의 효력을 부정할 수 없다(제107조 제1항의 직접 또는 유추적용). 그리고 이 때에는 착

---

79) 이러한 입장으로 민법주해(XII)/지원림, 222면; Staudinger/Bork, Rn. 22 zu §151.

80) 다만 철회의 방법은 광고와 동일한 방법에 의하여야 하며(제679조 제2항), 철회가 있었음을 안 자에 대하여서만 철회의 효력이 있다(제679조 제3항).

81) 현상광고의 법적 성질에 관한 학설 중 단독행위설은 계약설이 현상광고의 철회를 설명하지 못한다고 비판하나(곽윤직, 채권각론, 325면), 의사표시의 효력이 아니라 신뢰가 발생하기 전까지 철회할 수 있다고 보면 계약설도 충분히 현상광고의 철회를 설명할 수 있다고 생각된다(민법주해[XV]/오종근, 508면; 주석민법 채권각칙(4)/윤진수, 360면).

오를 이유로 한 의사표시의 취소(제109조)도 인정되지 않는다.

둘째, 청약수령자가 의사실현행위가 승낙에 해당함을 모르고 의사실현행위를 한 경우에는 청약수령자는 청약자의 신뢰가 형성되기 전까지는 승낙의사가 없었다고 주장하여 의사실현행위의 효력을 부정할 수 있다. 그러나 청약자의 신뢰가 형성된 경우에는 착오를 이유로 취소할 수 있을 뿐이다(제109조의 직접 또는 유추적용).

셋째, 청약수령자는 청약자의 신뢰가 형성되기 전까지는 의사실현행위를 되돌릴 수 있는 한도에서 의사실현행위를 철회할 수 있다.

제 6 장 계약협상의 부당파기로 인한 손해배상책임

제 1 절 계약협상의 부당파기

우리 민법은 청약과 승낙에 의한 계약체결을 계약체결방식의 기본모델로 하고 있는데 계약이 체결되기 전단계인 계약의 협상단계를 그 규율대상으로 하고 있지는 않다.[1] 그러나 현대생활에서 계약체결내용이 다양화, 복잡화됨에 따라 계약협상 단계가 길어지고 있고 수많은 사항에 대하여 협상이 이루어지게 된다. 이 과정에서 당사자들은 비용을 들이게 되고 다른 계약체결의 기회를 포기하는 경우도 있다. 원칙적으로 사적 자치의 원칙상 당사자는 '계약을 체결하지 않을 자유'를 갖기 때문에 언제라도 계약협상을 중단할 수 있다.[2] 따라서 계약을 체결하기 위하여 들어간 비용은 원칙적으로 각 당사자의 위험으로 지출된 것이기

---

1) 계약체결전단계에 관한 명문의 규정을 두고 있는 입법동향에 관하여 자세한 것은 박영복, "계약체결전단계의 법규범화," 외법논집 제10집, 2001, 93-130면 참조.

2) Bodewig, Rechtsfolgen vorvertraglichen Verschuldens bei Abbruch von Vertragsverhandlungen, Jura 2001, 2.

때문에 당사자 자신이 떠안을 수밖에 없다.[3] 그러나 어느 단계에 들어가면 계약협상단계에 있는 당사자들은 계약이 체결될 것이라고 믿을 수 있고 이러한 정당한 신뢰는 보호를 받아야 한다. 따라서 이러한 신뢰를 기초로 하여 비용을 추가로 지불한 당사자는 계약협상이 정당한 사유 없이 중단된 경우에 지출한 비용의 배상을 청구할 수 있는 것이 타당하다. 그런데 정당한 이유 없이 계약협상을 중단하는 경우 어느 요건이 충족되어야 지금까지 지출한 비용의 배상을 청구할 수 있는가? 이러한 측면에서 '계약을 체결하지 않을 자유'와 계약이 체결될 것이라고 믿은 '신뢰보호'의 경계는 어디에 있는가?[4] 그리고 어느 단계부터 계약이 체결되어 구속력을 가지거나, 체결될 계약의 이행이익을 손해배상으로 청구할 수 있는가?

1. 계약파기의 자유와 그 한계

계약의 자유에 의하여 계약체결의 자유가 인정된다. 계약체결의 자유에 의하여 계약을 체결하려는 자는 누구든지 계약을 체결하려는 상대방을 자유롭게 선택할 수 있다. 계약이 상대방에 대한 신뢰를 기초로 한 법률관계이기 때문에 신뢰할 수 있는 상대방과 계약하는 것이 자신의 권리실현에 있어 중요한 의미를 갖기 때문이다. 따라서 계약교섭의 당사자가 교섭을 시작하였다고 하여 반드시 계약을 체결할 의무를 부담하는 것은 아니며, 계약파기 역시 계약자유의 한 내용이 될 수 있다는 측면에서 단순히 계약을 파기했다는 이유만으로 손해배상책임을 인정할 수는 없다. 그러나 계약 체결과정에서 상대방에게 계약이 체결될 것이

3) Horn, Culpa in Contrahendo, JuS 1995, 381.

4) 이러한 표현으로 문제제기를 하고 있는 것으로 최흥섭, "학설이 인정하는 소위 「규정외의 계약체결상의 과실」에 대한 판례의 태도," 민사법학 제13·14호, 1996, 206면.

라는 정당한 신뢰를 발생시켰을 때에는 계약체결을 자유롭게 파기하는 것이 허용되어서는 안 될 것이다. 나아가 개별계약의 해석에 따라 또는 당사자 사이의 약정에 따라 계약당사자들에게 성실히 해당 상대방과 계약체결을 위하여 노력해야 하는 배타적 협상의무가 부여될 수도 있다. 이러한 측면에서 상대방이 계약체결에 대한 정당한 신뢰를 갖게 되어 손해배상책임을 인정할 수 있는 단계를 넘어서면 계약자유는 제한되며, 배타적 협상의무가 발생할 경우 당사자는 채권적 구속까지 받게 된다. 다만 계약협상의 부당파기로 인한 손해배상책임의 영역을 너무 확대하게 되면 간접적으로 계약당사자들에게 계약을 체결하도록 유도하는 체약강제의 효과를 가져올 수 있다.[5] 따라서 우리 판례와 학설은 계약협상의 부당파기로 인한 손해배상책임을 인정하는 요건을 엄격하게 설정하고 있는 실정이다.

계약의 본질적 구성부분에 관한 합의는 계약당사자에게 맡겨져 있는 것이며 만약 이에 관한 합의가 이루어지지 않는다면, 계약당사자는 아무런 제약 없이 계약협상을 중단할 수 있어야 한다. 그렇다고 하여 계약의 본질적 구성부분에 관한 합의가 모두 이루어진 후에 비로소 계약이 체결될 것이라는 정당한 신뢰가 발생할 수 있다라고 보는 것도 정당하지 않다. 따라서 계약의 모든 내용 내지 본질적 구성부분이 확정되어 있지 않았더라도 계약이 체결되리라는 신뢰는 발생할 수 있다.[6] 반면에 계약이 확실하게 체결될 것이라고 신뢰한 당사자가 계약이 체결되기 이전에 계약준비단계에 들어가고 추가적인 비용을 지출하려고 한다면, 자신의 이익의 보호를 위해서 구속력이 있는 청약을 상대방에게 요구하거나 최소한 본계약을 체결할 것이라는 가계약 내지 예약을 체결할 것을 요구할 수 있을 것이다.[7] 물론 청약 내지 예

5) Münchkomm/Emmerich, Rn. 79 zu Vor §275.

6) 이러한 취지로 Münchkomm/Emmerich, Rdn. 75 zu Vor §275.

7) 이러한 지적으로 Medicus, Schuldrecht I, 11. Aufl. (1999), S. 60;

약이 인정되기 위해서는 체결될 계약의 본질적 구성부분이 합의를 통하여 확정되어야 할 것이다. 그러나 본질적 구성부분에 관한 합의가 없는 이상 상대방은 특별한 사유가 없다면 계약이 확실하게 체결될 것이라는 신뢰를 원칙적으로 가져서는 안 될 것이다.

한편 본계약에 관한 본질적 구성부분에 관한 합의가 없어서 본계약에 기한 구속력 있는 합의가 기대하기 곤란하더라도 당사자들은 다른 형태의 구속력 있는 합의를 할 수 있다.[8] 따라서 본계약이 체결되기 이전에 부수적인 합의를 보았다면 이 구속력 있는 합의내용에 따라 계약당사자의 지위가 보호를 받을 수 있을 것이다. 따라서 본계약이 체결되지 않더라도 부당파기로 인한 손해배상책임을 인정하기 전에 계약의 다른 합의내용이 존재하지 않았는지를 먼저 검토할 필요가 있다.[9] 바로 별도의 구속력 있는 합의내용 때문에 계약이 체결될 것이라는 정당한 신뢰가 발생할 수 있기 때문이다. 만약 예약이 체결되었다면, 예약이 이행되지 않은 경우에는 이행이익의 배상까지 청구할 수 있다.[10]

2. 계약의 부당파기에 따른 손해배상책임의 법적 구성

계약이 체결될 것이라는 정당한 신뢰를 야기한 후 당사자 일방이 계약을 부당하게 파기할 경우 부당하게 파기한 자에 대하여 계약상대방이 계약의 성립을 신뢰하여 지출한 비용의 배상청구를 인정해야 한다는 점에서는 판례와 학설은 일치하고 있다.

Bodewig, JURA 2001, 2.

8) 이에 관한 문헌으로 김동훈, 계약법의 주요문제, "계약의향서," 77-97면; "가계약," 98-106면 참조.

9) Medicus, Schuldrecht I, 11. Aufl. (1999), S. 60; Reinike/Tiedtke, ZIP 1989, 1093; 민법주해 XII/최홍섭, 282면.

10) Reinike/Tiedtke, ZIP 1989, 1093.

비록 부당하게 계약을 파기한 자의 상대방은 그 계약의 체결 자체를 강제할 수는 없지만, 신뢰를 바탕으로 형성된 이른바 '신뢰구속'을 근거로 그 계약의 성립을 신뢰하고 지출한 비용의 배상을 청구하는 것이 정당한 것이기 때문이다. 특히 최근 판례는 '조형물사건'[11]에서 손해배상책임의 범위를 명시적으로 신뢰손해로 한정하였다. 즉 신뢰손해의 내용에 대해 "그러한 불법행위로 인한 손해는 일방이 신의에 반하여 상당한 이유 없이 계약교섭을 파기함으로써 계약체결을 신뢰한 상대방이 입게 된 상당인과 관계 있는 손해로서 계약이 유효하게 체결된다고 믿었던 것에 의하여 입었던 손해 즉 신뢰손해에 한정된다고 할 것이고, 이러한 신뢰손해란 예컨대, 그 계약의 성립을 기대하고 지출한 계약준비비용과 같이 그러한 신뢰가 없었더라면 통상 지출하지 아니하였을 비용상당의 손해라고 할 것이며, 아직 계약체결이 좌절되더라도 어쩔 수 없다고 생각하고 지출한 비용 등은 여기에 포함되지 아니한다"고 하여 계약교섭의 파기에 따른 손해배상을 신뢰손해로 한정하고 있다.

다만 계약을 부당하게 파기당한 상대방이 손해배상을 청구할 경우 무엇을 근거로 배상청구할 수 있는가에 대해서는 학설 및 판례가 대립한다. 이 논의는 계약체결상의 과실책임이라는 표제하에서 논의되고 있으며 학설은 (준)계약책임으로 보는 견해, 불법행위책임으로 구성하는 견해, 제3의 독자적인 책임유형으로 파악하는 견해로 대립하고 있다.[12] 한편 판례는 '채용부당파기사건'[13] 이래로 계약을 부당하게 파기한 자에 대하여 불법행위로

---

11) 대법원 2003.4.11. 선고, 2001다53059 판결. 이에 관하여 자세한 것은 제2절 I. 참조.

12) 이에 대한 개관으로 정기웅, "계약체결상 과실책임의 법적 성질," 사법질서의 변동과 현대화(김형배교수 고희기념논문집), 2004, 268면 이하 참조.

13) 대법원 1993.9.10. 선고, 92다42897 판결.

인한 손해배상책임을 인정하고 있다. 계약의 부당파기에 대하여 최초로 불법행위에 의한 손해배상책임을 인정한 '채용부당파기사건'에서 판례는 불법행위의 근거에 있어 "여러 사정을 참작하여 채용할 직원의 수를 헤아리고 그에 따라 적정한 수의 합격자 발표와 직원채용통지를 하여야 하는데도 이를 게을리 하였기 때문이라면 위 학교법인은 불법행위자로서 원고가 위 최종합격자 통지와 계속된 발령 약속을 신뢰하여 직원으로 채용되기를 기대하면서 다른 취직의 기회를 포기함으로써 입은 손해를 배상할 책임이 있다"고 하여 책임의 근거를 "계약체결에 대한 신뢰를 일으킨 데에 과실이 있었다"는 점에서 찾고 있다.[14] 그러나 두 번째로 문제되었던 계약교섭의 부당파기 사례인 '광안대교사건'[15]에서는 비록 불법행위로 인한 손해배상책임이 인정되지는 않았지만, 처음으로 계약교섭이 부당하게 파기된 경우에 불법행위로 인한 손해배상책임이 발생하게 되는 일반적 요건을 제시하였다.[16] 그에 따르면 "어느 일방이 교섭단계에서 계약이 확실하게 체결되리라는 정당한 기대 내지 신뢰를 부여하여 상대방이 그 신뢰에 따라 행동하였음에도 상당한 이유 없이 계약의 체결을 거부하여 손해를 입혔다면, 이는 신의성실의 원칙에 비추어 볼 때 계약자유 원칙의 한계를 넘는 위법한 행위로서 불법행위를 구성한다"고

14) 이 판례의 의미에 관하여 자세한 것은 최홍섭, "학설이 인정하는 소위 「규정외의 계약체결상의 과실」에 대한 판례의 태도," 민사법학 제13·14호, 207면 참조.

15) 대법원 2001.6.15. 선고, 99다40418 판결. 이에 대한 평석으로 윤경, "계약교섭단계에서의 신의칙상 주의의무위반과 손해배상책임," 법조, 2001/9, 178면 이하; 박홍대, "계약교섭의 부당한 중도파기와 손해배상책임," 법조 2002/4(통권 제547호), 194면 이하; 지원림, "계약이 부당하게 파기된 경우의 법률관계," 민사판례연구 XXV, 2003, 159면 이하.

16) 이러한 지적으로 지원림, "계약이 부당하게 파기된 경우의 법률관계," 민사판례연구 XXV, 165면.

한다. 본 판결은 위 입장을 다시 한 번 확인해 줄 뿐만 아니라, 이 원칙에 따라 대법원이 불법행위로 인한 손해배상책임을 인정한 첫 사례라고 볼 수 있다.

다만 '광안대교사건'부터 도입한 계약교섭의 부당파기로 인한 불법행위책임의 인정근거는 첫 사례인 '채용부당파기사건'과 다르다. '채용부당파기사건'에서는 책임의 근거를 "계약체결에 대한 신뢰를 일으킨 데에 과실이 있었다"라는 점에서 찾았다면, '광안대교사건'부터는 "계약체결에 신뢰가 발생하였는데 상당한 이유 없이 계약의 체결을 거부하였다"는 점, 즉 "뚜렷한 이유 없이 신뢰를 깨뜨렸다"는 점에서 책임의 근거를 찾고 있다.[17] 현재의 원칙에 의하면 계약교섭의 중도파기가 불법행위로 인정되기 위한 요건은 i) 파기자가 상대방에게 계약이 확실하게 체결되리라는 정당한 기대 내지 신뢰를 부여하였을 것, ii) 상대방이 그 신뢰에 따라 행동하였을 것, iii) 파기자가 상당한 이유 없이 계약의 체결을 거부하였을 것 등이다.[18]

대법원의 입장은 비록 다른 책임규정을 갖고 손해배상책임을 인정하지만 그 요건에서 현재 독일 판례[19] 및 다수설[20]과 입장을 같이하고 있다. 또한 계약교섭의 부당파기의 경우 불법행위로 인한 손해배상책임을 인정하는 견해에서도 책임의 근거를 "자신의 행태에 의하여 야기된 신뢰를 정당한 이유 없이 배반하는 것"[21]으로부터 찾은 것과도 그 입장이 같다고 할 수 있다. 다만

17) 계약교섭의 결렬에 대한 책임을 계약체결상의 과실책임으로 이론구성하면서 독일판례도 동일한 변화를 겪었다고 한다(이에 관하여 자세한 것은 최흥섭, "계약이전단계에서의 책임과 민법 제535조의 의미," 배경숙교수 화갑기념논문집, 1991, 567면 이하).

18) 이러한 설명으로 김동훈, "계약교섭의 중도파기와 손해배상책임," 고시연구 2003/8, 211면.

19) BGH ZIP 1988, 89 (90).

20) Flume, § 33/8 (S. 617); Reinike/Tiedtke, ZIP 1989, 1094.

21) 양창수, 민법연구 제1권, "계약체결상의 과실," 390면.

언제 "정당한 신뢰"가 발생하고 "상당한 이유 없이 계약체결을 거부하는 것"인지에 관하여 판례와 학설은 정확한 기준을 제시하고 있지 않다. 이 용어들은 모두 추상적이고 상황관련적 용어이기 때문에[22] 유형화를 통한 일정한 기준의 정립이 필요한데, 점차 판례가 집적되면서 구체화될 것으로 기대된다.[23]

3. 배타적 협상의무 위반에 따른 손해배상책임의 법적 구성

계약의 협상을 부당하게 파기한 사건 중에는 당사자에게 배타적 협상의무를 인정하여 그 의무위반에 대한 손해배상책임을 물은 경우가 있다. 이를 인정한 첫 사안이라고 할 수 있는 대법원 2002. 1. 25. 선고, 99다63169 판결에서 대법원은 우수현상광고의 당선보수로서 '기본 및 시설설계권'을 인정하여 이를 이행하지 않은 상대방에 대하여 손해배상책임을 인정하였다. 건축설계 우수현상광고에서 당선자가 보수로서 받는 '기본 및 실시설계권'이란 당선자가 광고자에게 우수작으로 판정된 계획설계에 기초하여 기본 및 실시설계계약의 체결을 청구할 수 있는 권리를 말하는 것이므로, 광고자로서는 특별한 사정이 없는 한 이에 응할 의무를 지게 되어 당선자 이외의 제3자와 설계계약을 체결하여서는 아니됨은 물론이고, 당사자 모두 계약의 체결을 위하여 성실하게 협의하여야 할 의무가 있다고 할 것이며, 만약 광고자가 일반 거래실정이나 사회통념에 비추어 현저히 부당하다고 보여지는 사항을 계약내용으로 주장하거나 경제적 어려움으로 공사를 추진할 수 없는 사정 등으로 인하여 계약이 체결되지 못하였다면 당선자는 이를 이유로 한 손해배상책임을 물을 수 있다고

---

22) 이러한 표현으로 최홍섭, "계약이전단계에서의 책임과 민법 제535조의 의미," 배경숙교수 화갑기념논문집, 1991, 568면.

23) 계약의 부당파기로 인한 사례군의 유형에 관하여 자세한 것은 Weber, AcP 192(1992), 390 ff. 참조.

판시하였다. 그런데 이 기본 및 시설설계권의 내용은 바로 배타적 협상의무라고 판단된다. 다만 이 판결에서는 이 의무위반에 대하여 채무불이행책임을 인정한 것인지 아니면 불법행위로 인한 손해배상책임을 인정한 것인지를 명시적으로 밝히고 있지 않으며 손해배상의 범위도 이행이익의 배상을 인정한 것인지 아니면 신뢰이익의 배상을 인정한 것인지도 밝히고 있지 않다.

그런데 배타적 협상의무를 계약상의 의무로 인정한 이상 그 불이행으로 인한 손해배상책임의 근거는 채무불이행으로 구성하는 것이 타당하다고 생각된다.[24] 위 판결에서 현상광고를 통해 최우수작으로 판정된 자에게 보수로 '공사에 관한 기본 및 실시설계권'을 부여하기로 하였고 이에 대한 이행을 불이행하면 그 책임은 채무불이행책임으로 보는 것이 정당하다고 생각된다. 그리고 채무불이행책임이 인정된 이상 손해배상의 범위는 단순히 계약교섭단계에서 계약이 결렬된 경우와는 다르게 신뢰손해의 배상이 아닌 이행이익의 배상으로 보는 것이 타당하다.[25]

그런데 '구단복귀약정 사건'[26]에서 대법원은 손해배상의 범위와 관련하여서 배타적 협상의무위반의 경우 이행이익배상을 명시적으로 인정한 첫 판결이라고 보여진다. 즉 이 판결에서는 계약의 성립을 기대하고 지출한 비용의 배상 및 선수에게 지급한 이적료를 넘어서 피고를 영입하지 못함으로써 원고 축구단이 필요로 하는 팀의 구성과 운영에서 지장을 받았을 것이고 또한 원고 축구단의 홍보와 광고 등에서 부정적 영향을 받았을 것임을 참작하여 배상액을 정하고 있는데, 이는 소극적 손해로서 이행이익에 해당한다.

---

24) 윤경, "건축설계 우수현상광고의 당선보수인 '기본 및 시설설계권'의 의미," 대법원 판례해설 제40호, 86면.

25) 윤경, "건축설계 우수현상광고의 당선보수인 '기본 및 시설설계권'의 의미," 대법원 판례해설 제40호, 87면.

26) 이에 관하여 자세한 것은 제2절 Ⅱ. 참조.

제 2 절 부당파기로 인한 손해배상책임에 관한 판례

우리 대법원은 부당파기로 인한 손해배상책임과 관련하여 두 가지 방향으로 판결을 내리고 있다. 당사자 사이에 계약협상과 관련하여 특별한 의무가 인정되지 않는다면 상대방의 신뢰를 침해하였다는 이유로 불법행위책임을 인정하고 있고 이 경우 신뢰이익 한도로 손해배상을 인정하고 있다. 그에 반하여 당사자 사이에 계약상 배타적 협상의무를 인정하고 있는 경우에는 이러한 의무위반에 대하여는 채무불이행책임을 묻고 있으며 필연적으로 이행이익 한도로 손해배상을 산정하고 있다. 아래에서 대표적인 판결을 살펴보기로 한다.

Ⅰ. 부당파기로 인한 불법행위책임(조형물 사건)[27]

1. 대법원의 판결요지

어느 일방이 교섭단계에서 계약이 확실하게 체결되리라는 정당한 기대 내지 신뢰를 부여하여 상대방이 그 신뢰에 따라 행동하였음에도 상당한 이유 없이 계약의 체결을 거부하여 손해를 입혔다면 이는 신의성실의 원칙에 비추어 볼 때 계약자유 원칙의 한계를 넘는 위법한 행위로서 불법행위를 구성한다고 할 것이다(대법원 2001.6.15. 선고 99다40418 판결 참조). 그리고 그러한 불법행위로 인한 손해는 일방이 신의에 반하여 상당한 이유 없

27) 사안은 앞 117면 참조.

이 계약교섭을 파기함으로써 계약체결을 신뢰한 상대방이 입게 된 상당인과관계 있는 손해로서 계약이 유효하게 체결된다고 믿었던 것에 의하여 입었던 손해 즉 신뢰손해에 한정된다고 할 것이고, 이러한 신뢰손해란 예컨대, 그 계약의 성립을 기대하고 지출한 계약준비비용과 같이 그러한 신뢰가 없었더라면 통상 지출하지 아니하였을 비용상당의 손해라고 할 것이며, 아직 계약체결에 관한 확고한 신뢰가 부여되기 이전 상태에서 계약교섭의 당사자가 계약체결이 좌절되더라도 어쩔 수 없다고 생각하고 지출한 비용, 예컨대 경쟁입찰에 참가하기 위하여 지출한 제안서, 견적서 작성비용 등은 여기에 포함되지 아니한다고 볼 것이다.

한편 그 침해행위와 피해법익의 유형에 따라서는 계약교섭의 파기로 인한 불법행위가 인격적 법익을 침해함으로써 상대방에게 정신적 고통을 초래하였다고 인정되는 경우라면 그러한 정신적 고통에 대한 손해에 대하여는 별도로 배상을 구할 수 있다고 할 것이다.

돌이켜 이 사건에 관하여 살피건대, 원심판결 이유 및 기록에 나타나는 제반정황에 의하면, 비록 원피고 사이에 이 사건 계약에 관하여 확정적인 의사의 합치에 이르지는 못하였다고 하더라도 그 계약의 교섭단계에서 피고가 원고 등 조각가 4인에게 시안의 작성을 의뢰하면서 시안이 선정된 작가와 조형물 제작·납품 및 설치에 관한 이 사건 계약을 체결할 것을 예고한 다음 이에 응하여 작가들이 제출한 시안 중 원고가 제출한 시안을 당선작으로 선정하고 원고에게 그 사실을 통보한 바 있었으므로 당선사실을 통보받은 시점에 이르러 원고로서는 이러한 피고의 태도에 미루어 이 사건 계약이 확실하게 체결되리라는 정당한 기대 내지 신뢰를 가지게 되었다고 할 것이고 그 과정에서 원고는 그러한 신뢰에 따라 피고가 요구하는 대로 이 사건 조형물 제작을 위한 준비를 하는 등 행동을 하였을 것임에도, 앞서 본 바와 같이 피고가 원고와는 무관한 자신의 내부적 사정만을 내세워 근 3년 가까이 원고와 계약체결에 관한 협의를 미루다가 이 사건 조형물 건립사업의 철회를 선언하고 상당한 이유 없이 계약의 체결을 거부한 채 다른 작가에게 의뢰하여 해상왕 장보고 상징조형물을 건립한 것은 신의성실의 원칙에 비추어 볼 때 계약자유원칙의 한계를 넘는 위법한 행위로서 불법행위를 구성한다고 할 것이다.

나아가 그 손해배상의 유형과 범위에 관하여 보건대, 이 사건과 같은 피고의 계약교섭의 부당파기는 조형물 작가로서의 원고의 명예감정 및 사회적 신용과 명성에 대한 직간접적인 침해를 가한 불법행위에 해당된다고 할 것이므로 피고는 그로 인하여 원고가 입은 정신적 고통에 대하여 이를 금전으로 위자할 책임이 있다고 할 것이지만, 원고가 재산적 손해라고 주장하는 추정 총 제작비 20% 상당의 창작비 3억 원의 손해는 결과적으로 이 사건 계약이 정당하게 체결되어 그 이행의 결과에 따라 원고가 얻게 될 이익을 상실한 손해와 같은 성질의 것이어서 계약교섭이 중도파기되었을 뿐 종국에 가서 적법한 계약이 체결되지 아니한 이 사건에 있어서 원고로서는 계약의 이행을 청구할 수도 없고 또한 그 불이행책임을 청구할 아무런 법적 지위에 놓여 있지 아니하게 된 이상 계약의 체결을 전제로 한 이와 같은 손해의 배상을 구할 수는 없다고 할 것이고, 또한 이 사건 조형물의 제작을 준비하기 위하여 지출하였다는 비용 중 피고의 공모에 응하여 시안을 제작하는 데 소요된 비용은 아직 피고로부터 계약체결에 관한 확고한 신뢰가 부여되기 이전 상황에서 지출된 것으로서 원고로서는 그 대가로 500만 원을 지급받는 것에 만족하고 그 공모에 응하여 당선되지 않더라도 무방하다고 생각하고 지출한 비용에 불과하여 이 사건에서 용인될 수 있는 신뢰손해의 범위에 속한다고 볼 수도 없다고 할 것이며, 그 이외에 달리 원고가 이 사건 계약의 체결을 신뢰하고 지출한 비용이 있음을 뒷받침할 아무런 자료도 기록상 찾아볼 수 없다.

2. 판결의 분석

(1) 문제의 제기

본 사안에서 원고가 제출한 시안을 최종시안으로 선정하여 원고에게 통보한 후 뚜렷한 이유 없이 조형물의 건립에 관하여 구체적인 계약을 체결하지 않고 2년 9개월이 경과한 후 일방적으로 건립사업을 취소하였다는 이유로 예비적 청구로서 불법행위로 인한 손해배상을 청구하였기 때문에, 본 판결에서는 계약협상의 부당파기로 인한 손해배상의 요건 및 효과를 검토하였다. 계약협상과정에서 상대방에게 계약이 체결될 것이라는 정당한 신뢰를 갖게 하였음에도 불구하고 특별한 사유 없이 계약협상을 파기한 경우에 손해배상책임을 일정한 요건하에서 인정해야 한다는 점에는 학설과 판례가 일치하는 것으로 보인다. 다만 그 법적 근거를 불법행위로 할 것인지 아니면 계약체결상의 과실책임으로 할 것인지에 관하여 학설은 심하게 대립하고 있으나,[28] 대법원은 채용부당파기사건[29] 이후 계속하여 불법행위로 인한 손해배상책임을 인정하고 있다.[30] 본 판결은 기존 판례의 입장을 다시 한번 확인해 주고 있을 뿐만 아니라, 손해배상의 범위를 신뢰손해로 한정하고 있다는 점이 특이할 만하다.

여기서는 책임체계의 문제는 논하지 않고 다만 부당파기로 인한 손해배상책임이 발생하기 위한 요건의 문제만을 다루려고

---

28) 학설의 태도에 관한 자세한 내용은 지원림, "계약이 부당하게 파기된 경우의 법률관계," 민사판례연구 XXV, 174면 이하.

29) 대법원 1993.9.10. 선고, 92다42897 판결. 이에 관하여 자세한 것은 최흥섭, "학설이 인정하는 소위 「규정외의 계약체결상의 과실」에 대한 판례의 태도," 민사법학 제13·14호, 206면 이하.

30) 일정한 요건하에서 계약이 성립할 것이라는 신뢰를 침해당한 자를 보호하려는 제도는 오늘날 어느 나라에서도 인정되고 있다[각국의 입법에 관한 자세한 문헌은 Weber, Haftung in Aussicht gestellten Vertragsabschluß, AcP 192(1992), 391 주1) 참조].

한다. 물론 책임체계와 관련하여 어느 책임을 인정하느냐에 따라 그 법률효과가 다르게 된다는 점은 부정할 수 없다.[31] 그러나 정당한 신뢰를 침해했다는 것을 책임성립의 요건으로 본다면 —견해에 따라서 차이는 있지만— 계약체결상의 과실책임 내지 불법행위책임 중 어느 책임을 근거로 삼든 간에 그 요건에서는 동일하다. 또한 본 사안에서 정당한 신뢰가 발생하게 된 계기가 만약 계약을 근거로 한 것이라면 신뢰손해의 배상이 아니라, 이행이익 배상이 문제될 수 있다는 측면에서 원고가 계약이 체결될 것이라는 신뢰를 갖게 된 지위를 다시 분석하려고 한다.

(2) 손해배상책임의 요건

이미 앞에서 지적하였듯이 대법원의 입장은 비록 다른 책임규정을 갖고 손해배상책임을 인정하지만 그 요건에서 현재 독일판례[32] 및 다수설[33]과 입장을 같이하고 있다. 즉 i) 파기자가 상대방에게 계약이 확실하게 체결되리라는 정당한 기대 내지 신뢰를 부여하였을 것, ii) 상대방이 그 신뢰에 따라 행동하였을 것, iii) 파기자가 상당한 이유 없이 계약의 체결을 거부하였을 것 등이다.[34] 또한 계약교섭의 부당파기의 경우 불법행위로 인한 손해배상책임을 인정하는 견해에서도 책임의 근거를 “자신의 행태에 의하여 야기된 신뢰를 정당한 이유 없이 배반하는 것”[35]으로부터 찾은 것과도 그 입장이 같다고 할 수 있다. 다만 언제 “정당한 신뢰”가 발생하고 “상당한 이유 없이 계약체결을 거부하

---

31) 특히 본 사례에서 인격권 침해로 인한 위자료 청구권을 인정하였다는 점은 주의해서 볼 필요가 있다.

32) BGH ZIP 1988, 89 (90).

33) Flume, §33/8 (S. 617); Reinike/Tiedtke, ZIP 1989, 1094.

34) 이러한 설명으로 김동훈, “계약교섭의 중도파기와 손해배상책임,” 고시연구 2003/8, 211면.

35) 양창수, 민법연구 제1권, 계약체결상의 과실, 390면.

는 것"인지에 관하여 판례와 학설은 정확한 기준을 제시하고 있지 않다. 이 용어들은 모두 추상적이고 상황관련적 용어이기 때문에[36] 유형화를 통한 일정한 기준의 정립이 필요한데, 점차 판례가 집적되면서 구체화될 것으로 기대된다.[37]

(3) 손해배상책임의 범위

본 판례가 또 하나의 큰 의미를 갖는 것은 계약의 부당파기로 인한 손해배상책임의 범위를 신뢰손해로 한정하였다는 점이다. 즉 계약의 성립을 기대하고 지출한 계약준비비용과 같이 그러한 신뢰가 없었더라면 통상 지출하지 아니하였을 비용상당의 손해만을 배상받을 수 있다고 한정하였다. 이와 같은 입장은 민법 제535조를 유추적용하여 손해배상의 범위를 산정하려고 하였던 학설의 경향과 같다.[38]

판례가 신뢰손해라는 개념을 사용한 것은 한편으로는 계약이 체결되어 그 이행의 결과 원고가 얻을 수 있었던 이익을 상실한 손해(이행이익의 손해)를 손해배상의 범위에서 배척하기 위함이다. 다른 한편으로는 최종시안으로 선정되기 전, 즉 계약이 체결될 것이라는 신뢰를 갖기 전에 지출한 비용, 즉 원고가 공모에 응하여 시안을 제작하는 데 소요된 비용(예: 경쟁입찰에 참

36) 이러한 표현으로 최홍섭, "계약이전단계에서의 책임과 민법 제535조의 의미," 배경숙교수 화갑기념논문집, 1991, 568면.

37) 계약의 부당파기로 인한 사례군의 유형에 관하여 자세한 것은 Weber, AcP 192(1992), 390 ff. 참조.

38) 주석민법 채권각칙(1)/전하은, 225면; 지원림, "계약이 부당하게 파기된 경우의 법률관계," 민사판례연구 XXV, 182면; 윤경, "계약교섭단계에서의 신의칙상 주의의무위반과 손해배상책임," 법조 2001/9, 221면. 그런데 불법행위책임을 인정한 이상 이행이익의 손해도 상황에 따라 배상이 가능한 경우가 있다는 입장으로 서민, "계약체결상의 과실책임의 체계와 범위," 책임법에 있어서 자유와 책임(김형배교수 화갑기념논문집, 1994), 428면; 민법주해(XII)/최홍섭, 283면.

가하기 위하여 지출한 제안서, 견적서 작성비용 등)을 손해배상의 범위에서 배척하기 위해서다. 이에 따라서 본 사안에서는 계약체결에 관한 확고한 신뢰가 발생한 이후에는 특별한 비용을 원고가 지출한 바가 없었으므로 재산적 손해가 발생하지 않은 것으로 판단하였다.

본 판결내용과 관련하여 대법원은 신뢰손해에 해당하는 배상을 인정하면서 이행이익을 넘지 못한다는 제한을 명시적으로 가하지 않았다. 우리 학설은 제535조를 유추적용하고 있어서 신뢰이익의 배상을 인정하는 이상 이를 이행이익의 한도로 제한을 해야 한다고 보고 있다. 그 논거로 이행이익의 배상을 허용하게 되면 그것은 바로 체약강제를 인정하거나 불이행책임을 인정하는 것과 같은 효과를 가져오기 때문이라고 한다.[39] 판례가 명시적으로 신뢰손해를 한도로 하면서 이행이익의 한도를 넘지 못한다는 제한을 가하지 않았다고 하여 이러한 제한을 설정할 의사가 없었다고 해석할 수는 없다. 본 사안에서는 손해배상책임이 인정되지 않았기 때문에 신뢰손해의 배상책임을 이행이익의 한도로 제한할 필요성이 없었을 것이다. 이는 앞으로 판례발전을 지켜보아야 할 것이다.

(4) 판례의 문제점

1) 원고가 취득한 보수의 내용

본 판결에서 대법원은 "원고가 제출한 시안을 당선작으로 선정하고 원고에게 그 사실을 통보한 것"으로부터 계약이 확실하게 체결되리라는 정당한 기대 내지 신뢰가 발생하였다고 한다. 물론 대법원은 원고가 불법행위로 인한 손해배상청구를 하였기 때문에 그에 따른 검토만을 한 것으로 보인다. 그러나 이러한 정당한 신뢰를 인정한 것이 시안을 응모할 때 계약체결에 대한 일

39) Reinike/Tiedtke, ZIP 1989, 1098; 주석민법 채권각칙(1)/전하은, 225면.

정한 법적 지위를 최종시안으로 선정된 자에게 인정하기로 합의를 보았기 때문에 생긴 것이 아닌지를 먼저 검토하였어야 했다.

사안에서 피고는 조형물의 시안을 제작하여 제출하라고 원고에게 요구하였고 원고는 그에 대하여 보수를 지급받기로 하였다. 피고는 시안작성을 의뢰하면서 원고와 2가지 내용의 보수를 지급하기로 약속한 것으로 해석된다. 첫 번째는 시안제작을 의뢰하면서 시안제작비로 500만원을 지급하였고, 두 번째는 시안 중에서 최종 시안을 선정하기로 약속한 것이다. 따라서 원고와 피고 사이에 체결된 도급계약으로 원고가 받기로 한 보수에는 단순한 도급계약에서 받는 보수를 넘어서 통상 우수현상광고에서 얻을 수 있는 보수가 추가되어 있었다.[40] 보수가 단순한 금전을 넘어서 우수현상광고로 인한 보수가 결합된 계약으로 해석해야 하는 것은, 시안제작비로 지급된 500만원은 시안제작에 필요한 최소경비의 지급에 불과하고 이에 응모한 당사자들은 최종시안으로 확정되면 더 많은 이익을 누릴 수 있다는 기대하에 받은 500만원보다 더 많은 제작비를 투자했음은 물론 예술적 창작으로 인한 보수도 요구하지 않은 것으로 보이기 때문이다. 피고가 원고의 시안을 당선작으로 선정함에 따라 "계약이 확실하게 체결되

---

40) 본래 민사법학회 판례연구회에서 발표한 발표문에서는 도급계약과 우수현상광고계약이 혼합된 혼합계약으로 해석을 하였다. 즉 우수현상광고는 광고에서 정한 행위를 완료한 자 가운데서 우수한 자에게만 보수를 주기로 하는 특수한 현상광고인데(민법 제678조 제1항), 우수현상광고가 성립하기 위해서는 현상광고 및 지정행위 이외에 응모기간을 정해야 한다. 즉 우수현상광고에 있어서는 응모기간이 정해져 있을 것을 필수적인 요건으로 하고 있다. 사안에서 제출한 시안 중에서 최종시안을 확정하겠다는 광고행위와 지정행위가 있었고, 1996. 5. 15.로 응모기간이 정해져 있었으므로 우수현상광고의 본질적 구성부분은 모두 확인할 수 있다. 다만 응모자가 지정되어 있어서 공개성이 없다는 이유 때문에 우수현상광고가 될 수 없다는 지적으로 입장을 바꾸기로 하였다. 그러나 결과에서는 이 논문의 입장과 차이가 나지 않는다.

리라는 정당한 신뢰"가 발생하였다고 판례는 보았으나, 이러한 지위는 당사자들의 합의에 기하여 원고가 특정한 보수로서 받은 것이다. 최종시안으로 선정된 자의 지위는 건축설계 공모 내지 예술작품 공모에서의 보수와 비슷하다. 건축설계의 공모와 같은 우수현상광고에 있어서 미리 광고자가 당선자와 계약을 체결하기로 광고하는 경우가 있는데, 이 때 그러한 계약의 체결도 보수에 포함될 수 있다.[41] 또한 예술작품을 공모하여 입선된 작품으로 미술전을 개최하기로 한 경우에 보수는 작품의 전시이다.[42]

그렇다면 최종시안으로 선정되었다고 하는 원고의 지위에 기하여 어떠한 권리·의무가 발생하느냐가 문제된다. 이미 살펴본 바와 같이 본질적 구성부분에 관한 합의가 아직 없는 상태에서는 조형물 제작·납품 및 설치에 관한 계약이 당선통지에 의하여 체결되었다고 보기는 어렵다. 그러나 최종시안으로 선정된 이상 건축설계 공모에서와 같이 최종시안으로 선정된 자가 배타적인 계약협상의 지위를 얻었다고 보아야 한다. 판례가 인정한

---

41) 주석민법 채권각칙(4)/윤진수, 358면. 대법원 2002.1.25. 선고 99다63169 판결(이에 대한 평석으로 윤경, "건축설계 우수현상광고의 당선보수인 '기본 및 시설설계권'의 의미," 대법원 판례해설 제40호, 2002, 71-91면): 건축설계 우수현상광고에서 당선자가 보수로서 받는 '기본 및 실시설계권'이란 당선자가 광고자에게 우수작으로 판정된 계획설계에 기초하여 기본 및 실시설계계약의 체결을 청구할 수 있는 권리를 말하는 것이므로, 광고자로서는 특별한 사정이 없는 한 이에 응할 의무를 지게 되어 당선자 이외의 제3자와 설계계약을 체결하여서는 아니됨은 물론이고, 당사자 모두 계약의 체결을 위하여 성실하게 협의하여야 할 의무가 있다고 할 것이며, 만약 광고자가 일반 거래실정이나 사회통념에 비추어 현저히 부당하다고 보여지는 사항을 계약내용으로 주장하거나 경제적 어려움으로 공사를 추진할 수 없는 등으로 인하여 계약이 체결되지 못하였다면 당선자는 이를 이유로 한 손해배상책임을 물을 수 있다.

42) 이와 같은 일본의 하급심판결을 소개하는 문헌으로 주석민법 채권각칙(4)/윤진수, 358면 참조.

건축설계 우수현상광고에서는 명시적으로 '기본 및 시설설계권'이라는 배타적 협상권이 인정되었으나,[43] 본 사안에서는 이와 같은 권리가 명시적으로 합의된 바는 없다. 그러나 관례상 조형물의 최종시안으로 확정되었다고 한다면, 선정된 자는 자신과 조형물 제작·납품 및 설치에 관한 계약이 체결될 것이라는 기대를 가질 수 있을 뿐만 아니라, 광고자에게 자신과의 계약체결에 성실하게 임하라고 요구할 수 있는 권리를 갖는다고 해석할 수 있다. 따라서 본 사안에서 "조형물 제작·납품 및 설치에 관한 계약에 관하여 배타적으로 협상을 할 수 있는 지위"가 보수의 내용이 되었다고 해석될 수 있다.

이러한 독자적이고 배타적인 협상을 할 수 있는 지위는 단지 계약이 확실하게 체결될 것이라는 신뢰를 발생시킬 뿐만 아니라, 협상을 요구할 수 있는 권리를 발생시킨다. 반면에 광고자는 특별한 사정이 없는 한 최종시안 선정자의 계약체결 요구에 응할 의무를 지게 된다. 따라서 광고자는 특별한 이유 없이 최종시안 선정자 이외의 제3자와 계약을 체결하여서는 안 되고, 쌍방은 계약협상과정에서 일반 거래실정이나 사회통념에 비추어 현저히 부당하다고 보여지는 사항을 계약내용으로 할 것을 주장하지 아니할 의무가 있다.[44]

2) 배타적 협상의무위반으로 인한 손해배상책임

원고가 얻은 배타적 협상의 지위를 침해하여 계약교섭을 하지 않고 아예 다른 사람과 조형물 제작·납품 및 설치에 관한 계약을 체결한 경우에 그에 대하여 어떠한 책임을 물을 수 있는지가 문제된다. '기본 및 시설설계권'을 배타적 협상지위를 가지는 권리로 해석한 판례[45]에서 손해배상책임을 인정하였지만, 책

43) 대법원 2002.1.25. 선고, 99다63169 판결.

44) 윤경, "건축설계 우수현상광고의 당선보수인 '기본 및 시설설계권'의 의미," 대법원 판례해설 제40호, 85면.

임의 근거가 채무불이행으로 인한 손해배상책임인지 아니면 불법행위로 인한 손해배상책임인지 명백하지 않고 또한 그 책임의 범위에 관하여도 신뢰이익의 배상인지 아니면 이행이익의 배상인지에 관하여 침묵하고 있다.

배타적 협상의무를 위반한 경우에 손해배상책임의 이론구성은 다양한 방식으로 접근이 가능하겠으나, 배타적으로 협상할 채무를 인정한 이상 채무불이행책임으로 구성하는 것이 타당하다고 생각된다.[46] 손해배상의 범위도 단순히 계약교섭단계에서 계약이 결렬된 경우와는 다르게 조형물 제작·납품 및 설치에 관한 계약의 체결을 요구할 수 있는 권리가 침해되었다는 점에서 신뢰이익배상이 아닌 이행이익배상으로 보는 것이 타당하다.[47] 따라서 계약의 성립을 기대하고 지출한 비용의 배상을 넘어서 제작·납품 및 설치에 관한 계약이 체결되어 이행에 따른 대가를 배상청구할 수 있다고 생각된다. 그러므로 손해배상은 이미 지출한 시안의 제작에 지급되는 보수를 넘어서는 것이어야 한다. 따라서 원고가 재산적 손해라고 주장하는 추정 총 제작비 20% 상당의 창작비 3억원의 손해는 대법원이 인정한 바와 같이 계약이 체결되어 그 이행의 결과 얻게 될 이익을 상실한 손해인데, 이 이행이익도 협상의무 불이행으로 인한 손해배상의 범위 내에 포함된다고 생각된다.

원고가 얻은 배타적으로 계약협상을 할 수 있는 지위는 계약상의 이익으로서 그 침해는 채무불이행으로 인한 손해배상으로 구제를 받을 수 있었다. 그런데 원고가 불법행위로 인한 손해배상책임을 물었기 때문에 판례는 계약의 부당파기로 인한 불법행

---

45) 대법원 2002.1.25. 선고, 99다63169 판결.

46) 같은 견해로 윤경, "건축설계 우수현상광고의 당선보수인 '기본 및 시설설계권'의 의미," 대법원 판례해설 제40호, 86면.

47) 같은 견해로 윤경, "건축설계 우수현상광고의 당선보수인 '기본 및 시설설계권'의 의미,"대법원 판례해설 제40호, 87면.

위로 인한 손해배상책임의 성립만 검토하였다. 여기서 확인해 둘 점은 계약의 본질적 구성부분인 보수에 관한 합의 없이도 계약의 부당파기로 인한 손해배상책임을 판례가 인정할 수 있었던 것은 원고가 이와 같은 예외적인 지위에 있었기 때문이라고 생각된다.

II. 부당파기로 인한 채무불이행책임(구단복귀약정 사건)

1. 사안과 대법원의 판결요지

[구단복귀약정 사건] 대법원 2004.6.24. 선고, 2002다6951, 6968 판결

프로축구단을 운영하는 원고는 축구선수인 피고와 사이에 1991.11.18. 입단계약을 체결하면서 피고가 원고 운영의 축구단에서 선수로서 활동하기로 하였다. 이후 외국구단으로 이적할 경우 피고는 귀국시에 원고 운영 축구단으로 조건 없이 복귀하기로 하고 이적시 외국구단으로부터 받게 되는 이적료를 원고와 피고가 5 : 5로 배분하기로 약정을 하였다. 이후 1998.1.7. 피고는 원고와의 협상을 거쳐 프랑스 프로축구단인 스트라스부르그 구단으로 이적하게 되었는데, 당시 원고는 그 구단으로부터 이적료 미화 100만 달러를 받아 그 중 절반에 해당하는 499,990달러를 위의 약정에 따라 피고에게 지급하였다. 그 후 피고는 프랑스 프로축구리그에서 활동하다가 스트라스부르그 구단과의 불화로 출전기회가 줄어들자 다시 국내 복귀를 추진하기로 하고 피고의 형 소외 A를 통하여 1998.12.경부터 1999.2.5.까지 몇 차례 원고와 협상을 벌이다가 1999.2.16. 대리인 B를 통하여 수원 S 구단과 입단계약을 체결하고, 피고는 현재 수원 S 구단에서 활동 중이다.

위 사안에 대하여 대법원은 다음과 같이 판시하였다.

(1) 손해배상책임의 발생

대법원은 원심의 사실관계를 긍정하며 그 사실관계에서는 피고가 원고와의 구단복귀 약정을 위반함으로써 그 위반으로 원고가 입은 상당인과관계 있는 손해를 배상할 의무를 진다고 본 그 판단도 옳고 그 판단에 처분문서의 해석, 계약불이행으로 인한 손해배상책임에 관련된 법리를 오해한 잘못이 없다고 판단하였으며 나아가 위 원피고 사이의 약정이 헌법상 직업선택의 자유를 침해한다거나 공서양속에 반하는 반사회질서의 법률행위라고 볼 수도 없다고 하였다.

(2) 손해배상의 범위

대법원은, 원고가 피고에게 입단계약시 위의 약정에 따라 지급한 금원, 즉 이적료의 절반에 해당하는 금원이 입단대가이었기도 하지만 후에 피고가 원고 운영 축구단에 복귀하는 대가로서의 성격이었다는 원심의 판단은 정당하고, 거기에 증거법칙에 위반하였다거나 판결이유가 전후 모순되었다는 등의 위법은 없다고 판단하였다.

채무불이행으로 인한 손해배상청구소송에 있어, 재산적 손해의 발생사실이 인정되고 그의 최대한도인 수액은 드러났으나 거기에는 당해 채무불이행으로 인한 손해액 아닌 부분이 구분되지 않은 채 포함되었음이 밝혀지는 등으로 구체적인 손해의 액수를 입증하는 것이 사안의 성질상 곤란한 경우, 법원은 증거조사의 결과와 변론의 전취지에 의하여 밝혀진 당사자들 사이의 관계, 채무불이행과 그로 인한 재산적 손해가 발생하게 된 경위, 손해의 성격, 손해가 발생한 이후의 제반 정황 등의 관련된 모든 간접사실들을 종합하여 상당인과관계 있는 손해의 범위인 수액을 판단할 수 있다고 대법원은 판시하였다.

대법원은, 이 사건의 경우 원고는 그의 청구원인으로서 원고가 위의 이적료로서 받은 돈 중 피고에게 지급한 돈을 재산적 손해로서 구하고 있음이 명백하고, 원심은 이 사건 금원 중 피고의 원고 운영 축구단으로의 복귀 대가에 해당하는 부분을 손해로 보고 있음이 분명한바, 이 경우 그 구체적 손해액의 입증이 지극히 곤란하다고 본 원심의 판단은 정당하고, 이러한 경우 위와 같은 법리에 따라 사실심 법원은 그 구체적 손해의 액수를 판정할 수 있으니, 원심은 그 구체적 손해액을 그 판시와 같은 제반 경위를 참작하여 3억 원으로 인정한 것으로 보인다고 판단하였다.

대법원은 나아가, 원심이 그의 판시에서 비록 위자료 내지 위자료의 보완적 기능이라는 표현을 사용하였고 인신사고로 인한 손해배상청구가 아닌 이 사건에서 그러한 판시는 적절한 것이 못됨은 피고가 지적한 바와 같다고 할 것이지만, 이는 원고가 구하지 않은 정신적 손해 혹은 기타 무형적 손해를 인정한다는 취지의 판시가 아니고, 그의 전후 판시에 비추어 볼 때, 구체적으로 그 손해액의 입증이 곤란한 경우의 재산적 손해액 인정을 위한 법리의 판시로 볼 것이므로, 그를 들어 원심의 그 판시가 판결 결과에 영향을 준 변론주의 위반 판단으로 볼 것은 아니라고 판시하였다.

2. 구단복귀약정의 위반에 따른 채무불이행책임

원고인 구단과 피고인 운동선수 사이에 입단계약을 통하여 선수계약이 체결되었기 때문에 입단계약의 법적 성격 및 내용을 통하여 양 당사자 사이의 관계를 먼저 확정해야 한다. 그리고 나서 입단계약에 담겨져 있는 이적료 약정과 복귀약정의 의미를 살펴보고 어떠한 의미에서 의무위반이 있는지를 검토하고자 한다.

(1) 입단계약에 있는 이적료 약정이 갖는 의미

피고가 입단할 당시인 1991년에는 아직도 프로축구에서 드래프트제도가 있었고 그에 따라 원고가 피고를 지명하였으나, 피고가 처음에는 지명권제도를 거부하는 의사를 밝혔다가 다른 선수들과는 비교가 되지 않은 상당히 유리한 조건의 입단계약을 체결하였다.

본 판결에서 문제된 고용계약으로서의 입단계약에는 보통의 선수계약에 포함되어 있는 계약금, 연봉 등 입단조건에 관한 내용 외에 해외진출에 따른 약정이 포함되어 있었다. 즉 입단계약 안에는 외국구단으로 이적할 때 이적료의 절반을 운동선수에게 지급하며 운동선수가 국내로 복귀할 때 구단에 조건 없이 복귀하기로 하는 내용이 들어 있었다.

우선 이적료와 관련하여 살펴본다면 이적료는 양도구단에게 귀속하므로 운동선수는 이적료에 대하여 아무런 권리가 없는 것이 원칙이다. 그러나 본 사안에서는 이적료를 반분하기로 한 것은 여러 의미로 해석할 수 있는데, 첫째는 원고 구단으로 복귀하기로 하는 약정에 대한 사전지급금이라고 볼 수 있고, 둘째 원고 구단으로 복귀하지 않는 것을 해제조건으로 하여 지급한 것으로 볼 수도 있고, 셋째 입단조건을 구성하는 것으로 볼 수도 있을 것이다. 그런데 이적료의 일부를 지급하는 것이 복귀에 따른 사전지급금으로서의 성격을 갖거나, 아니면 복귀하지 않을 것을 해제조건으로 지급된 것으로 보기 위해서는 이와 같은 사정을 계약서에서 해석해 낼 수 있는 특별한 사정이 존재해야 한다. 그런데 원심은 이와 같은 특별한 사정이 본 사안에서는 없었으므로 이적료의 반을 지급하기로 하는 약정은 입단계약의 일부에 불과하다고 해석하였다. 물론 이적료의 반을 지급하기로 한 것을 복귀의 대가로서 내지 복귀약정을 담보하는 성격을 갖는 것으로 볼 수도 있었을 것이다. 그에 따라 모순된 것처럼 보이지만,[48]

48) 이러한 지적으로 김재형, “프로스포츠 선수계약의 불이행으로 인한 손해배상책임 —대법원 2004.6.24. 선고 2002다6951, 6968 판결을 중심으로—,” 월드컵 그 이후의 법정책적 과제(한국스포츠법학회 학회창

대상 판결은 손해배상에 관한 판단부분에서는 금원지급약정을 복귀 대가라는 의미와 입단조건이라는 의미를 함께 갖고 있다고 보았다.

(2) 입단계약에 있는 복귀 약정이 갖는 의미

1) 계약성립의 의제?

입단계약에서 피고가 해외로 진출하였다가 국내로 복귀할 때 원고 구단으로 복귀하기로 한 약정의 의미가 문제된다. 계약서상 복귀약정의 문구는 "피고는 귀국시에 원고 축구단으로 조건없이 복귀한다"라고 되어 있었다. 이 문구에 따르면 피고가 해외진출 후 국내로 다시 돌아오는 경우에 당사자 사이에 특별한 협상 없이 바로 원고와 피고 사이에 입단계약이 체결된 것으로 볼 수도 있을 것이다. 그러나 이러한 형식적 문구에 얽매여서 피고가 국내로 복귀하는 경우에 입단계약은 당연히 성립한 것이고 원고 축구단이 제시하는 입단조건을 무조건 받아들여야 하는 것으로 해석하는 것은 무리가 있다. 입단계약의 내용의 중요부분이 아직 정해져 있지 않았고 이러한 부분에 대하여 당사자들이 협상을 아직 할 필요가 있는 것으로 생각하고 있다는 사실로부터 계약이 체결되지 않았다는 당사자의 의사가 명확하게 드러났다고 생각된다. 즉 계약이 성립하기 위해서는 단순히 청약과 승낙의 합치만으로는 부족하고, 적어도 ⅰ) 계약 내용의 '중요한 점'과 계약의 객관적 요소는 아니더라도 특히 ⅱ) 당사자가 그것에 중대한 의의를 두고 계약성립의 요건으로 할 의사를 표시하였다면 이의 합치가 있는 때 비로소 계약이 적법 유효하게 성립한다.[49] 이와 같이 계약이 성립하기 위해서 합의를 통하여 규율되어야

립5주년기념 2004 국제학술대회 논문집).

49) 대법원 2003.4.11. 선고, 2001다53059 판결.

할 내용을 학계에서는 일반적으로 '본질적 구성부분'이라고 한다. 대상판결에서 문제가 되는 입단계약은 기술한 바와 같이 특별한 형태의 고용계약이므로, 객관적으로는 선수가 수행해야 할 용역과 이에 대하여 구단이 지급하여야 할 보수가 본 계약의 본질적 요소가 될 것이다. 구체적으로 말하면 입단계약의 본질적 계약요소는 선수가 부담하는 주된 급부의무인 경기에 대한 참가 및 훈련참여와 시간에 대한 내용과 구단이 부담하는 주된 급부의무인 연봉 및 상여금 등의 급여에 대한 내용이다. 보수와 관련하여 좀 더 보충하여 설명하면 고용계약의 경우 보수에 관하여는 보충규정이 있어(민법 제656조) 보수의 약정 없이 유효하게 고용계약이 성립하므로 보수는 본질적 구성부분에 속하지 않는다.[50] 그러나 본 사안에서와 같이 특수한 능력을 갖는 고액연봉의 프로스포츠 선수에 있어서는 보수에 해당하는 연봉은 적어도 주관적 본질적 구성부분에 해당한다고 보아야 할 것이다. 즉 계약의 당사자가 그에 중요한 의미를 부여하여 이에 대한 합의 없이는 계약이 유효하게 성립하지 않는다. 본 사안에서는 아직 주관적 본질적 구성부분인 보수에 대한 합의가 없으므로 국내복귀사실만으로 입단계약이 체결되었다고 보기는 어렵다.

2) 입단계약의 본질적 구성부분에 대한 의도된 흠결?

구단복귀약정에 있어 입단계약의 중요내용에 대하여 구단과 선수 사이에 의식적인 합의의 흠결이 존재하는지 살펴볼 필요가 있다. 원칙적으로 구단과 선수 쌍방에게 의식된 합의의 흠결이 존재한다고 하더라도 계약의 자유의 원칙상 본질적 요소도 미정일 수 있다. 다만, 본질적 요소에 관한 합의가 사후의 약정으로 유보될 수 있고 사후의 약정이 이뤄지지 않는다면 보충적 계약

50) 이에 관하여 139면 이하 참조.

해석 또는 법률규정으로 흠결이 보충될 수 있는 계약의 요소는 모든 계약요소라고 보는 견해도 있으나,[51] 이는 주관적 본질적 구성부분에 한정된다. 대상판결의 경우 흠결된 부분은 연봉과 같은 주관적 본질적 구성부분이기 때문에 사후의 약정을 위한 의식적인 합의의 흠결을 의도하였다고 볼 수도 있으나, 이를 위해서는 이 부분에 대한 합의 없이도 계약에 구속되려고 하는 당사자의 의사를 찾을 수 있어야 한다. 그런데 사안에서 국내복귀만으로 계약에 구속되려고 하는 당사자의 의사를 확인할 수 없으므로 구단복귀 약정만으로는 계약의 본질적 요소에 대한 의식적인 흠결로 볼 수는 없다고 생각된다.

3) 입단계약에 대한 예약?

장래 일정한 계약을 체결할 것을 미리 약정하는 계약을 예약이라고 하고, 이 예약을 기초로 하여 체결되는 계약을 본계약이라 한다. 예약은 장래 체결될지가 불확정적인 본계약에 대하여 미리 상대방을 구속하여 둘 필요가 있을 때에 하는 것으로서 이로 인하여 본계약을 체결해야 할 채무를 상대방에게 부담시킨다. 이 점에서 예약은 당사자 사이의 계약을 강제하는 기능을 수행한다. 그에 따라 구단복귀약정이 입단계약에 대한 예약으로 해석될 경우 선수에게 계약의 자유 또는 직업선택의 자유를 침해할 소지가 있다. 그러나 예약이 유효하게 성립되기 위해서는 계약의 성립에 대하여 필요한 요건을 구비하는 것이 필요하다. 비록 예약의 잠정적 특성상 계약과 동일한 수준의 계약내용의 확정성을 요구할 수는 없다. 그러나 당해 판결의 구단복귀약정은 입단계약의 본질적 내용에 대한 특별한 언급이 없는 것으로 보이므로 구단복귀약정을 예약으로 볼 수는 없다.

---

51) 지원림, 민사판례연구 XXV, 2003, 169면.

4) 배타적 협상의무의 발생

앞에서 문제된 법률적 의미를 복귀약정에서 찾을 수 없다고 하여 원고 축구단으로 복귀하기로 한 약정이 피고에게 아무런 법률적 의무를 발생시키지 않는, 단순한 선언적인 내용을 갖는다거나 원고 축구단의 희망 또는 배려를 기재한 것에 불과한 것으로 보기에도 힘들다. 구단복귀약정 자체로서 입단계약의 효력을 갖지는 못하지만 복귀하기로 하는 문언상의 내용과 —구단에게 전속적으로 귀속하는 것이 일반적인— 이적료의 절반을 선수에게 주었다면 구단은 선수의 구단 선택의 대상자로서 우선협상 대상이 되며 선수에게 협상에 성실하게 응하여야 할 의무를 부과한 것으로 해석할 수 있을 것이다. 대상 판결 역시 "원고(구단)가 제시하는 입단조건을 무조건 받아들여 원고 운영 축구단으로 복귀하여야 한다는 것으로 해석할 수는 없다고 하더라도 위의 약정의 내용과 입단계약의 체결 경위 등을 참작하면 피고는 이적료 협상과 별개로 원고와의 입단협상에 성실하게 응하여 합의에 이를 수 있도록 노력하여야 할 의무를 부담한다고 봄이 상당하다"고 판단하고 구단복귀약정의 당사자인 선수에 대하여 입단계약에 대한 성실교섭의무를 구단복귀약정에 의한 '계약책임'으로 인정하고 있다.

(3) 배타적 협상의무의 내용과 그 위반에 따른 책임

독자적이고 배타적인 협상을 할 수 있는 지위는 단지 계약이 확실하게 체결될 것이라는 신뢰를 발생시킬 뿐만 아니라, 협상에 성실하게 응하라고 요구할 수 있는 권리를 원고 축구단에게 발생시킨다. 그에 반하여 피고 운동선수는 특별한 사정이 없는 한 원고 축구단의 계약체결 요구에 응할 의무를 부담하게 된다. 따라서 피고 운동선수는 특별한 이유 없이 원고 축구단 이외의 제3자와 입단계약을 체결하여서는 안되고, 쌍방은 계약협상과정에서 일반 거래사정이나 사회통념에 비추어 현저히 부당하다고 보여지는 사항을 계약내용으로 할 것을 주장하지 아니할 의무가 있다.

본 사안에서 구단이 제시한 입단조건이 일방적으로 선수에게 불리한 것도 아니며, 당시 국내프로축구에서 가장 좋은 조건 등이어서 선수 측에서 계약협상에 임하는 것이 특별히 불리하지도 않았다. 구단의 이러한 협상태도에도 불구하고 타 구단과 비밀리에 교섭하여 입단계약까지 체결하였음에도 계속하여 협상을 진행하는 듯한 태도를 보였다면 이는 선수의 구단복귀약정에 기한 배타적 협상의무의 위반에 해당하고 그에 따른 손해배상책임을 인정할 수 있을 것이다.

3. 계약의 부당파기와 협상의무위반에 따른 손해배상책임

(1) 배타적 협상의무 위반에 따른 손해배상책임의 법적 구성

계약의 협상을 부당하게 파기한 사건 중에는 당사자에게 배타적 협상의무를 인정하여 그 의무위반에 대한 손해배상책임을 물은 경우가 있다. 이를 인정한 첫 사안이라고 할 수 있는 대법원 2002. 1. 25. 선고, 99다63169 판결에서 대법원은 우수현상광고의 당선보수로서 '기본 및 시설설계권'을 인정하여 이를 이행하지 않은 상대방에 대하여 손해배상책임을 인정하였다. 건축설계 우수현상광고에서 당선자가 보수로서 받는 '기본 및 실시설계권'이란 당선자가 광고자에게 우수작으로 판정된 계획설계에 기초하여 기본 및 실시설계계약의 체결을 청구할 수 있는 권리를 말하는 것이므로, 광고자로서는 특별한 사정이 없는 한 이에 응할 의무를 지게 되어 당선자 이외의 제3자와 설계계약을 체결하여서는 아니됨은 물론이고, 당사자 모두 계약의 체결을 위하여 성실하게 협의하여야 할 의무가 있다고 할 것이며, 만약 광고자가 일반 거래실정이나 사회통념에 비추어 현저히 부당하다고 보여지는 사항을 계약내용으로 주장하거나 경제적 어려움으로 공사를 추진할 수 없는 등으로 인하여 계약이 체결되지 못하였다면 당선자는 이를 이유로 한 손해배상책임을 물을 수 있다고 판시하였다. 그런데 이 기본 및 시설설계권의 내용은 바로 배타적 협상의무라고 판단된다. 다만 이 판결에서는 이 의무위반에 대하여 채무불이행책임을 인정한 것인지 아니면 불법행위로 인한 손해배상책임을 인정한 것인지를 명시적으로 밝히고 있지 않으며 손해배상의 범위도 이행이익의 배상을 인정한 것인지 아니면 신뢰이익의 배상을 인정한 것인지도 밝히고 있지 않다.

그런데 배타적 협상의무를 계약상의 의무로 인정한 이상 그 불이행으로 인한 손해배상책임의 근거는 채무불이행으로 구성하는 것이 타당하다고 생각된다. 위 판결에서 현상광고를 통해 최우수작으로 판정된 자에게 보수로 '공사에 관한 기본 및 실시설계권'을 부여하기로 하였고 이에 대한 이행을 불이행하면 그 책임은 채무불이행책임으로 보는 것이 정당하다고 생각된다. 그리고 채무불이행책임이 인정된 이상 손해배상의 범위는 단순히 계약교섭단계에서 계약이 결렬된 경우와는 다르게 신뢰손해의 배상이 아닌 이행이익의 배상으로 보는 것이 타당하다고 생각된다.

(2) 손해배상의 범위

손해배상의 범위와 관련하여서 본 판결은 배타적 협상의무 위반의 경우 이행이익배상을 명시적으로 인정한 첫 판결이라고 보여진다. 즉 본 판결에서는 계약의 성립을 기대하고 지출한 비용의 배상 및 선수에게 지급한 이적료를 넘어서 피고를 영입하지 못함으로써 원고 축구단이 필요로 하는 팀의 구성과 운영에서 지장을 받았을 것이고 또한 원고 축구단의 홍보와 광고 등에서 부정적 영향을 받았을 것임을 참작하여 배상액을 정하고 있는데, 이는 소극적 손해로서 이행이익에 해당한다.

재산적 손해를 확정하기가 어려웠다는 점이 본 판결에서 마지막으로 문제되었다. 즉 구단계약의 선수기용에 따른 경기 운용이나 효과 또는 홍보 및 광고효과를 정확히 측정하는 데는 한계가 있었다. 원심판결은 "피고를 영입하지 못함으로써 원고 운영 축구단이 필요로 하는 팀의 구성과 운영에서 지장을 받았을 것임을 추단하기 어렵지 않으며, 또 원고 운영 축구단의 홍보와 광고 등에서도 부정적 영향을 받는 손해를 입었다고 판단"한 후 "그와 같은 원고의 손해의 성질상 그 손해액에 대한 입증은 대단히 곤란하여 이를 확정하기는 사실상 불가능하므로 위자료의 보완적 기능을 빌어 피고에 대하여 위자료의 지급으로서 원고의 손해를 전보하게 함이 상당하"다고 하여 입증이 곤란한 재산상 손해의 산정에 있어 위자료를 통하여 배상액을 조절하였다. 이에 대하여 대법원은 원심판결이 위자료 내지 위자료의 보완적 기능이라는 표현을 사용한 것은 부적절하지만, 이를 "구체적으로 그 손해액의 입증이 곤란한 경우의 재산적 손해액 인정을 위한 법리"를 판시한 것으로 보았다.

판례는 제한적으로 위자료의 보완적 기능을 인정하고 있으며,[52] 상소의 이익에 있어 위자료와 재산상 손해 사이의 경계를 다소 탄력적으로 해석하고 있는 판결도 있다.[53] 그러나 전통적인 판례의 기본적인 태도는 손해3분설, 즉 재산상의 적극적 손해와 소극적 손해 그리고 정신적 손해배상으로서 위자료를 나눠서 판단하고 있다. 특히 재산적 손해와 정신적 손해는 그 산정근거가 일치한다고 보기 어렵고 현행 민법의 구성 역시 재산적 손해와 정신적 손해를 구분하고 있으므로 재산적 손해의 산정을 보완하기 위하여 위자료의 산정을 통하여 보완하는 것은 지양해야 한다. 다만 대상판결과 같이 그 손해의 산정이 어려운 경우는 당사자 일방에게 손해액 산정에 있어 증명책임을 완화하고 법관에게 사실인정에 필요한 확신의 정도를 다소 경감함이 타당하며 이러

52) 대법원 1984.11.13. 선고, 84다카722 판결.

53) 대법원 1994.6.28. 선고, 94다3063 판결.

한 측면에서 이번 대법원 판결의 태도는 옳다고 생각한다. 비록 법관에게 자유심증의 정도를 경감한다 하더라도 대상판결은 "피고의 1991. 입단경위, 피고에게 지급된 해외이적료의 금액, 피고가 원고운영 축구단에서 활동한 기간과 스트라스부르그 구단에서 활동한 기간, 피고가 국내로 복귀할 당시 원고와의 협상 경위, 기타 변론에 나타난 모든 사정"을 고려하여 판단하였다는 점에서 자의로 흐를 수 있는 가능성을 어느 정도 차단하고 있다. 반면 위자료를 통하여 채무불이행으로 인한 손해배상의 보완을 시도할 경우 그 근거가 모호해져 법관의 자의로 흐를 수 있는 문제점이 발생할 수 있다고 생각된다.

제 7 장 계약성립에 관한 유럽계약법원칙의 규정

제 1 절 유럽계약법원칙상 계약성립에 관한 규정의 개관

당사자 사이에 한 합의 내지 약속이 언제 구속력을 갖는 효력을 부여받는지에 대해서는 각 나라의 관습 및 규범에 따라 다르다. 물론 입법에 따라서는 언제 계약이 구속력을 갖는지를 명확히 규정하는 경우도 있지만, 우리 민법처럼 계약이 구속력을 갖기 위한 요건을 규정하지 않고 학설과 판례에 맡기는 경우도 있다.[1] 그러나 국제적인 계약규범을 만들거나 다양한 나라의 계약법을 통일화하는 과정에서는 반드시 그리고 처음으로 계약이 어떠한 요건 하에서 구속력을 갖는지가 논의되어야 할 것이며 각 나라별로 다른 법상황을 통일화할 필요가 있을 것이다. 유럽계약법원칙에서도 이러한 필요에 따라 계약에 관한 일반규정에서 계약이 언제 구속력을 갖는지에 관한 규정을 두고 있다(유럽계약법원칙 제2장). 본 장에서는 이러한 규정내용을 개괄적으로 고찰하

1) 유럽의 국가들도 계약성립에 관한 명문의 규정을 두고 있는 경우도 있지만, 대부분의 국가들은 규정을 두고 있지 않다(입법계의 차이에 관하여 v. Bar/Zimmermann, Grundregeln des Europäischen Vertragsrechts: Teile I und II, 2002, Anmerkung 1 zu Artikel 2:101. 참조).

는 것을 목적으로 하고자 한다.

유럽계약법원칙은 그 명시적 입법취지에 의하면 i) 유럽 사법상의 일반원칙을 집약하여 법전형식으로 제정함으로써 통일된 계약법원칙으로서의 지위를 통해, ii) 향후 유럽 역내 상거래를 직접적으로 규율할 수 있는 통일계약법전의 기반을 제공하는 것을 그 목적으로 하고 있다. 유럽계약법원칙의 각 규정에는 이유, 목적, 적용방법 및 다른 법규정하의 관계를 설명하는 주석(comment, Kommentar)과 회원국간 해당규정이 어떻게 적용되고 있는 지를 기술한 주해(note, Anmerkung)의 부분이 조합되어 있다.[2] 본 장은 이러한 내용을 1차적 문헌으로 하고[3] 다른 기타의 문헌을 참조하여[4] 유럽 내의 다양한 입법을 어느 방향으로 통합하였고 통일된 유럽계약법원칙의 구체적 내용이 무엇인지를 보여주려고 노력하였다.

유럽계약법원칙상 계약의 성립은 제2장에서 규정되고 있으며 제1절 일반규정, 제2절 청약과 승낙 그리고 제3절 계약협상에 대한 책임으로 구성되어 있다. 우리 민법규정과 다르게 계약성립에 관하여 더 다양한 규정을 두고 있는데, 그 이유는 크게 3가지에 있다고 생각된다. 첫째, 계약법의 통일을 도모하다보니 일반

---

2) 박영복, 글로벌시대의 계약법 —국제거래와 민법이론—, 2005, 161면.

3) v. Bar/Zimmermann, Grundregeln des Europäischen Vertragsrechts: Teile I und II, 2002.

4) 박영복, 글로벌시대의 계약법, 166면 이하; 심종석, "유럽계약법원칙의 일반규정 및 계약의 성립에 관한 규정과 CISG, PICC 규정과의 비교연구," 국제상학 제19권 제1호, 2004, 3면 이하; Köhler, Das Verfahren des Vertragsschlusses, in: Basedow(Hrsg.), Europäische Vertragsvereinheitlichung und deutsches Recht, 2000, S. 33 ff.; Hager, Die culpa in contrahendo in den UNIDROIT-Prinzipien und den Prinzipien des Europäischen Vertragsrechts aus der Sicht des deutschen Bürgelichen Rechts, in: Basedow (Hrsg.), Europäische Vertragsvereinheitlichung und deutsches Recht, 2000, S. 68 ff.

적 내용으로 우리 법상으로는 생략된 내용도 규정되어 있는 경우가 있다(예: Art. 2:101 제1항 "그 밖의 다른 요건은 존재하지 않는다."). 둘째, 민사·상사의 구분이 없어서 상사 관련 규정이 있다(예: Art. 2:210 직업으로 활동하는 당사자의 확인서). 셋째, 우리 법으로는 독립된 약관규제법에 규정되어 있는 약관과 관련된 규정이 다수 있다.

제2장 계약의 성립(formation)		
제1절 일반규정	제2:101조	계약 성립의 요건
	제2:102조	의사
	제2:103조	충분한 합의
	제2:104조	개별적으로 협상하지 않은 조건
	제2:105조	편입조항
	제2:106조	전면적 서면에 의한 변경
	제2:107조	승낙 없이 구속력 있는 약속
제2절 청약과 승낙	제2:201조	청약
	제2:202조	청약의 철회
	제2:203조	청약의 거절
	제2:204조	승낙
	제2:205조	계약의 성립시기
	제2:206조	승낙기간
	제2:207조	연착된 승낙
	제2:208조	변경된 승낙
	제2:209조	일반약관의 충돌
	제2:210조	직업으로 활동한 당사자의 확인서
	제2:211조	청약과 승낙에 의하지 아니하고 체결된 계약
제3절 계약협상에 대한 책임	제2:301조	신의성실에 반하는 교섭
	제2:302조	비밀의 침해

제 2 절 구체적인 규정내용

Ⅰ. 계약의 의의와 계약의 성립요건

1. 계약의 의미와 유형

(1) 계약의 의미

계약의 의미를 어떻게 구성할 것인가는 입법례마다 차이가 있으며, 이 문제는 궁극적으로 '계약'개념을 어떻게 정립할 것이냐와 연관되어 있다. 현재 우리나라는 추상화된 법률행위 개념 아래에서 계약은 단독행위와 함께 법률행위의 한 일종이며 계약에는 쌍무계약, 편무계약 모두 인정되고 있다. 즉 '계약'이라는 개념은 법률적 의무를 근거지우는 합의로서 계약당사자의 2개의 의사표시로 구성되어 있으며, 양당사자에게 모두 의무가 발생할 수도 있지만 한 당사자에게만 의무가 발생한 경우도 계약으로 인정하고 있다.

그런데 유럽계약법원칙상 계약이라는 개념에는 다음의 4가지가 모두 포함된다.[5] 즉 ⅰ) 두 명 또는 그 이상의 당사자가 급부를 이행하기로 하는 의무를 부담하는 합의, ⅱ) 청약의 수령자가 청약자로부터 요구된 행위를 함으로써 이루어지는 합의, ⅲ) 한 당사자만이 의무를 부담하고 청약수령자의 승낙을 필요로 하는 합의, 그리고 ⅳ) 다른 당사자의 승낙 없이도 한 당사자가 구속되는 Art. 2:107에 규정된 일방적 약속이 있다. 우리 법의 시각에

5) v. Bar/Zimmermann, Kommentar A zu Artikel 2:101.

서는 i) 쌍무계약 및 (이와 같은 개념을 인정한다면) 합동행위, ii) 의사실현에 의한 계약, iii) 편무계약 그리고 iv) 일방적 약속이 모두 포함된다. 유럽계약법원칙에서도 계약은 원칙적으로 2명이상의 당사자가 서로 대립하는 의무를 부담하는 것을 의미하나, 증여와 같이 일방적 의무만을 부담하는 경우도 계약으로 인정하고 있고 승낙 없이도 구속력을 갖는 일방적 약속도 이에 포함된다.

(2) 편무계약의 인정

유럽계약법원칙상 무상의 편무계약은 구속력이 있는 것으로 인정된다.[6] 입법례에 따라서는 무상의 약속에 대하여는 구속력을 부여하지 않거나, 부여하더라도 형식을 갖추거나 또는 다른 방법으로는 달성할 수 없는 사회적으로 요망되는 목적을 갖고 있어야 무상의 약속이 구속력을 갖게 된다. 우리 민법의 경우에는 서면에 의하지 않은 증여는 구속력이 없어 이행하기 전까지 해제할 수 있다고 규정하고 있는 반면에(민법 제555조), 무상임치의 경우에는 서면에 의하여 체결되지 않아도 구속력이 있다고 규정하고 있어 일률적으로 말하기 어렵다.

유럽계약법원칙은 무상의 약속이 정당한 목적을 갖고 있는지를 따지지 않고 구속력을 부여하고 있다. 즉 무상의 약속을 그 목적을 따지지 않고 구속력 있는 것으로 취급한다면 비이성적 약속에도 구속력을 부여하게 된다는 점이 문제로 지적되었으나, 이성적 능력이 있는 자가 '비이성적' 약속을 하는 경우는 많이 일어나지 않아서 문제될 것이 없다고 보았다. 오히려 무상의 약속에 구속력을 부여하지 않은 입법례에서는 무상의 약속을 일방적으로 철회한 경우에 이를 어떻게 취급할 것인지가 문제되고 있다고 보고, 유럽계약법원칙은 무상의 편무계약도 구속력 있는

6) v. Bar/Zimmermann, Kommentar E zu Artikel 2:601.

것으로 취급하겠다고 선언하고 있다.

유럽내의 입법비교[7)]

프랑스, 벨기에와 룩셈부르크 법에서는 쌍무·편무계약을 모두 인정하고 있으나, 일방적 약속은 효력이 없다고 보고 있으며 자연채무를 근거지울 수 있다고 보고 있다. 그에 반하여 영국의 common law에서는 편무계약은 청약수령자의 반대약속이 필요하지 않는다. 이는 청약수령자에게 요구된 행위를 함으로써 승낙이 있는 것으로 본다. consideration이론에 의하면 행위가 반대급부로서 약속청약자의 약속을 구속력 있는 것으로 만드는 것이다. 일반인에 대하여 보수를 지급하겠다고 하는 청약은 한 당사자가 청약의 인식하에 요구된 행위를 행하는 경우에 승낙한 것이 된다. 승낙이 필요 없는 일방적 약속은 영국법에서 아주 드물게만 인정되고 있다. 독일과 오스트리아는 우리나라와 같이 이러한 현상을 의사표시와 법률행위 개념으로 모두 설명할 수 있다. 네덜란드와 포르투갈에서도 법률행위와 계약개념을 별도로 구성하고 있고, 포르투갈에서는 상대방의 승낙을 요하는 일방적 의무발생의 약속은 계약이 아니라 법률행위로 보고 있는 점이 특이하다.

(3) 계약으로서의 일방적 약속

네 번째 계약유형인 당사자의 일방적 약속(Versprechen)에 의한 계약은 독특한 유형으로 더 자세한 고찰을 필요로 한다. 유럽계약법원칙은 이에 관하여 별도의 규정을 두고 있다. 즉 Art. 2:107에서 “승낙 없이 법률적으로 구속력이 있다고 의도된 약속은 구속력이 있다”고 규정하고 있다. 통상 청약은 승낙을 필요로 한 약속으로서 청약자는 승낙이 없으면 계약으로서 구속력을 갖지 못한다. 즉 우리법상으로 말한다면 계약이 성립하기 위해서는 청약과 승낙이라는 양당사자의 의사표시가 있어야 한다. 그러나 본 조항을 통하여 유럽계약법원칙은 승낙 없이 한 당사자의 의사표시인 청약만으로도 계약과 같은 구속력이 발생하며, 몇몇 곳

7) 이하 v. Bar/Zimmermann, Anmerkung 2 zu Artikel 2:101를 요약한 것임.

에서 다르게 취급할 부분은 있지만 이를 원칙적으로 계약으로서 취급하겠다고 선언하고 있는 것이다.[8] 즉 한 당사자의 의사표시만으로 구성되어 있는 계약도 인정하고 있는 것이다.

이러한 약속이 존재하는지는 약속의 내용과 그 정황에 따라 결정된다. 이러한 약속도 물론 약속수령자 또는 일반인에게 통지되어야 한다. 또한 약속에 대하여 승낙이 요구되지 않는다고 하더라도 약속수령자가 거절함으로써 그 효력발생을 막을 수 있다 (Art. 2:203 참조).

주석을 통하여 일방적 약속으로 들고 있는 예를 예시하면 그 이해가 더 명확해 질 수 있을 것이다. 예1: 1990년에 걸프전쟁이 일어나자, Y나라에 있는 기업X는 Y에 있는 여러 개의 신문에 전쟁에서 사망한 Y나라 군인의 미망인과 부양을 필요로 하는 아이들을 위하여 100만유로의 기금을 만들 것이라고 공표하였다. 전쟁종료 후 X는 최근에 큰 손해를 입었다는 이유로 기금을 조성하지 않으려고 하였으나, X는 자신의 약속에 구속된다. 예2: C는 자금사정이 어려운 자회사D의 채권자들에게 D가 채무를 이행할 것을 보장하는 약속이 담긴 편지를 보냈다. 이러한 약속은 C와 D의 기업집단의 이미지를 살리기 위하여 한 것이다. 이 경우 C가 각 채권자들의 승낙 없이도 구속당하는 것을 원하였기 때문에 승낙 없이도 구속력이 발생한다. 우리법상 일방적 약속이 계약인지에 관하여 논의되고 있는 것이 바로 현상광고이다. 이러한 현상광고에서 이론적인 근거를 어떻게 설명하느냐에 관해서는 학설의 대립이 있다. 우선 현상광고를 청약과 승낙에 의하여 성립하는 채권관계로 보는 계약설에 따르면 광고자의 광고는 계약의 청약이고, 이에 응하여 응모자가 지정된 행위를 완료하면 승낙한 것이 된다. 따라서 현상광고는 응모자의 행위의 완료와 더불어 성립하게 된다. 반면에 단독행위설에 의하면, 현상광고는 지정행위를 완료한 자에게 일정한 보수를 지급하겠다는 불특정다수인에 대한 광고자의 일방적 의사표시에 의하여 성립한

8) v. Bar/Zimmermann, Kommentar A zu Artikel 2:107.

다. 다시 말해 광고자의 일방적 의사표시에 의하여 일정한 채무를 부담하는 채권관계가 성립하며, 다만 응모자의 지정된 행위의 완료는 정지조건에 지나지 않는 것이 된다. 그런데 단독행위설의 시각을 취하더라도 유럽계약법 원칙상으로는 일방적인 약속도 계약에 포함되기 때문에 아무런 문제없이 현상광고를 계약으로 볼 수 있는 것이다.

유럽계약법원칙의 규정들은 일방적 약속에도 그 성질이 허용하는 한도에서 적용된다(Art. 1:107 참조).[9] 특히 계약성립에 관한 일반규정 중에서 Art. 2:102와 2:103은 적용된다. 통지에 관한 Art. 1:303도 일방적 약속에 적용되며 제5장과 제6장에 따른 구속력을 갖는다. 또한 제8장과 제9장에 규정된 권리구제수단 중 특히 손해배상과 현실이행과 같은 구제수단이 불이행시 적용된다.

유럽내의 입법비교[10]

— **일방적 약속의 구속력 여부**: 입법례에 따라서 승낙 없이 일방적 약속에 구속력을 부여할지의 여부가 통일되어 있지 않다. 일부 입법례에서는 약속에 정해져 있거나 약속의 본질상 그러하다고 한다면 승낙 없는 약속도 구속력을 갖는다. 독일과 오스트리아법에서 현상광고는 승낙 없는 약속의 대표적인 경우에 해당한다. 핀란드와 스웨덴에서는 증여에 대한 약속이 서면으로 이루어질 것을 요구하지만, 승낙 없이도 구속력을 인정한다. 그에 반하여 common law는 두 가지 측면에서 위의 입법례와 다른 입장이다. 첫째는 일반적으로 약속은 승낙이 있어야 한다. 승낙 없이 구속력을 갖는 유일한 약속의 명백한 예는 서명날인된 증서(이 경우 이득을 취할 자가 이 사실에 대하여 알 필요가 없는데, 계약이 아니라 소유권이전의 형태로 취급된다)와 철회될 수 없는 신용장(확인을 하는 은행이 매도인에게 신용이 개설되었음을 알리는 시점에 구속력을 갖는다)이다. 그리고 common law에서는 한 당사자가 일정한 행위를 함으로써 승낙을 할 수 있다. 또한 약속은 반대급부(consideration)와 연결되어 있어야 한다.

9) v. Bar/Zimmermann, Kommentar B zu Artikel 2:107.

2. 계약성립의 요건

유럽계약법원칙상 계약이 성립하기 위해서는 i) 당사자들이 법적으로 구속되겠다는 의사를 갖고, ii) 당사자들이 충분한 합의를 해야 하며, 그 밖의 다른 요건은 존재하지 않는다(Art. 2:101 제1항).

(1) 법적 구속의사

유럽계약법원칙상 계약이 성립하기 위해서는 당사자들이 법적으로 구속되겠다는 의사를 갖고 있어야 한다(Art. 2:101 제1항). 법적 구속의사라는 표지는 우리 법상으로는 명문의 규정이 없으나, 학설과 판례에 의해 인정되고 있다. 그런데 유럽계약법원칙은 법규정에 이를 명시하고 있다. 법적 구속의사의 기능은 우리 법상의 그것과 차이가 없다. 당사자가 한 약속 중 구속력 있는 것과 구속력이 없는 것을 구분하는 것이다.[11] 계약체결과정에서 당사자들은 종국적인 계약체결 전에 윤리적이거나 법적인 구속력이 없는 잠정적 합의를 보는 경우가 있고, 또한 윤리적인 구속력만 부여하고 법적인 구속력이 없는 의사를 표시하려는 경우가 있다. 이와 같이 구속력이 있는 계약과 계약의향서(letter of intent) 내지 letter of comfort[12]의 구분의 문제, 또한 청약과 청약의 유인의 구별문제가 여기서 논의된다.

---

10) 이하 v. Bar/Zimmermann, Anmerkung 1-2 zu Artikel 2:107을 요약한 것임.

11) v. Bar/Zimmermann, Kommentar A zu Artikel 2:102.

12) L.O.C.란 자회사나 공공단체가 금전 등을 차용하는 경우에 모회사 또는 정부가 대주에 대하여 하는 일종의 보장으로 통상 법적 구속력이 없는 경우를 말한다. 주채무자의 채무불이행시 채권자에게 별다른 실체적 권리를 주지 못하므로 채권자가 법적 청구권을 확보하기를 원하는 중대한 거래에는 사용될 수 없으나, 법적인 보장 보다는 그 외의 (정치적인, 신용·명예 관련) 보장이 더 적절하거나 다른 보증 내지는 보장수단이 없는 경우에 사용된다.

더 나아가서 유럽계약법원칙은 법적 구속의사에 관한 해석원칙을 정하고 있다. 즉, 계약에 구속되겠다는 당사자의 의사는 당사자의 표시 또는 행위를 통하여 이성적으로 상대방이 이해할 수 있는 바에 따라 결정된다(Art. 2:102). 이 규정은 한 당사자의 의사표현 또는 다른 행위가 법적 구속력을 갖는지의 일반원칙을 세우고 있을 뿐이고 해석규정의 연관성 속에서 그 의미를 이해해야 한다.[13] 해석규정에 따르면 주관적 해석과 객관적 해석이 적용되어 당사자들이 실제로 일치하여 이해한 내용이 척도가 되며(Art. 5:101 제1항), 그렇지 않으면 합리적으로 이해할 수 있는 내용이 척도가 된다(Art. 5:101 제2항).

유럽내의 입법비교[14)]

— **사회적 약속, 재산적 이익과 연관된 약속, 윤리적 약속**: 모든 입법례에서 법적 구속의사는 계약이 성립하기 위한 요건이다. 농담으로 한 약속은 구속력이 없으며 상대방이 구속될 의사가 없다고 알았거나 알 수 있었을 경우의 의사표현 또한 구속력이 없다. 또한 모든 입법례에서 재산적 이익과 연관된 약속은 법적구속의사가 있는 것으로 추정된다. 그에 반하여 단순한 사회적 약속의 경우 법적 구속의사가 없는 것으로 본다.

— **실제의 의사와 표면적 의사**: 대부분의 입법례에서는 당사자가 법적 구속의사가 없더라도 상대방이 당사자의 의사표현 내지 행위를 기초로 법적 구속의사가 있는 것으로 볼 수 있었던 경우에는 법적 구속력을 부여하고 있다. 그에 반하여 프랑스법에서는 당사자의 법적 구속의사가 있는 경우에만 계약에 구속력을 부여하고 있다. 프랑스법에서 계약의 구속력을 부정하고자 하는 자는 법적 구속의사가 없었다는 점을 입증해야 하며 입증할 경우 계약에 구속되지는 않지만, 과실이 있는 경우에는 불법행위로 인한 손해배상책임을 부담해야 한다. 벨기에의 경우에는 프랑스의 의사주의를 취해야 한다는 견해와 객관주의를 취해야 한다는 견해로 대립되어 있다.

---

13) v. Bar/Zimmermann, Kommentar B zu Artikel 2:102.

(2) 충분한 합의

유럽계약법원칙상 계약이 성립하기 위해서는 당사자들이 충분한 합의를 해야 한다(Art. 2:101 제1항). 충분한 합의가 있기 위해서는 계약의 조건들이 i) 당사자들에 의하여 충분히 확정되어서 계약의 이행이 강제될 수 있거나, ii) 계약의 원칙들에 의하여 확정될 수 있어야 한다(Art. 2:103 제1항). 그러나 한 당사자가 일정한 사항에 대하여 당사자들이 합의를 보지 않는 한 계약을 체결하는 것을 거부하는 경우, 이 사항에 대하여 합의가 이루어지지 않는 한 계약은 성립하지 않는다(Art. 2:103 제2항). 이러한 유럽계약법원칙의 입장은 크게 우리 판례에서 형성하고 있는 합의의 요건과 다르지 않다. 최근 우리 판례는 "계약이 성립하기 위하여는 … 계약의 중요한 점 및 계약의 객관적 요소는 아니더라도 특히 당사자가 그것에 중대한 의의를 두고 계약성립의 요건으로 할 의사를 표시한 때에는 이에 관하여 합치가 있어야 계약이 적법·유효하게 성립하는 것이다"라고 판시하였다.[15] 즉 우리 판례는 계약의 객관적 요소와 당사자들이 중요하게 생각하는 주관적 요소에 관한 충분한 합의가 있어야 계약이 성립한다고 보고 있다.[16]

---

14) 이하 v. Bar/Zimmermann, Anmerkung 1-2 zu Artikel 2:102를 요약한 것임.

15) 대법원 2003.4.11. 선고, 2001다53059 판결. 이에 대한 평석으로 김동훈, "계약교섭의 중도파기와 손해배상책임," 고시연구 2003/8, 207면 이하; 이병준, "계약의 합의로 인한 구속력과 계약협상의 부당파기의 한계 —대법원 2003.4.11. 선고, 2001다53059 판결—," 민사법학 제25호, 2004, 167면 이하.

16) 계약성립을 위한 필수적 합의사항으로서의 객관적 본질적 구성부분과 주관적 본질적 구성부분에 관하여 자세한 것은 이병준, "계약의 합의에서 본질과 비본질 —계약성립을 위한 필수적 합의사항을 중심으로—," 사법질서의 변동과 현대화(김형배교수 고희기념논문집), 2004, 247면 이하.

충분한 합의가 있기 위해서는 유럽계약법원칙상으로도 계약의 중요내용이 확정가능해야 한다.[17] 대부분의 전형계약의 경우에는 계약의 유형(예: 매매계약)과 중요한 요소(예: 물건의 양과 종류)에 관한 합의가 있으면 충분하다. 그 밖의 사항(예: 매매대금과 품질)에 관하여 다른 의사를 표명하지 않으면 임의규정에 의하여 확정되는데, 유럽계약법원칙상으로는 제6장의 규정들(특히 Art. 6:104 - 6:108)이 이러한 기능을 한다.[18] 그러나 합의하지 않은 점들은 관습 내지 당사자들 사이의 관행에 의하여도 보충될 수 있다. 비전형계약이 체결되어 어떠한 유형의 계약이 체결되었는지가 명백하지 않은 경우에는 당사자들의 본질적인 권리와 의무에 관한 합의가 있어야지만 계약이 강제될 수 있다.[19]

유럽내의 입법비교[20]

— **계약조건의 확정가능성**: 모든 입법례에서 당사자의 합의내용에 관한 사항이 확정가능한 경우에만 계약이 성립한다. 구체적으로 확정가능해야 할 계약대상이 정해져 있느냐 아니면 정해지지 않았느냐에 따라 입법례가 다르다. 계약이 계약대상(objet)을 가져야 하며 이에 관한 합의가 성립요건이라고 밝히고 있는 입법례로는 프랑스 Cc. Art.1108과 벨기에, 룩셈부르크가 있다. 비슷한 규정으로는 이탈리아 Cc. Art. 1325 (3)과 Artt. 1346-1349, 스페인 Cc Artt. 1261과 1271-1273 그리고 포르투갈 Cc. Art. 280 (1)이 있다. 그 밖에 입법례에서는 이와 계약대상이 요건으로 명시되어 있지 않다. 그러나 네덜란드 BW Art. 6:227에서는 당사자들이 부담하는 의무에 관하여는 확정가능성이 존재해야 한다는 것이 계약의 성립요건이라고 규정하고 있다. 즉 법원이 당사자들이 요구하고 있는 의무의 이행을 강제하기 위해서 계약의 조건과 법률의 규정을 통하여 그 강제를 할 수 있을 정도로 당사자들이 합의를

17) v. Bar/Zimmermann, Kommentar A zu Artikel 2:103.

18) v. Bar/Zimmermann, Kommentar B zu Artikel 2:103.

19) v. Bar/Zimmermann, Kommentar B zu Artikel 2:103.

해야 한다고 한다. 영국의 common law에서도 계약당사자들이 그 강제를 청구할 수 있을 정도로 충분한 합의를 할 것을 요건으로 하고 있다. 그러나 최소한의 합의내용은 정해진 바가 없으나, 계약의 핵심요소에 관한 내용에 관한 합의가 없거나 불명확하여 법원이 그 내용을 확정할 수 없는 경우에는 계약은 효력이 없다.

계약당사자들은, 한 계약조건의 합의를 계약성립의 요건으로 할 수 있다. 예컨대 매매대금에 관하여 당사자들이 합의를 하면 (유럽계약법원칙상 매매대금은 우리 민법과 달리 객관적 요소가 아님을 주의할 필요가 있음) 이에 관한 합의가 계약성립의 중요요건임을 알 수 있다. 이러한 합의의 주관적 요소는 계약의 객관적 요소가 아니더라도 가능하다.[21] 주관적 요소의 특징은 이에 관한 합의를 계약성립의 요건으로 설정하였던 당사자가 이를 계약성립의 요건으로 포기함으로써 그 성질을 잃을 수 있다는 점에 있다. 유럽계약법원칙의 주석에서도 당사자들이 주관적 요소에 대한 합의가 없다는 점을 알고 합의를 통하여 계약을 이행하면 계약은 구속력을 갖는다고 한다.[22] 이 때에는 합의가 없는 점은 계약성립에 방해가 되지 못하며, 기존의 원칙에 따라 계약내용이 보충된다.

유럽내의 입법비교[23]

— **합의를 보지 않은 계약조건**: 당사자들의 합의를 계약의 성립요건으로 정하고 있는 입법례가 있다[프랑스, 벨기에와 룩셈부르크 Cc Art. 1108, 이탈리아 Cc Artt. 1321과 1325 (1), 그리고 스페인 Cc Artt. 1258과 1261]. 그리고 대부분의 국가들에서는 중요한 점에 관한 합의만 있으면 되고 중요하지 않은 점에 관한 합

20) 이하 v. Bar/Zimmermann, Anmerkung 1 zu Artikel 2:103를 요약한 것임.
21) v. Bar/Zimmermann, Kommentar C zu Artikel 2:103.
22) v. Bar/Zimmermann, Kommentar C zu Artikel 2:103.
23) 이하 v. Bar/Zimmermann, Anmerkung 2 zu Artikel 2:103를 요약한 것임.

의가 없어도 계약이 성립하는 것으로 보고 있다. 다만 중요하지 않은 점이라도 당사자들이 그 점을 합의의 요건으로 정할 경우 이 점에 관한 합의가 없으면 계약이 성립하지 않는다. 포르투갈에서는 중요한 계약요소와 중요하지 않은 계약요소를 구별하지 않고 당사자의 합의가 필요한 것으로 보는 모든 요소를 중요한 것으로 보고 있다(Art. 232 Cc 참조). common law에서는 당사자들이 합의를 해야 하며, 몇 가지 사항을 추후의 합의로 위임한 경우에는 당사자들이 그럼에도 불구하고 계약에 구속되려고 하는 명백한 의사를 확인할 수 없으면 계약이 성립하지 않는다. 독일에서는 한 당사자의 의사를 통하여 합의를 요구한 사항에 대하여 계약당사자 모두 합의를 보지 않았다면 의심이 있는 경우에는 계약이 성립하지 않은 것으로 보고 있다(BGB §154). 계약당사자들이 모든 사항에 대하여 합의를 보았다고 생각하고 계약을 체결하였으나, 실제로는 합의를 보지 않은 경우에 당사자들이 이러한 내용에 관한 합의 없이도 계약을 체결하였을 것으로 보이는 경우에는 합의된 대로 계약이 효력이 있다(BGB §155).

(3) 그 밖의 다른 요건의 불요

유럽계약법원칙상 계약이 성립하기 위하여 "다른 요건은 필요로 하지 않는다"는 것은 특히 consideration과 cause가 필요하지 않음을 의미하며, 요물계약에서처럼 요물성도 요구되지 않음을 뜻한다.[24] 또한 계약체결당시에 계약의 의무를 이행하는 것이 불가능하여도 계약은 무효가 아니다(Art. 4:102 참조).

유럽내의 입법비교

— **반대급부**[25]: 영국과 아일랜드에서는 일정한 희생(consideration)[26] 하에서 이루어지지 않은 약속은 원칙적으로 구속력이 없다. consideration이론은 복잡하고 명확하지 않으나, 그 핵심은 진지하게 이루어지고 상대방의 승낙에 의한 약속이라도 약

---

24) v. Bar/Zimmermann, Kommentar D zu Artikel 2:101.

25) 이하는 v. Bar/Zimmermann, Anmerkung 3(a) zu Artikel 2:101를 요약

속수령자가 무엇을 주거나 행하지 않거나 약속에 대한 대가로 무엇을 주거나 행하겠다고 하지 않는 한 구속력이 없다는 것이다. 행하거나 약속한 행위를 통하여 직접적으로 약속한 자에게 이익이 될 것은 요건이 아니며, 중요한 점은 약속수령자가 약속에 대응하여 자신의 불이익으로 행위하였다는 것이다. 그러나 약속이 문서(deed)를 통하여 이루어진 경우에는 consideration이 요구되지 않는다. 이 때 문서는 문서로 지칭되어야 하며 증인에 의하여 확인되어야 한다. 스코틀랜드와 대륙법국가들은 반대급부를 요구하지 않는다.

— **Cause, causa**[27]: 유럽계약법원칙에서는 명시적으로 cause 또는 causa(약인)이 필요하지 않다고 한다. 그러나 계약의 성립요건으로 causa를 요구하는 입법례가 상당히 많다. 오스트리아 법에 있어서 causa는 계약의 경제적 목적을 의미하며 이와 같은 목적은 계약 자체 또는 주위사정을 통하여 도출할 수 있어야 한다. 명백한 목적이 없는 약속은 구속력이 없다. 프랑스 법에서는 cause의 일반적으로 인정되는 정의를 찾을 수 없다. 그러나 많은 문헌에서 특정한 유형의 모든 계약당사자에게 인정되는 객관적·추상적 cause(예: 매매계약에서 목적물의 소유권 또는 매매대금의 취득)와 동기에 해당한다고 볼 수 있는 주관적·구체적 cause(예: 다른 채무의 이행을 위하여 매도인이 물건을 파는 것)를 구분한다. 프랑스에서는 계약이 객관적·추상적 cause가 없는 한 효력이 없으며 의무를 부담한다는 단순한 의사로는 충분하지 않다. common law와 독일에서는 causa는 계약의 성립과 효력발생에 있어 역할이 없다.

한 것임.

26) Consideration은 상호간 약속의 교환이 이행일 때 어떤 가치 있는 매개물로써 그 교환이 이루어졌다는 상호합의에 대한 확약이라고 정의되고 있다. 구체적으로 상호간의 합의로 가능하게 하는 상호교환되는 매개물을 Consideration이라고 달리 표현할 수 있다(이에 관한 자세한 사항은 가정준, "영미법상의 consideration법리," 비교법학연구, 1면 이하; 나종갑, "영미법상 consideration 법리와 계약의 쌍무성," 재산법연구 제23조 제3호, 47면 이하.

27) 이하는 v. Bar/Zimmermann, Anmerkung 3(b) zu Artikel 2:101를 요약한 것임.

— **요물계약**: 프랑스, 벨기에, 룩셈부르크, 스페인, 오스트리아, 네덜란드에서는 몇몇의 요물계약을 인정하고 있다. 그에 반하여 요물계약을 전혀 모르는 국가들도 있다.

(4) 요식성의 불요

계약은 서면으로 체결될 필요가 없으며 증명될 필요도 없다. 그리고 그 밖의 다른 형식요건도 요구되지 않는다. 따라서 당사자들이 다르게 정하지 않는 한 계약의 성립, 변경, 합의에 의한 종료를 위해서는 어떠한 형식도 요구되지 않는다. 불요식성의 원칙은 형식을 갖추는 데 드는 시간을 절약함으로써 간편・신속이 중요한 국제계약에서 특히 의미가 있는 것으로 보았다.[28] 계약은 모든 방식, 특히 증인을 통해서도 입증될 수 있다(Art. 2:101 제2항).

유럽내의 입법비교[29]

대부분의 유럽연합의 국가들은 일반적으로 계약이 효력을 갖기 위해서 서면이나 일정한 형식의 준수를 요건으로 하지 않는다. 프랑스 민법에 의하면 피고가 상인인 경우에 계약이 서면으로 체결되어 있지 않으면 5,000 FF의 가치 이상이면 계약의 입증을 허용하지 않는다(Art. 1341 Cc). 이탈리아에서는 5,000 Lire의 가치 이상이면 서면에 의하여 계약이 체결되어 있지 않은 한 계약의 입증을 허용하지 않지만, 상당한 예외들이 있다[Art. 2721 (1) Cc]. 모든 국가들에서는 계약이 서면 또는 공중된 문서에 의하여 체결되어야 효력을 갖는 경우가 있다. 예컨대 부동산의 매도를 위하여 서면을 요구하거나(이탈리아 Art. 1350 Cc), 공증인에 의한 인증을 요구하는 경우가 있다(독일 § 313 BGB; 포르투갈 Art. 875 Cc; 스페인 Art. 1280 Cc). 또한 이행되지 않은 증여약속에 대하여 요식행위를 요구하는 입법례가 많은 데, 예컨대 증여약속을 공증인 앞에서 하도록 하는 경우가 있다(프랑스, 벨기에,, 룩셈부르크 Art. 931 Cc). 그 밖에 소비자계약, 회사의 설립, 사용대차, 소비대차,

28) v. Bar/Zimmermann, Kommentar F zu Art. 2:101.

보증, 자동차의 매도에 관한 계약, 근로계약, 임대차에 대하여 일정한 형식을 요구하는 입법들이 있다.

II. 청약과 승낙에 의한 계약체결

제2절에 관한 규정은 가장 전형적인 계약체결방식인 청약과 승낙에 의한 계약체결에 관한 규정을 두고 있다.[30] 청약과 승낙에 의한 계약체결 이외에도 다른 계약체결방식이 있을 수 있다. 즉 청약과 승낙으로 구분할 수 없는 상태에서 계약이 체결될 수 있으며 이러한 경우에도 이 절에 관한 규정이 적용될 수 있다 (Art. 2:211 참조).

1. 청 약

(1) 청약의 요건

우리 법상으로 청약으로 인정되기 위한 요건이 명시적으로 규정되어 있지 않으나, 유럽계약법원칙은 이를 명시하고 있다. 그 내용은 현재 우리 학설 및 판례와 크게 다르지 않다. 즉 하나의 제안이 청약이 되기 위해서는 ⅰ) 상대방의 승낙이 있는 경우 계약을 체결할 것이라는 의도 하에서 이루어지고, ⅱ) 제안에 계약을 성립하기 위하여 충분한 정도로 조건들을 담고 있어야 한다 (Art. 2:201 제1항). 이 요건들은 바로 법적 구속의사와 계약의 중요요소가 확정가능하게 정해져 있어야 한다는 것을 의미한다.

---

29) 이하는 v. Bar/Zimmermann, Anmerkung 4 zu Artikel 2:101를 요약한 것임.

30) v. Bar/Zimmermann, Kommentar A zu Art. 2:201.

유럽내의 입법비교[31)]

유럽 내의 모든 국가들은 이행이 강제될 수 있는 계약을 근거짓기 위해서는 구속되겠다는 의사가 표시되고 내용이 충분히 확정되어 있을 것을 요구하고 있다. 예컨대 오스트리아 ABGB §869는 청약과 승낙이 "자유롭고, 진지하게, 명확하고 이해할 수 있도록 표시"되어 한다고 규정하고 있다. 또한 스페인 판례에서도 마찬가지로 진지한 의사, 명확성과 완전성을 요구하고 있다.

(2) 불특정 다수인에 대한 청약과 청약의 유인과의 구분

유럽계약법원칙은 또한 청약과 관련하여 많이 논의되고 있는 두 가지 쟁점에 관하여 규율하고 있다. 첫째는 유럽계약법원칙에서는 일반인에 대한 청약(Angebote gegenüber der Allgemeinheit)이라고 부르는 문제, 즉 불특정다수인에 대한 청약이 가능한지의 문제이다. 유럽계약법원칙은 우리 학설과 마찬가지로 불특정다수인에 대한 청약도 가능함을 명시하고 있다(Art. 2:201 제1항 참조). 그렇다고 하여 불특정다수인에 대한 제안이 항상 구속력 있는 청약이 되는 것은 아니며 청약인지 아니면 청약의 유인에 해당하는지는 일반적 관행을 기초로 한 제안의 해석에 달려 있다. 일반적으로 단순히 일반인에 대한 청약의 유인(invitatio ad offenredum)으로 보아야 하겠지만, 제안 속에 계약의 주요내용이 확정되어 있고 계약 상대방이 누구든지 상관없이 계약을 성립시키려는 의사가 있는 것으로 보이는 경우에는 청약으로 볼 수 있을 것이다.[32)] 이러한 시각에서 제3항의 해석원칙이 만들어졌다.

---

31) 이하는 v. Bar/Zimmermann, Anmerkung 2 zu Artikel 2:201를 요약한 것임.

32) v. Bar/Zimmermann, Kommentar C zu Art. 2:201.

예1: 상인 A가 신문에 "2월 22일까지 배달되는 모든 신선한 계란"을 매수하고 특정한 가격을 제시하였다. 이러한 A의 광고는 계란이 배달함으로써 승낙이 될 수 있는 청약에 해당한다.

예2: B는 지역신문에 25,000유로를 제시하는 첫 사람에게 특정 토지를 매도하겠다는 광고를 냈다. 이는 청약에 해당하기 때문에 M이

제3항에 의하면 "확정된 가격으로 재화 또는 용역의 급부를 목적으로 하는 제안은 전문적 제공자(professioneller Anbieter)가 광고 또는 카탈로그 또는 재화의 전시에 의하여 하는 경우, 의심이 있는 경우 이러한 제안은 재고 또는 용역의 급부가능성이 고갈될 때까지 제시된 가격에 의한 매도 또는 급부에 대한 청약에 해당한다". 그러나 이 규정은 추정에 불과하므로 다른 사정, 예컨대 계약상대방의 신용을 따져보고 계약을 체결하려고 하는 의사가 있음이 행위정황을 통하여 드러난다면 추정은 깨지고 청약의 유인에 해당하는 경우도 있을 수 있다.[33]

유럽내의 입법비교[34]

— **일 반**

① **법률규정**: 이탈리아 Cc Art. 1336 (1)은 체결하려는 계약의 중요부분을 담고 있는 일반인에 대한 제안은, 제안 자체 또는 관습에서 반대의 사실이 존재하지 않는 한 유효한 청약으로 보고 있다. UN통일매매법 Art. 14 (2)는 한 당사자 또는 특정한 여러 당사자에 대하여 행해지지 않은 제안은 명백히 다른 의사를 표명하지 않는 한 청약의 유인으로 보고 있다. 유럽계약법원칙 Art. 2:201 제2항은 추정규정을 두고 있지 않고 일반해석의 원칙에 맡긴다는 점에서 위 입법례와 차이점을 갖는다.

② **판례법**: 그 밖에 다른 유럽연합 회원국에는 명문의 규정이 없어 판례의 해석에 맡겨져 있으나, 그 해석방향은 국가마다 다르다. 프랑스, 벨기에와 룩셈부르크에서는 제안에 대한 승낙이 이루어졌을 때 다른 추가사항의 검토 없이 계약을 체결하려는 의사가 제안자에게 있는 경우에 일반인에 대한 제안을 청약으로 보고 있다. Common Law와 스코틀랜드에서는 일반인에 대한 제안은 일반적으로 청약의 유인으로 보고 있으며 오스트리아에서는 충분한 확정성이 없고 이로 인하여 제안자의 구속의사를 확인할 수

25,000유로를 제시하면 계약이 성립한다.

33) v. Bar/Zimmermann, Kommentar D zu Art. 2:201.

34) 이하는 v. Bar/Zimmermann, Anmerkung 3 zu Artikel 2:201를 요약한

없으므로 청약의 유인으로 보고 있다.

— **특수문제**

① **확정된 가격에 의한 물품의 인도 또는 서비스의 제공에 관한 제안**: 유럽계약법원칙 Art. 2:201 제3항에서 정한 추정은 몇몇 국가에서는 신문, TV, 광고전단 등에서 일반인에 대하여 행하는 경우에 적용될 수 있다(덴마크, 독일, 이탈리아). 프랑스와 룩셈부르크에서는 이와 같은 제안들이, 제안 또는 다른 정황에 의하여 다른 사정이 존재하지 않는 한, 첫 승낙자에 대하여 제안자를 구속하는 청약으로 보는 것이 판례이다. 계약 상대방을 중시하는 고용 또는 임대차에서는 청약의 유인으로 보고 있다. 벨기에서는 신문에서 하는 제안은 일반적으로 청약으로 보지 않는다. Common Law, 스코틀랜드, 오스트리아에서는 일반인에 대한 상품광고를 일반적으로 청약으로 보지 않는다.

② **가격표시에 의한 물품의 전시**: 가격을 확정한 상태에서 물건을 전시하는 행위의 법적 성질에 관하여 이를 청약으로 보는 나라(프랑스, 룩셈부르크, 벨기에, 스페인, 이탈리아 등)와 청약의 유인으로 보는 나라(common Law 국가, 스코틀랜드, 독일, 오스트리아 등)가 있다.

2. 청약의 철회

청약은 효력을 발생하기 전에는 철회될 수 있다.[35] 그러나 일단 효력을 발생한 후에는 철회할 수 있는지 그리고 철회할 수 있다면 언제까지 철회할 수 있는지에 관하여 입법례에 상당한 차이가 있어 입법을 통일하는 과정에서 청약의 철회가능성은 항상 논란의 대상이 될 수밖에 없는 쟁점이다. 우리 민법은 청약을 철회할 수 없다고 규정하고 있으나(제527조), 청약의 구속력을 배제할 수 있는 예외적인 경우를 인정하고 있다. 그에 반하여 유럽

것임.

35) 김형배, 채권각론, 신정판, 2001, 99면; 김증한 · 김학동, 채권각론, 제7판, 2006, 35면.

계약법원칙은 원칙적으로 청약은 구속력이 없어 철회할 수 있으며, 예외적으로 구속력이 있어 철회할 수 없는 경우에 관한 해석원칙을 규정하고 있다(Art. 2:202).

유럽내의 입법비교[36)]

유럽계약법원칙과 동일하게 원칙적으로 청약을 철회할 수 있지만, 청약 또는 주의정황을 통하여 철회권이 배제될 수 있다는 입법례가 상당히 많다(이탈리아 Cc Art. 1328, 네덜란드, 스코틀랜드, 스페인 그리고 UN통일매매법 Art. 16 및 UNIDROIT 상사계약원칙 Art. 2.4). 프랑스 판례의 입장에 따르면 승낙이 있기 전까지 철회할 수 있는 것이 원칙이고 예외적인 경우에 철회할 수 없다고 보고 있다. 특이한 점은 구속력이 있는 경우에도 철회를 인정하여 계약의 성립을 부정할 수 있도록 하고 있다는 점이다. 다만 이 경우 상당한 기간 도과 전에 철회권을 행사한 청약자는 불법행위로 인한 손해배상책임을 부담한다. 더 나아가서 common Law의 경우에는 철회할 수 없다고 표시된 청약도 철회할 수 있다. 그에 반하여 청약을 원칙적으로 구속력이 있어 철회할 수 없다는 입법례도 상당히 있다(독일 §145 BGB, 오스트리아 §862 ABGB, 그리스 Art. 185 ZGB, 포르투갈 Art. 230 Cc 등).

(1) 철회할 수 있는 청약과 철회할 수 없는 청약의 구분

기본적 입장은 다르다고 하지만, 청약이 구속력을 갖는다는 해석원칙에 의한다면 대부분의 경우에는 어느 입법방식을 취한다고 하더라도 그 결과에 있어서는 동일할 것이다. 왜냐하면 유럽계약법원칙상 i) 청약이 철회될 수 없다는 의미를 내포하고 있거나, ii) 청약이 확정된 승낙기간을 정하고 있는 경우에는 철회할 수 없어 대부분 이 경우에 해당하여 철회할 수 없는 경우가 많을 것이기 때문이다[Art. 2:202 제1항 (a) 및 (b)]. 유럽계약법원칙이 갖고 있는 특이한 내용은 바로 "상대방이 이성적으로 청약이

36) 이하는 v. Bar/Zimmermann, Anmerkung zu Artikel 2:202를 요약한 것임.

철회될 수 없음을 신뢰하였고 상대방이 이러한 청약에 대한 신뢰에 따라 행위한 경우"에 청약을 철회할 수 없다는 규정이다[Art. 2:202 제3항 (c)]. 단지 규정의 앞부분에 해당하는 내용, 즉 "상대방이 이성적으로 청약이 철회될 수 없음을 신뢰하였음"을 기초로 청약철회권을 배제한다면 우리민법상 기존의 일반해석원칙에 의해서도 받아들일 수 있는 내용일 것이다. 그러나 "상대방이 이러한 청약에 대한 신뢰에 따라 행위한 경우"를 추가함으로써 단순한 신뢰로는 보호필요성이 부족하고 더 나아가서 신뢰를 확인하는 행위까지 요구하고 있다. 이에 대하여 양당사자 모두 법적으로 불안정하게 된다는 비판이 가해지고 있다.37) 즉 청약자는 수령자가 언제 이와 같은 행위를 할지 모르므로 언제까지 철회권을 유효하게 행사할 수 있는지를 알 수 없으며, 반대로 수령자도 언제 청약철회권이 행사될 수 있는지를 알 수 없으므로 편안하게 계약체결여부에 관하여 생각할 수 없다는 것이다.

(2) 철회기간

유럽계약법원칙상 철회가 유효하기 위해서는 상대방이 승낙의 의사를 발송하기 전에 철회가 상대방에게 도달해야 한다(Art. 2:202 제1항). 여기서 주의할 점은 청약철회가 도달해야 할 시점이 계약의 성립시점이 아니라, 청약 수령자가 청약에 기하여 계약을 체결하기 위한 행위를 한 시점이라는 점이다. 왜냐하면 유럽계약법원칙상 우리 민법과 달리 도달주의를 취하기 때문에 그 승낙이 청약자에게 도달하는 때에 계약이 성립하고 승낙의 의사가 발송한 때 성립하는 것이 아니기 때문이다(Art. 2:205 제1항).

철회를 할 수 있는 것이 승낙의 의사를 발송하기 전이냐 아니면 도달하기 전이냐와 관련하여 논의가 있을 수 있으나, 현재

---

37) Köhler, Das Verfahren des Vertragsschlusses, in: Basedow(Hrsg.), Europäische Vertragsvereinheitlichung und deutsches Recht, 2000, S. 40.

통신수단의 발달로 인하여 발송과 도달의 시간적 간격이 없다는 점에서는 이러한 논의는 실무적으로 큰 실익이 없을 수 있다.[38] 다만 철회할 수 있는 청약을 한 청약자가 승낙의 의사를 안 이후에 즉시 철회한 경우에도 철회가 효력을 가질 수 있다고 보아야 할 것인지에 관하여는 논의가 필요할 것이다. 유럽계약법원칙은 계약체결에 대한 신뢰 속에서 상대방이 일정한 행위를 한 경우에는 그 신뢰를 보호해야 한다는 입장을 Art. 2:202 제1항을 통하여 천명하고 있다. 이러한 시각은 타당성을 갖고 있으며 현재 우리법의 해석론으로 도입하기에도 큰 무리가 없다고 생각된다. 특히 현행 민법상 발신주의를 취하고 있어 승낙의 의사표시를 발한 경우에 계약이 성립하기 때문에 그 이후에 철회를 인정하지 않은 것이 타당할 것이다.[39]

---

38) 이러한 시각으로 Köhler, Das Verfahren des Vertragsschlusses, in: Basedow(Hrsg.), Europäische Vertragsvereinheitlichung und deutsches Recht, 2000, S. 41.

39) 판례는 근로자가 사직원의 제출에 의하여 행한 근로계약 합의해지에 대한 청약에서 철회권을 인정하고 있는데, 사용자의 승낙으로 확정적으로 근로계약 종료의 효과가 발생하기 전에는 임의로 철회할 수 있다고 하였다(대법원 1992.4.19, 선고, 91다43138 판결; 대법원 1992. 12.8. 선고, 91다43015 판결). 그에 반하여 철회권을 유보한 경우에는 승낙의 의사표시가 있을 때까지 또는 승낙의 의사표시가 있은 후라도 지체 없이 철회할 수 있는 것이라고 해석하는 견해가 있다(김형배, 채권각론, 신정판 2001, 100면). 그 이유로 청약의 철회권을 유보하는 것은 보통 시장사정의 변화에 대응하기 위한 것이고 이러한 시장의 불안정성은 승낙의 시점까지는 고려되는 것이 타당하기 때문이라고 한다. 한편 자동판매기·판매광고 등을 통한 불특정인에 대한 청약은 자동판매기의 설치 또는 광고의 게재에 의하여 불특정인이 알 수 있는 상태가 되기 전까지 그 의사표시를 철회할 수 있다고 보는 것이 일반적이다(김형배, 채권각론, 신정판, 2001, 99면). 그런데 현상광고에 관한 규정을 유추적용하여 광고를 신뢰하고 일정한 행위를 하는 자가 있기 전에 철회할 수 있다는 입장도 있다(김증한·김학동, 채권각론, 제7판, 2006, 35면).

3. 승　　낙

(1) 승낙의 내용상 요건

우리 민법은 승낙의 개념정의를 하고 있지 않으나, 유럽계약법원칙에서는 승낙을 정의하고 있다. 그에 따르면 승낙은 "상대방의 진술 또는 행위가 청약에 대한 동의를 나타내"면 된다(Art. 2:204 제1항). 유럽계약법원칙과 우리 법 사이의 실제적인 내용상의 차이는 없으며, 일정한 진술과 행위를 동일하게 파악하는 입장도 같다. 또한 단순히 "침묵 또는 부작위는 그 자체만으로는 승낙이 되지 못한다"는 유럽계약법원칙의 입장(Art. 2:204 제2항)도 우리 해석론과 다르지 않다.[40] 문제는 오히려 언제 침묵 또는 부작위를 행위정황에 의하여 승낙으로 볼 수 있는지이다.

유럽내의 입법비교[41]

승낙의 의미와 단순한 침묵이 승낙이 될 수 없다는 점에서는 입법례가 대체로 일치하고 있다. 다만 침묵을 예외적으로 승낙으로 볼 수 있다고 하는 예외규정을 두고 있는 입법례가 있다. 북유럽국가 계약법에서는 특정인에 대한 청약의 유인을 통하여 해당 특정인에 의하여 청약이 이루어진 경우 지체 없이 계약을 체결할 의사가 없다는 사실을 청약의 유인을 한 자가 하지 않는 한 계약은 성립한다.

(2) 승낙의 도달

유럽계약법원칙은 계약성립시점을 승낙이 도달한 때로 보고 있음으로써 도달주의를 취하고 있다(Art. 2:205 제1항, 제2항). 이점은 이미 살펴본 바와 같이 발신주의를 취하고 있는 우리 민법과 다르나, 민법개정안에서는 이 부분에서 도달주의를 취함으로써 유럽계약법원칙에 접근하고 있다. 유럽계약법원칙은 명시적 의사

40) 김형배, 채권각론, 신정판, 2001, 102면; 김증한 · 김학동, 채권각론, 제7판, 2006, 40면.

41) 이하는 v. Bar/Zimmermann, Anmerkung zu Artikel 2:204를 요약한 것임.

와 행위에 의한 경우에 관한 규정을 따로 두고 있고 행위에 의한 승낙의 경우에는 그 행위에 대한 통지가 청약자에게 도달하는 때에 계약이 체결되는 것으로 보고 있는 점이 특이하다(Art. 2:205 제2항).

유럽계약법원칙은 의사실현에 의한 계약성립을 우리 민법(제532조)과 동일하게 인정하고 있다(Art. 2:205 제3항). 의사실현에 의한 계약성립에 있어 계약성립시점을 "행위의 실행이 시작한 때"라고 하고 있는데, 이는 우리 민법에서 "승낙의 의사표시로 인정되는 사실이 있는 때"와 동일한 의미를 갖는 것으로 볼 수 있다.

유럽내의 입법비교[42)]

— **계약의 성립시점**

① **승낙의 의사를 표시한 경우**: 국제규범을 포함한 대부분의 국가들은 도달주의에 의하고 있다[UN 통일매매법 Art. 23, UNIDROIT 상사계약원칙 Art. 2. 6. (2), 독일, 오스트리아 등]. 영국의 경우도 도달주의에 의하고 있으나, 예외가 있다. 가장 중요한 예외가 postal rule로서 우편 또는 전신을 통하여 발송된 승낙의 의사표시는 발송시에 효력을 발생한다는 것이다. 이 원칙에 의하면 승낙의 의사표시는 우편 또는 전신이 청약자에게 도달하지 않더라도 효력을 발생하며 계약은 체결된 것으로 본다. 승낙에 대한 청약자의 인식이 있는 경우에 비로소 계약의 성립을 인정하나, 도달로 인식을 의제하는 국가들도 있다[벨기에, 이탈리아 Art. 1326(1)과 1335Cc]. 청약자의 인식이 있거나 도달방해가 있는 경우만 계약성립을 계약성립을 인정하는 국가들도 있다[포르투갈 Art. 224 Cc, 스페인 Art. 1262 (2) Cc].

② **행위를 통하여 승낙한 경우**: 행위를 통한 승낙이 가능함에는 입법례가 일치한다. 계약성립 시점에 관하여는 청약자가 행위를 인식한 경우로 보는 것이 대부분의 입법례이나, 스코틀랜드의 경우에는 청약자가 승낙행위를 인식하고 그에 대한 동의가 있어야 한다. 프랑스의 경우에는 행위를 한 때 또는 청약자가 인식한 때로 판례가 일관되어 있지 않다.

42) 이하는 v. Bar/Zimmermann, Anmerkung 2-3 zu Artikel 2:205를 요약한

(3) 승낙기간

유럽계약법원칙은 승낙기간과 관련하여 우리 민법과 같이 승낙기간을 정한 경우와 승낙기간을 정하지 않은 경우로 나누고 있다(Art. 2:205). 그리고 그 내용에서도 같아서 승낙기간을 정한 경우에는 그 기간 내에 승낙이 청약자에게 도달해야 하며, 정하지 않은 경우에는 상당한 기간 내에 도달하여야 한다.

유럽내의 입법비교[43)]

국제규범과 대부분의 입법례는 유럽계약법원칙과 동일하다. 영국법의 경우 승낙기간이 정해진 경우 승낙기간 내의 발신으로 충분한지 도달이 있어야 하는지에 관하여 명확하지 않다. 스코틀랜드나 아일랜드의 경우에는 우편 또는 전신을 통한 승낙은 승낙기간 내의 발송으로 충분하며, 프랑스의 경우 우편으로 하는 승낙은 승낙기간 또는 상당한 기간 내로 발송하는 것으로 충분하다.

(4) 연착된 승낙

유럽계약법원칙은 연착된 승낙에 의하여 계약이 성립하지 않는다는 것을 전제로 한 규정을 두고 있다(Art. 2:207 참조). 우리 민법상으로는 연착된 승낙을 새로운 청약으로 보고 있으나(제530조), 유럽계약법원칙은 이에 관한 규정이 없다.[44)] 다만 유럽계약법원칙에 의하면 연착된 승낙은 청약자가 지체 없이 청약 상대방에게 이를 승낙으로 다룰 것을 통지한 경우에는 계약이 성립하게 된다(Art. 2:207 제1항). 이는 결국 계약성립 시점의 차이로 연결된다. 즉 우리 민법은 연착된 승낙에 대하여 청약자가 이를 청약으로 보고 다시 승낙의 의사표시를 한 때 계약이 성립함에 반하여, 유럽계약법원칙상으로 연착된 승낙에 대하여 지체 없이 승낙으로 볼 것을 통지하면 연착된 승낙이 도달한 때 계약이 성

것임.

43) 이하는 v. Bar/Zimmermann, Anmerkung zu Artikel 2:206을 요약한 것임.

44) v. Bar/Zimmermann, Kommentar D zu Art. 2:207.

립하는 것이다.[45)]

유럽내의 입법비교[46)]

국제규범과 네덜란드 Art. 6:223 (1) BW, 포르투갈 Art. 229 Cc 및 이탈리아 Art. 1326 (3) Cc는 유럽계약법원칙과 동일하다. 그에 반하여 독일 BGB §150, 오스트리아, 그리스 ZBG Art. 191은 우리법과 같이 새로운 청약으로 본다. 프랑스, 룩셈부르크, 벨기에는 명문의 규정이 없으나, 일반해석에 의해 새로운 청약으로 보고 있다. 영국 등에서는 이에 관한 법률규정이나, 판례가 없다.

정상적인 과정의 경우에 승낙기간 내로 도달할 수 있었는데, 전달과정에서 잘못되어 늦게 도착한 경우에 관한 특수규정은 유럽계약법원칙(Art. 2:207 제2항)이 우리 민법(제528조 제2항, 제3항)과 대동소이하다. 다만 규정의 위치가 유럽계약법원칙은 이를 연착된 승낙에 두고 있음에 반하여 우리 민법은 이를 승낙기간을 정한 계약의 청약에 관한 규정에서 두고 있는 것에서 차이가 발생한다. 따라서 유럽계약법원칙의 적용범위가 더 넓다고 할 수 있는데, 우리 민법의 경우도 승낙기간을 정하지 않은 경우에도 유추적용을 통하여 해결하기 때문에 큰 차이는 없다고 생각된다.

유럽내의 입법비교[47)]

국제규범과 상당수의 국가들은 유럽계약법원칙과 동일한 규정을 두고 있다. 벨기에에서는 이와 같은 의무가 신의성실의 원칙과 공정한 거래질서를 통하여 인정된다. 대영제국에서는 우편 또는 전신의 발송으로 승낙이 효력을 발생하기 때문에, 연착으로 인한 위험은 청약자가 부담한다.

45) v. Bar/Zimmermann, Kommentar B zu Art. 2:207.

46) 이하는 v. Bar/Zimmermann, Anmerkung 1 zu Artikel 2:207를 요약한 것임.

47) 이하는 v. Bar/Zimmermann, Anmerkung 2 zu Artikel 2:207를 요약한 것임.

(5) 변경된 승낙

우리 민법은 내용의 변경이 중요한지 아닌지를 따지지 않고 청약의 내용이 변경되거나 조건이 추가되면 승낙으로 보지 않는다(제534조). 그에 반하여 유럽계약법원칙은 청약의 내용을 상당하게 변경하는 경우에만 청약에 대한 거절이고 또한 새로운 청약으로 본다(Art. 2:208 제1항). 따라서 청약에 대하여 확정적으로 동의하는 응답은 그것이 추가되거나 다른 내용을 포함하고 있는 경우에도 그 내용이 청약의 내용을 실질적으로 변경하지 아니하는 때에는 승낙이 되며, 추가되거나 다른 내용은 계약의 일부가 된다(Art. 2:208 제2항). 그러나 유럽계약법원칙은 상당하지 않은 내용의 변경 또는 추가의 경우에도 예외적으로 청약의 거절로 보는 경우 3가지를 열거하고 있다(Art. 2:208 제3항). 즉 i) 명시적으로 청약의 내용에 대한 승낙만으로 제한하는 경우, ii) 청약자가 추가된 또는 다른 내용에 지체 없이 이의를 제기한 경우 또는 iii) 청약 상대방이 추가된 또는 다른 내용에 대한 청약자의 동의를 승낙의 조건으로 하고 또한 그 동의가 상당한 기간 내에 청약 상대방에게 도달하지 아니한 경우이다.

유럽계약법원칙은 승낙의 변경이 상당한지의 여부에 따라 계약의 성립을 판단하고 있다. 따라서 상당한 변경이 무엇인지가 본 조문을 적용함에 있어서 핵심적인 내용이 될 수 있으나, 이에 관하여는 유럽계약법원칙에서는 정하고 있지 않다. 그런데 '상당한 변경'과 같은 추상적 개념을 법률규정에서 개념지우기 힘들뿐만 아니라, 개념지우는 것도 타당하지 않다. 왜냐하면 '상당한 변경'은 각 계약유형과 계약을 체결하게 될 상황에 따라 다르기 때문이다. 유럽계약법원칙을 만드는 과정에서 UN 통일매매법 Art. 19 제3항에서처럼 상당한 변경으로 볼 수 있는 예를 열거하는 것도 고려가 되었다고 하나, 이러한 예는 예시에 불과할 뿐 모든 경우를 열거하기도 힘들다고 판단되었고 또한 열거하더라도 경우에 따라서는 상당한 변경으로 보지 않을 수도 있기 때문에 UN

통일매매법의 입법태도를 받아들이지 않았다고 한다.[48]

유럽내의 입법비교[49]

변경된 승낙을 거절로 보고 새로운 청약으로 보는 점에는 대부분의 입법례가 일치한다. 중요한 변경이 없는 경우에 계약이 성립한다는 입법례는 국제규범과 네덜란드 BW Art. 6:225 (1)이 있다. 프랑스나 스페인의 경우에는 판례에 의하여 동일한 결과가 인정된다. 완전한 일치가 있어야 한다는 입법례로는 독일 BGB §150, 오스트리아 판례, 포르투갈 Art. 232 Cc, 이탈리아 판례가 있다.

4. 확인서에 의한 계약

상인들이 자신의 직업과 관련하여 계약을 체결하였으나, 어떠한 조건으로 계약을 체결하였는지가 분명하지 않은 경우가 있을 수 있다. 따라서 한 당사자가 합의를 보았거나 묵시적으로 합의를 본 것으로 판단하는 내용을 정리하여 서면으로 확인서를 작성하고 상대방에게 발송할 수 있다. 이러한 확인서는 불분명한 계약내용을 정리하여 계약이행단계에서 확실성을 당사자들이 갖기 위해서 필요하다. 확인서의 경우 대부분 상대방은 침묵으로서 동의를 할 것이고 확인서에 동의한다는 확인을 할 필요는 없을 것이다. 따라서 상대방의 침묵은 원칙적으로 동의로 받아들여지며 동의를 하지 않으면 지체 없이 반대의 의사표시를 해야 한다.

상인에 의한 확인서(kaufmännische Bestätigungsschreiben)는 변경된 승낙과 실제적으로 상당한 관련성을 갖는다. 그런데 확인서의 경우는 계약성립을 목적으로 하지 않고 이미 체결된 계약과 연

48) v. Bar/Zimmermann, Kommentar C zu Art. 2:208.

49) 이하는 v. Bar/Zimmermann, Anmerkung 2 zu Artikel 2:207를 요약한 것임.

관성을 갖고 그 내용을 확정하는 기능을 한다.[50] 유럽계약법원칙은 확인서가 구속력을 가져서 계약의 내용이 되기 위한 요건을 정하고 있다(Art. 2:210). 첫째, 직업적 활동으로 계약을 체결한 자들 사이에 계약이어야 한다. 따라서 직업적으로 활동하는 자와 소비자 또는 소비자 사이에는 적용이 안 된다. 둘째, 서면에 의하여 확인서가 작성되어야 한다. 셋째, 모든 계약조건들을 담고 있는 문서가 작성되지 않았다는 측면에서 계약은 불충분하였어야 한다. 넷째, 확인서는 계약협상 후에 지체 없이 도달해야 하며 협상내용과 연계성을 갖고 있어야 한다. 다섯째, 확인서의 내용이 계약의 내용을 실질적으로 변경하지 않고 상대방이 지체 없이 이에 이의를 제기하지 않아야 한다.

유럽내의 입법비교[51]

확인서에 관한 규정은 UNIDROIT 상사계약원칙 Art. 2.12와 덴마크, 핀란드, 독일에 있다. 다른 대륙법계국가들에서는 계약의 내용을 변경하는 확인서 또는 통지서에 대한 침묵이 승낙이 되기 위해서는 관습 또는 당사자들 사이에 관행이 존재하거나 신의성실의 원칙 또는 공정한 거래질서에 의하여 침묵을 승낙으로 볼 수 있어야 한다(룩셈부르크, 오스트리아). 프랑스, 벨기에, 이탈리아 그리고 네덜란드의 경우에는 공급서(Lieferschein)를 받은 자가 이의를 제기하지 않는 한 공급서에서 제시한 조건들을 받아들인 것으로 보는 관행이 존재한다. Common Law에서는 동일한 또는 유사한 결과가 관습 또는 관행에 의하여 인정된다.

50) 유럽계약법원칙에서는 이미 체결된 계약에서 불확실한 내용을 확인하는 기능만 갖고 있으나, 독일의 경우에는 아직 체결되지 않은 계약에 대하여 그 체결여부를 확인하는 기능도 갖는다(Köhler, Das Verfahren des Vertragsschlusses, in: Basedow (Hrsg.), Europäische Vertragsvereinheitlichung und deutsches Recht, 2000, S. 50).

51) 이하는 v. Bar/Zimmermann, Anmerkung zu Artikel 2:204를 요약한 것임.

5. 약관과 개별적으로 협상하지 않은 계약조건

(1) 약관과 개별적으로 협상하지 않은 계약조건의 개념

유럽계약법원칙상 약관이라고 함은 "불특정한 다수의 계약을 위하여 미리 마련된 내용으로서 당사자들 사이에서 개별적으로 합의되지 아니한 것을 말한다"(Art. 2:209 제3항). 우리 약관규제법상의 약관개념과 비교하여 "다수"가 아니라 "불특정한 다수"를 대상으로 한 경우만 약관으로 보고 있다는 점에서 차이점이 있다. 유럽계약법원칙상의 약관개념은 특정한 다수를 대상으로 만든 경우에는 약관으로 보지 않게 됨에 따라 우리법과 미묘한 점에서 차이가 있다.[52] 따라서 정확하게 확정되어 있는 수의 계약을 위하여 미리 마련된 경우에는 유럽계약법원칙상 약관으로 보지 않게 된다. 이러한 의미에서 보호에 문제가 있지 않은지를 의문시할 필요가 있으나, 약관의 내용통제와 관련하여서는 '개별적으로 협상하지 않은 계약조건'이라는 개념을 사용하고 있으므로 (Art. 4:110) 그 문제점이 크지 않을 것이다.

유럽계약법원칙에서는 약관과 한 당사자가 사전에 작성하였고 다른 당사자가 그 내용에 영향을 미칠 수 없는 계약조건을 구별해야 한다. 이러한 계약조건은 약관일수도 있으나, 반드시 약관은 아니다. 즉 불특정다수의 계약을 위하여 작성되지 않았다면 약관이 아닌 것이다. 유럽계약법원칙은 이러한 계약조건을 "not individually negotiated contract terms"라고 칭하고 있으며 이는 일방당사자에 의하여 설정된 계약조건을 취급하기 위한 핵심개념으로 사용되고 있다. 유럽계약법원칙에서는 이 문제가 중요하여 그 규정내용을 계약체결에 관한 일반원칙에 두고 있다. 유럽계약법원칙은 이 규정들을 적용함에 있어서 당사자가 사업자인가 소비

52) 독일법과의 이러한 차이점을 지적하는 것으로 Köhler, Das Verfahren des Vertragsschlusses, in: Basedow(Hrsg.), Europäische Vertragsvereinheitlichung und deutsches Recht, 2000, S. 58.

자인가를 구별하지 않고 일률적으로 적용하고 있다는 점이 또한 특징이라고 할 수 있다.

(2) 개별적으로 협상하지 않은 계약조건의 편입

계약당사자들이 모든 조건에 대하여 합의를 보아야 한다는 점은 이미 앞에서 살펴보았다. 따라서 정형화되거나 개별적으로 협상하지 않은 조건들을 계약의 내용으로 주장하기 위해서도 이에 관한 합의가 있었어야 한다. 우리 약관규제법은 약관을 편입하고 계약으로 내용으로 주장하기 위한 요건으로서 약관의 명시·설명의무에 관하여 규정하고 있다(동법 제3조). 그에 따르면 사업자는 계약체결에 있어서 고객에게 약관의 내용을 계약의 종류에 따라 일반적으로 예상되는 방법으로 명시하고, 고객이 요구할 때에는 당해 약관의 사본을 고객에게 교부하여야 한다. 그리고 사업자는 약관에 정해져 있는 중요한 내용을 고객이 이해할 수 있도록 설명해야 한다.

유럽계약법원칙상 개별적으로 협상하지 않은 계약조건들이 이 조건들을 모르는 당사자에게 주장되기 위해서는, 이 조건들을 주장하는 당사자가 계약의 체결 전 또는 체결 당시 상대방에 대하여 조건들을 인식할 수 있는 합리적인 조치를 취했어야 한다(Art. 2:104 제1항). 유럽계약법원칙은 이 조항을 통하여 개별적인 조항을 주장할 수 있는지의 여부에 관하여 규정하고 있고, 이와 함께 편입의 문제가 동시에 규정되었는지, 아니면 약관의 편입이 별도로 전제되어야 하는지에 관하여는 규정하고 있지 않다. 여기서 '인식할 수 있는 합리적인 조치'가 무엇인지가 문제된다. 주석에 따르면 정형화된 조건이 상대방이 서명한 계약문서의 일부이거나, 청약이 담긴 서면의 뒷면에 조건이 인쇄되어 있으면 합리적인 조치가 이루어진 것으로 보고 있다.[53] 그러나 유럽계약법

53) v. Bar/Zimmermann, Kommentar A zu Art. 2:104.

원칙상 계약문서가 조건들을 단지 지시만하고 있다면, 이 문서를 당사자가 서명한 경우더라도 당사자에게 조건들을 인식할 수 있는 합리적인 조치를 취한 것으로 볼 수 없다(Art. 2:104 제2항). 우리 법상으로도 단지 명시한 것만으로는 부족하고 상대방에게 '인식가능성'이 존재하였을 것을 요건으로 하고 있기 때문에, 그 내용에 있어서 실질적으로 다르다고 할 수 없을 것이다.

전체적으로 보았을 때 내용에 있어서 큰 차이점은 없다고 할 수 있다. 왜냐하면 유럽계약법원칙의 '합리적인 조치'를 개별적인 사항에 맞추어서 해석하면 현재 약관규제법상 규정되어 있는 약관의 편입절차와 동일하게 될 것이기 때문이다. 다만 우리법은 이를 좀 더 구체화하고 있다는 장점이 있는 것이지만, 그 적용범위가 넓다는 측면에서는 유럽계약법원칙에 더 큰 장점이 있다고 할 수 있다.

(3) 약관의 충돌

계약을 체결한 각 당사자들은 이미 인쇄되어 있는 자신의 판매약관 내지 구매약관을 계약의 내용으로 사용하려고 한다. 각 당사자가 자신에게 유리한 내용을 약관에 담기 때문에 당사자들은 계약이 체결되었다고 생각하였으나, 나중에 서로 교환된 약관이 충돌하여 계약이 체결되었는지, 체결되었다면 어떠한 내용으로 계약이 체결되었는지 문제가 된다. 이 문제를 약관의 충돌('battle of forms')이라고 한다.[54]

유럽계약법원칙은 당사자들에 의하여 교환된 약관이 서로 충돌하더라도 계약은 성립한 것으로 본다(Art. 2:209 제1항). 이는 일반원칙인 Art. 2:208에 대한 예외에 해당한다. 일반원칙상으로는 상당하지 않은 변경의 경우에만 계약이 성립하고 상당한 내용의 변경이 있는 경우에는 청약에 대한 거절이 된다. 다만 새로

54) v. Bar/Zimmermann, Kommentar A zu Art. 2:209.

운 청약으로 보기 때문에 계약당사자들이 계약을 이행하게 되면 이 조건으로 승낙한 것이 된다. 그러나 약관의 충돌에서는 계약의 이행여부와 상관없이 약관이 교환되면 바로 계약이 성립한 것으로 보는 것이다.[55]

다만 당사자가 사전 또는 사후에 계약에 구속되지 않겠다는 의사를 명시한 경우에는 계약이 성립하지 않는다(Art. 2:209 제2항). 사전에 구속되지 않겠다는 의사를 명시적으로 표시하는 경우에는 이러한 의사를 약관에 규정하고 있어서는 안 된다. 이와 같이 약관에 자신의 약관규정이 우선하여 적용되는 경우에만 구속되겠다는 약관규정(우선규정, Vorrangsklausel)이 있는 경우가 많았는데, 당사자는 이러한 약관규정을 두고 있으면서 충돌되는 약관규정에 대하여는 침묵하는 경우가 많았다. 이 경우 이러한 행위는 약관상의 우선규정에 모순되는 행위에 해당하기 때문에 명시적으로 이 문제를 유럽계약법원칙에서 규정을 두어 해결하였다. 사후적인 경우에는 계약이 체결되고 약관이 교환된 후 계약에 구속될 의도가 없음을 지체 없이 상대방에게 고지해야 한다.

서로 배치되는 약관에도 불구하고 계약이 성립한다면 어떠한 내용으로 계약이 체결되었는지가 문제된다. 최근까지도 많은 법체계에서는 다음과 같은 이론이 지배하였다. 수령자가 새로운 청약에 대하여 이의를 제기하지 않고 급부를 이행한 경우에는 새로운 청약에 담겨져 있는 약관에 대한 동의를 한 것으로 취급되어야 한다(마지막 사격이론).[56] 그에 반하여 청약에 대하여 승낙을 하는 자는 청약자의 조건을 변경하여서는 안 되기 때문에 첫 제안자의 약관이 우선권을 갖는다(첫 사격이론).[57] 따라서 기존의 이론에서는 어느 한 당사자의 약관이 전적으로 우선권을 갖는

55) v. Bar/Zimmermann, Kommentar C 1. zu Art. 2:209.

56) 이러한 입장을 취하는 나라로 영국이 있다.

57) v. Bar/Zimmermann, Kommentar C 2. zu Art. 2:209. 이러한 입장을 취하는 나라로 네덜란드 BW Art. 6:225 (3).

것으로 보았다.

유럽계약법원칙은 기존의 이론을 따르지 않고 최근의 이론을 받아들여[58] 약관의 내용은 실제적으로 동일한 한도에서 계약의 일부가 된다고 보았다(Art. 2:209 제1항 제2문). 각 당사자들은 서로 상대방의 조건을 받아들일 생각이 없으므로 서로 충돌하는 조건들은 상호 배척된다. 즉 첫 사격 또는 마지막 사격을 한 자에게 전쟁을 이기게 하는 것은 우연적인 결과에 의한 경우가 많다는 시각이 지배하여 현재 이론으로 정립된 것이다. 상호 배척된 약관내용을 채워 넣는 것은 결국 법원의 임무가 될 것이다.

Ⅲ. 계약협상에서의 행위에 대한 책임

1. 계약체결의 자유와 계약체결상의 과실책임

유럽계약법원칙상 법이 당사자들에게 계약을 체결할 의무를 부담하지 않는 한 당사자들은 계약을 체결할지의 여부를 자유롭게 결정할 수 있는 계약체결의 자유를 갖는다.[59] 즉 당사자는 자유롭게 교섭할 수 있으며, 합의에 도달하지 못한 것에 대하여 책임을 부담하지 않는다(Art. 2:301 제1항). 당사자들은 계약을 체결하게 될지의 여부가 불확실하더라도 계약협상을 시작할 수 있고 협상과정에서 자유롭게 협상을 파기할 수도 있으며 파기의 이유를 제시할 필요도 없다.

그러나 유럽계약법원칙상 신의성실의 원칙 및 공정한 거래관계의 원칙에 반하여 교섭하거나 교섭을 중단한 자는 상대방에게 가한 손해에 대한 책임을 부담한다(Art. 2:301 제2항). 즉 Art.

---

58) 이러한 입법례로 UNIDROIT 상사계약원칙 Art. 2:22 및 독일과 오스트리아 판례가 있다.

59) v. Bar/Zimmermann, Kommentar B zu Art. 2:301.

2:301의 경우는 계약체결의 결렬을 목적으로 하는 행위와 관련한 손해배상책임을 대상으로 규정하고 있다.[60)]

Art. 2:301에 따르면 손해배상책임이 발생하는 유형은 3가지가 있다. 첫째, 계약체결을 전혀 하지 않을 것이라는 사실을 알면서 계약협상을 시작한 자는 상대방에게 불필요한 협상으로 적지 않은 비용이 발생한 경우에 책임을 부담할 수 있다.[61)] 둘째, 계약체결을 하지 않기로 결정한 후에 계약협상을 계속하는 경우에 신의성실의 원칙에 위반할 수 있다.[62)] 셋째, 신의성실의 원칙에 반하는 계약협상의 중단에 의하여 손해배상책임이 발생한다.[63)]

---

60) 그에 반하여 제4장에 규정되어 있는 사기, 강박 등으로 인한 손해배상의 경우는 계약성립을 위하여 정당하지 않은 수단을 사용한 경우의 손해배상책임을 대상으로 하고 있다(v. Bar/ Zimmermann, Kommentar A zu Art. 2:301).

61) 예1: A는 B의 경쟁상대로 시장에 진입하려고 한다. A는 B의 판매상이 되는 것에 관심이 있다면서 B와 계약협상을 시작한다. B는 A가 계약체결 전에 참여하고 있는 훈련프로그램을 위하여 여행비용과 훈련경비를 부담한다. A가 B의 경쟁자로서 앞으로 필요가 있는 판매량과 판매방법에 관한 정보를 얻은 후 계약협상을 중단하고 독자적으로 개업하였다. A는 B에 대하여 여행과 훈련을 위하여 지급한 경비에 대하여 배상책임이 있다(v. Bar/Zimmermann, Kommentar C zu Art. 2:301).

62) 예2: 기본적인 사실관계는 예1과 같으나 협상을 시작할 때 A는 실제로 B의 판매상의 될 의사가 있었다. A가 B의 경쟁자가 되고자 하는 결정은 여행 후 훈련프로그램 참가 전에 내려졌다. 개업의사가 생긴 후 개업을 위한 준비작업을 시작하였으나, B의 사업영역과 업무에 대하여 더 많은 것을 경험하기 위하여 훈련프로그램에 참가하였다. A는 자신의 결정 후에 B에게 발생한 비용에 대하여만 손해배상책임을 부담한다(v. Bar/Zimmermann, Kommentar D zu Art. 2:301).

63) 예3: B는 A의 공장을 위해 소프트웨어 프로그램을 만들어줄 것을 제안받았다. 현상을 진행하는 과정에서 A를 지원하는 과정에서 초안을 만들고, 계산하고, 다른 문서를 준비함으로써 비용이 B에게 발생하였다. 예정되어 있던 계약체결 직전에 A는 B로부터 제공받은 자료

계약협상의 중단으로 인한 손해배상책임의 근거에 관하여 우리 학설은 크게 대립하고 있다. 유럽계약법원칙 Art 2:301에서는 손해배상책임이 불법행위책임 또는 계약책임에 기하여 발생하는지를 명확히 밝히고 있지 않다. 그러나 주석에서는 이 문제를 열어 놓고 있으며 불법행위책임 또는 계약책임 모두 가능한 것으로 상정하고 있다.[64] 또한 손해배상의 범위에 관하여 규정이 없으나, 주석에서는 우리 학설과 판례의 입장과 같이 —이와 같은 용어는 명확히 사용하고 있지는 않지만 의미상으로는— 이행이익의 손해는 청구할 수 없고 신뢰이익의 손해만 청구할 수 있는 것으로 보고 있다.[65] 그에 따라 지출한 비용, 투여된 노동력 그리고 계약체결의 기대 속에서 잃은 다른 거래기회의 상실 등은 모두 신뢰이익의 손해에 해당하여 배상청구할 수 있다. 그러나 계약당사자는 계약이 체결되어 제대로 이행되었을 때의 상황을 만들어 달라고, 즉 이행이익의 배상을 청구할 수는 없다.

유럽내의 입법비교[66]

대부분의 구가들에서는 손해배상이 권리구제수단으로 인정되고 있으나, 영국에서는 경우에 따라 부당이득반환청구권이 인정되기도 한다. 덴마크, 독일, 오스트리아, 핀란드, 스웨덴에서는 계약체결을 신뢰하여 지출된 비용이 배상되고 이행이익의 배상은 인정되지 않는다. 이탈리아에서는 불법행위책임이 인정되고, 스페인에서도 신뢰이익으로 한정되고 상실된 계약체결가능성은 배상되지

를 유용하게 사용할 수 있는 C에게 프로그램의 구입을 요청할 것을 제안하였다. 이에 C는 B보다 더 낮은 가격으로 청약을 하였다. A는 B와의 계약협상을 중단하고 C와 계약을 체결하였다. 이 경우 A는 B에게 서류를 준비하면서 발생한 비용을 배상할 책임이 있다(v. Bar/Zimmermann, Kommentar E zu Art. 2:301).

64) v. Bar/Zimmermann, Kommentar F zu Art. 2:301.

65) v. Bar/Zimmermann, Kommentar G zu Art. 2:301.

66) 이하는 v. Bar/Zimmermann, Anmerkung zu Artikel 2:204를 요약한 것임.

않는다. 네덜란드에서도 대부분 신뢰이익배상만 인정되지만 계약 체결의 기회상실을 여기에 포함된 것으로 본다. 프랑스에서는 신뢰이익과 이행이익의 구분을 하지 않는다. 영국에서는 토지에 대한 권리를 상대방에게 주겠다고 한 약속을 파기한 경우에는 proprietary estoppel의 원칙에 따라 이행판결이 인정된다. 프랑스에서는 부적법한 철회의 경우에는 이행청구가 가능하여 이 경우 계약이 성립된 것으로 취급된다.

2. 비밀정보의 공개와 이용으로 인한 책임

계약을 협상하는 당사자들은 일반적으로 그들이 협상 중에 얻게 되는 정보를 비밀에 부쳐야 할 의무가 없다. 계약이 성립하지 않더라도 정보를 얻은 자는 해당 정보를 다른 사람들에게 공개할 수 있고, 자신의 목적을 위하여 사용할 수도 있다. 그러나 당사자가 비밀에 붙이는 것에 관심이 있을 수 있어 해당 정보가 비밀로 다루어지는 것을 명시적으로 요구할 수 있다. 또한 이와 같은 명시적인 의사가 표명되지 않았을 경우에도 당사자의 직업 또는 제공된 정보의 성질에 의하여 해당 정보를 당사자가 비밀로 다루어야 한다는 것을 알거나 알 수 있는 경우가 있다. 이러한 사정을 반영하여 유럽계약법원칙에서는 "교섭의 과정에서 당사자 일방이 비밀에 붙여야 하는 정보를 제공한 경우에, 상대방은, 후에 계약이 체결되었는지 여부를 불문하고, 그 정보를 공개하거나 자신을 위한 목적으로 사용하지 아니할 의무를 부담한다"고 규정하고 있다(Art. 2:302 제1문). 그리고 더 중요한 의미를 갖는 것은 그 뒤에 이러한 비밀유지의무를 침해한 경우에 대한 책임에 관한 규정이다. 즉 이 의무를 위반한 경우에는 그 구제수단으로 피해를 입은 당사자는 발생한 손해의 배상을 요구할 수 있고 손해가 발생하지 않았더라도 상대방이 얻은 이익의 반환을 요구할 수 있다(Art. 2:302 제2문).

유럽내의 입법비교[67)]

— **비밀준수에 대한 의무**: 대부분의 국가들에서 비밀준수의무에 관한 것이 인정되고 있다. 많은 경우에 이 의무를 계약협상시 신의성실의 원칙을 준수해야 할 의무의 한 예로 들고 있다. 독일, 오스트리아와 포르투갈에서는 비밀준수의무는 계약협상시 배려의무로부터 도출된다. 영국의 경우 비밀로 해야 할 의무를 취득한 경우 이로부터 부당한 이익을 취득하지 않아야 한다는 형평원칙을 법원에서 만들었다.

— **구제수단**: 오스트리아, 벨기에, 덴마크, 프랑스와 룩셈부르크에서는 손해배상이 인정됨에 반하여 이탈리아와 포르투갈에서는 손해배상과 손해가 없더라도 정보이용에 따른 이익의 반환을 인정하고 있다. 영국에서는 제공된 정보로 인한 고의적인 이용에 따른 이익은 손해배상에 포함된다.

67) 이하는 v. Bar/Zimmermann, Anmerkung 1-2 zu Artikel 2:302를 요약한 것임.

유럽계약법원칙 관련 조문

제2장 성　립

제1절 일반조항

Artikel 2:101: 계약의 성립요건

(1) 계약이 성립하기 위해서는

(a) 당사자들이 법적으로 구속되겠다는 의사를 갖고, 그리고

(b) 당사자들이 충분한 합의를 해야 하며;

그밖의 다른 요건은 존재하지 않는다.

(2) 계약은 서면으로 체결될 필요가 없으며 증명될 필요도 없다. 그리고 그 밖의 다른 형식요건을 요구되지 않는다. 계약은 모든 방식, 특히 증인을 통해서도 입증될 수 있다.

Artikel 2:102: 의　사

계약에 구속되겠다는 당사자의 의사는 당사자의 표시 또는 행위를 통하여 이성적으로 상대방이 이해할 수 있는 바에 따라 결정된다.

Artikel 2:103: 충분한 합의

(1) 충분한 합의가 있기 위해서는 계약의 조건들이:

(a) 당사자들에 의하여 충분히 확정되어서 계약의 이행이 강제될 수 있거나,

(b) 계약의 원칙들에 의하여 확정될 수 있어야 한다.

(2) 그러나 한 당사자가 일정한 사항에 대하여 당사자들이 합의를 보지 않는 한 계약을 체결하는 것을 거부하는 경우, 이 사항에 대하여 합의가 이루어지지 않는 한 계약은 성립하지 않는다.

Artikel 2:104: 개별적으로 협상(논의)하지 않은 조건

(1) 개별적으로 협상하지 않은 계약조건들이 이 조건들을 모르

는 당사자에게 주장되기 위해서는, 이 조건들을 주장하는 당사자가 계약의 체결전 또는 체결 당시 상대방에 대하여 조건들을 인식할 수 있는 합리적인 조치를 취했어야 한다.

(2) 계약문서가 조건들을 단지 지시하고 있고, 이 문서를 당사자가 서명한 경우더라도 당사자에게 조건들을 인식할 수 있는 합리적인 조치를 취한 것으로 볼 수 없다.

Artikel 2:105: 편입조항(Integrationsklausel)

(1) 계약서면에 서면이 계약의 모든 조건들을 담고 있다는 내용의 개별적으로 합의된 조항을 담고 있는 경우(편입조항), 서면에 담겨져 있지 않은 이전에 한 표시, 동의 또는 합의는 계약의 일부가 되지 못한다.

(2) 편입조항이 개별적으로 협상되지 않은 경우에는 이 조항은 단지 당사자의 의사에 따라 이전에 한 표시, 동의와 합의가 계약의 일부가 되어서는 안 된다고 추정될 뿐이다. 이 규정은 배제되거나 제한되어서는 안 된다.

(3) 당사자들이 이전에 한 진술들은 계약의 해석에 사용될 수 있다. 이 규정은 개별적으로 합의한 조항을 통해서가 아니면 배제되거나 제한될 수 없다.

(4) 한 당사자의 진술 또는 행위로 인하여 상대방이 이성적으로 기대할 수 있었다면 편입조항의 유효성을 주장하지 못할 수 있다.

Artikel 2:106: 전면적 서면에 의한 변경

(1) 서면에 의한 계약의 한 조항이 합의를 통한 변경 또는 종료를 위해서는 서면에 의해야 한다고 되어 있는 경우 이는 계약을 변경 또는 종료하겠다는 합의가 서면으로 행해지지 않으면 법률적으로 구속력이 없다는 추정의 근거가 된다.

(2) 한 당사자의 진술 또는 행위로 인하여 상대방이 이성적으로 기대할 수 있었다면 이러한 조항의 유효성을 주장하지 못할 수 있다.

Artikel 2:107: 승낙 없이 구속력이 있는 약속

승낙 없이 법률적으로 구속력이 있다는 약속은 구속력이 있다.

제2절 청약과 승낙

Artikel 2:201: 청 약

(1) 하나의 제안이 청약이 되기 위해서는

(a) 제안이 상대방의 승낙이 있는 경우 계약을 체결할 것이라는 의도하에서 이루어지고, 그리고

(b) 제안이 계약을 위하여 충분한 정도로 조건들을 담고 있어야 한다.

(2) 청약은 한명, 다수 또는 일반인에 대하여 이루어질 수 있다.

(3) 확정된 가격으로 재화 또는 용역의 급부를 목적으로 하는 제안은 전문적 제공자(professioneller Anbieter)가 광고 또는 카탈로그 또는 재화의 전시에 의하여 하는 경우, 의심이 있는 경우 이러한 제안은 재고 또는 청약의 용역의 급부가능성이 고갈될 때까지 제시된 가격에 의한 매도 또는 급부에 대한 청약에 해당한다.

Artikel 2:202: 청약의 철회

(1) 상대방이 승낙의 의사를 발송하기 전 또는 행위를 통한 승낙의 경우 Artikel 2:205 제2항 또는 제3항에 의하여 계약이 체결되기 전에 청약이 상대방에게 도달하면 청약은 철회될 수 있다.

(2) 일반인을 향하여 행하여진 청약은 청약이 이루어진 방식과 동일한 방식으로 철회될 수 있다.

(3) 그러나 다음의 경우 청약의 철회는 효력이 없다.

(a) 청약이 철회될 수 없다는 의미를 내포하고 있는 경우, 또는

(b) 청약이 확정된 승낙기간을 정하고 있는 경우, 또는

(c) 상대방이 이성적으로 청약이 철회될 수 없음을 신뢰하였고 상대방이 이러한 청약에 대한 신뢰에 따라 행위한 경우.

Artikel 2:203: 청약의 거절

청약에 대한 거절이 청약자에게 도달하면 청약은 소멸한다.

Artikel 2:204: 승 낙

(1) 상대방의 진술 또는 행위가 청약에 대한 동의를 나타내는 경우에는 승낙에 해당한다.

(2) 침묵 또는 부작위는 그 자체만으로는 승낙이 되지 못한다.

Artikel 2:205: 계약의 성립시기

(1) 청약 상대방이 승낙을 발송하면, 그 승낙이 청약자에게 도달하는 때에 계약이 성립한다.

(2) 행위에 의한 승낙의 경우에는 그 행위에 대한 통지가 청약자에게 도달하는 때에 계약이 체결된다.

(3) 청약에 의하여, 당사자들 사이에 성립한 거래관례에 의하여 또는 관행에 의하여 청약 상대방이 청약자에의 통지 없이 일정한 행위를 함으로써 승낙할 수 있는 경우에는 그 행위의 실행이 시작한 때에 계약이 체결된다.

Artikel 2:206: 승낙기간

(1) 청약에 대한 승낙이 유효하려면, 승낙은 청약에서 정하여진 기간 내에 청약자에게 도달하여야 한다.

(2) 청약자가 기간을 정하지 아니한 경우에는 승낙은 상당한 기간 내에 청약자에게 도달하여야 한다.

(3) 제2:205조 제3항에 따라 행위에 의하여 승낙이 행하여지는 경우에는 그 행위는 청약자가 정한 승낙기간 내에 또는 그러한 기간이 정하여지지 아니한 때에는 상당한 기간 내에 행하여져야 한다.

Artikel 2:207: 연착된 승낙

(1) 연착된 승낙은 청약자가 지체없이 청약 상대방에게 이를 승

낙으로 다룰 것을 통지한 경우에는 그럼에도 불구하고 유효하다.

(2) 연착된 승낙이 담겨진 서신 기타의 서면이 만일 그 전달이 정상적이었다면 적정한 시기에 도달하였을 사정 아래서 송부되었음을 나타내는 경우에는 연착된 승낙은 청약자가 지체없이 청약 상대방에게 자신이 청약을 실효한 것으로 여긴다는 뜻을 고지하지 아니한 한, 승낙으로서 유효하다.

Artikel 2:208: 변경된 승낙

(1) 청약의 내용을 상당하게 변경하는 추가된 또는 다른 내용을 명시적 또는 묵시적으로 포함하는 청약 상대방의 응답은 거절이고 또한 새로운 청약이다.

(2) 청약에 대하여 확정적으로 동의하는 응답은 그것이 추가된 또는 다른 내용을 포함하고 있는 경우에도 그 내용이 청약의 내용을 실질적으로 변경하지 아니하는 때에는 승낙이 된다. 이 경우 추가된 또는 다른 내용은 계약의 일부가 된다.

(3) 그러나 그러한 응답은,

(a) 청약이 명시적으로 청약의 내용에 대한 승낙으로 제한하는 경우; 또는

(b) 청약자가 추가된 또는 다른 내용에 지체없이 이의를 제기한 경우; 또는

(c) 청약 상대방이 승낙을 추가된 또는 다른 내용에 대한 청약자의 동의를 조건에 걸리게 하고 또한 그 동의가 상당한 기간 내에 청약 상대방에게 도달하지 아니한 경우에는,

청약의 거절로 본다.

Artikel 2:209: 일반약관의 충돌

(1) 당사자들이 청약과 승낙이 각기 서로 상반하는 계약일반약관을 지시하는 것을 제외하고는 합의에 도달한 경우에는 그럼에도 불구하고 계약은 성립한다. 이들 일반약관은 그들이 실체적으로 동일

한 한도에서 계약의 일부가 된다.

(2) 그러나 당사자 일방이

(a) 제1항에 기한 계약에 구속될 의도가 없음을 미리 명시적으로, 또한 약관에 의하지 아니하고 의사를 표명한 경우; 또는

(b) 그러한 계약에 구속될 의도가 없음을 지체없이 상대방에게 고지한 경우에는 계약은 체결되지 아니한다.

(3) 계약의 일반약관이란, 일정한 불특정한 다수의 계약을 위하여 미리 마련된 내용으로서 당사자들 사이에서 개별적으로 합의되지 아니한 것을 말한다.

Artikel 2:210: 직업으로 활동한 당사자의 확인서

직업적 활동으로 계약을 체결하였으나 그것을 최종서면에 담지 아니한 경우에, 당사자 일방이 지체 없이 상대방에게 송부한 계약의 확인을 목적으로 하는 서면이 추가된 또는 다른 내용을 포함하는 때에는 그 내용은 계약의 일부가 된다. 다만 다음의 경우는 그러하지 아니하다.

(a) 그 내용이 계약의 내용을 실질적으로 변경한 경우; 또는

(b) 상대방이 지체 없이 이에 이의한 경우.

Artikel 2:211: 청약과 승낙에 의하지 아니하고 체결된 계약

이 절의 규정은 계약체결의 과정이 청약과 승낙으로 분해되지 아니하는 경우에도 적절한 변경을 가하여 적용된다.

제3절 계약협상에 대한 책임

Artikel 2:301: 신의성실에 반하는 교섭

(1) 당사자는 자유롭게 교섭할 수 있으며, 합의에 도달하지 못한 것에 대하여 책임을 부담하지 않는다.

(2) 그러나 신의성실의 원칙 및 공정한 거래관계의 원칙에 반하

여 교섭하거나 교섭을 중단한 자는 상대방에게 가한 손해에 대한 책임을 부담한다.

(3) 신의성실의 원칙 및 공정한 거래관계의 원칙의 위반은 특히 당사자가 상대방과 합의에 도달할 진정한 의도 없이 교섭을 개시하거나 계속하는 경우에 있다.

Artikel 2:302: 비밀의 침해

교섭의 과정에서 당사자 일방이 비밀에 붙여야 하는 정보를 제공한 경우에 상대방은 후에 계약이 체결되었는지 여부를 불문하고, 그 정보를 공개하거나 자신을 위한 목적으로 사용하지 아니할 의무를 부담한다. 이 의무의 위반으로 인한 구제수단은 발생한 손해의 배상 및 상대방이 얻은 이익의 반환을 포함할 수 있다.

참 고 문 헌

【 국내문헌 】

[저　서]

고상룡, 민법총칙, 제3판, 2003.
곽윤직, 민법총칙, 제7판, 2000.
곽윤직, 채권각론, 제6판, 2006.
김민중, 민법총칙, 1995.
김상용, 민법총칙, 전정판 증보, 2005.
김상용, 채권각론(상), 1999.
김용한, 민법총칙, 재전정판, 1992.
김주수, 채권각론, 제2판, 1997.
김증한 · 김학동, 민법총칙, 제9판, 2001.
김증한 · 김학동, 채권각론, 제7판, 2006.
김형배, 채권각론[계약법], 신정판, 2001.
명순구, 민법총칙, 2005.
민법개정안연구회(황적인 외 29인 공저), 민법개정안의견서, 2002.
민법주해[Ⅱ] 총칙(2), 편집대표 곽윤직, 1992.
박영복, 글로벌시대의 계약법 —국제거래와 민법이론—, 2005.
백태승, 민법총칙, 개정판, 2004.
송덕수, 민법강의(상), 2004.
송덕수, 민법주해(Ⅱ).
이기수, 어음 · 수표법, 제4판, 1998.
이시윤, 민사소송법, 신정3판, 2000.
이영준, 민법총칙, 전정판, 1997.
이영준, 한국민법론[민법총칙], 수정판, 2004.
이은영, 민법총칙, 제3판, 2004.
이은영, 채권각론, 제5판, 2005.
전연규 외, 도시개발법과 뉴타운사업 해설, 한국도시개발연구포럼, 2004.
정찬형, 상법강의(하), 제5판, 2003.
주석 민법총칙(2), 편집대표 박준서, 2001.
지원림, 민법학강의, 제3판, 2005.
현승종 · 조규창, 로마법, 1996.

[논 문]

가정준, 영미법상의 consideration 법리, 비교법학연구, 2003.

김기창, 청약의 구속력과 계약자유, 비교사법 제12권 1호, 2005.

김동훈, 계약교섭의 중도파기와 손해배상책임, 고시연구 2003/8.

김상중, 동기의 착오에 관한 개정 예고안 제109조 2항의 특색과 그 운용에 관한 제언, 민사법학 제27호, 2005.

김상중, 의사표시의 효력과 계약관계의 합의해지 ―근로관계에 관한 대법원의 판결례를 중심으로―, 광운비교법학 제5호, 2004.

김선택, 프로야구선수계약시 드래프트제의 기본권침해, 고시계 2002/1.

김영문, 프로선수의 법적 지위, 스포츠와 법 제2권, 2001.

김재형, 법률행위 내용의 확정과 그 기준, 법학(서울대) 제41권 제1호, 2000.

김재형, 프로스포츠 선수계약의 불이행으로 인한 손해배상책임 ―대법원 2004.6.24. 선고 2002다6951, 6968 판결을 중심으로―, 『월드컵 그 이후의 법정책적 과제』(한국스포츠법학회 학회창립5주년기념 2004 국제학술대회 논문집).

김학동, 독일에서의 의사표시이론 ―본질 및 요건을 중심으로―, 사법연구 제2집, 1994.

나종갑, 영미법상 consideration 법리와 계약의 쌍무성, 재산법연구 제23권 제3호, 2007.

박경량, 사적 자치의 재조명, 사회과학연구 제1집(순천대학교 사회과학연구소), 1987.

박영규, 현대사회와 법률행위론, 사법연구 제2집, 1994.

박영복, 유럽 매매법의 통일, 민사법학 제37호, 2007.

백태승, 계약의 성립과 착오에 의한 의사실현의 취소, 고시계 1994/10.

백태승, 민법총칙(총칙,인,법률행위) 개정착안점 및 개정시안, 민사법학 제19호, 2001.

서민, 스위스의 법률행위제도, 법률행위론의 사적 전개와 과제(이호정교수화갑기념논문집), 1998.

성승현, 유럽의 계약법 통일 논의와 혼합법계(Mixed Legal System)의 대두, 민사법학 제37호, 2007.

송덕수, 법률행위의 의의, 고시연구, 1991.

송덕수, 법률행위의 해석, 경찰대 논문집 제6집, 1986.

송덕수, 불합의, 고시연구 제17권 1호, 1990/1.

송덕수, 사적 자치에 관하여, 사회과학논집 제21집(이화여자대학교), 1991.

송덕수, 의사실현에 의한 계약성립 여부, 고시계 2003/1.

송덕수, 착오론의 역사적 전개, 법률행위론의 사적 전개와 과제(이호정교수 화갑기념논문집), 1998.
송덕수, 합의와 불합의, 경찰대 논문집 제7집, 1988.
송호영, 유럽연합(EU)에서의 민상법 통일화 작업에 관한 연구, 민사법학 제34호, 2006.
심종석, 유럽계약법원칙의 일반규정 및 계약의 성립에 관한 규정과 CISG, PICC 규정과의 비교연구, 국제상학 제19권 제1호, 2004.
심헌섭, 법률행위론의 법철학적 기초, 이호정교수 화갑기념논문집, 1998.
양창수, 독일민법전 제정과정에서의 법률행위규정에 대한 논의, 법률행위론의 사적 전개와 과제(이호정교수 화갑기념논문집), 1998.
양창수, 「유럽계약법원칙」에서의 채무불이행법리, 민법연구 제6권, 초판, 2003.
양창수, 「유럽계약법원칙」 제3부, 법학 제44권 제4호, 2003.
엄동섭, 법률행위의 해석에 관한 연구, 서울대학교 박사학위논문. 1992.
엄동섭, 의사표시의 도달에 관한 판례분석, 서강법학연구 제7집.
오병철, 전자적 의사표시에 관한 연구, 연세대학교 박사학위논문, 1996.
윤경, 건축설계 우수현상광고의 당선보수인 '기본 및 시설설계권'의 의미, 대법원 판례해설 제40집, 2002.
윤경, 계약교섭단계에서의 신의칙상 주의의무위반과 손해배상책임, 법조 2001/9.
윤진수, 민법상 착오규정의 입법론적 고찰 ―민법개정위원회에서의 소수의견―, 21세기 한국 민사법학의 과제와 전망(심당 송상현선생 화갑기념논문집), 2002.
윤형렬, 계약의 체결과 불합의 ―계약의 체결로서의 합의―, 이명구박사 화갑기념논문집(III), 1996.
이기수・이병준, 매매대금의 합의와 계약의 성립요건, 국제거래법연구 제7집, 1998.
이기용, 법률행위론 소고, 법학연구 제5집(충북대학교), 1993.
이병준, 계약성립에서 의사주의와 표시주의대립의 극복 ―계약상 불합의와 오해이론과의 결별을 중심으로―, 외법논집 제21집, 2006.
이병준, 계약의 합의로 인한 구속력과 계약협상의 부당파기의 한계 ―대법원 2003.4.11. 선고, 2001다53059 판결―, 민사법학 25호, 2004.
이병준, 계약의 합의에서 본질과 비본질 ―계약 성립을 위한 필수적 합의사항을 중심으로―, 사법질서의 변동과 현대화(김형배교수 고희기념논문집), 2004.
이병준, 대상을 갖는 합의개념, 사회변동과 사법질서(김형배교수 정년퇴임기념논문집), 2000.
이병준, 대화자 사이의 무체적 의사표시의 효력발생, 재산법연구 제24권 제

1호, 2007/6.
이병준, 유럽계약법원칙상의 계약성립에 관한 소고, 유럽법학 제3호, 2007/10.
이병준, 의사실현에 의한 계약체결과 청약수령자의 의사 —대법원 2003.5.13. 선고 2000다45273 판결—, 민사법학 제34호, 2006/12.
이병준, 프로스포츠의 법적 분쟁: 구단복귀약정 파기에 따른 손해배상책임 —대법원 2004.6.24 선고, 2002다6951, 6968 판결에 대한 평석—, 여가학연구 제2권 제3호, 2005/2.
이병준, 형식적 법률행위개념, 법이론과 실무 제4집, 2000.
이상민, 당사자 쌍방의 착오, 민사판례연구 1권, 1996.
이영준, 법률행위의 개념·실체 및 그 자유에 대한 재검토, 곽윤직교수 화갑기념논문집, 1985.
이청조·김보현, 프로야구 선수계약의 법리에 관한 소고, 동아법학 제33집, 2003.
이충훈, 법률행위의 해석, 인천법학논총 제3집, 2000.
정기웅, 계약체결상 과실책임의 법적 성격, 사법질서의 변동과 현대화(김형배교수 고희기념논문집), 2004.
정진명, 계약상 합의의 의미와 그 발전과정, 법사학연구 제17호, 1996.
제철웅, 채무불이행으로 인한 손해배상에 있어서 위자료의 보완적 기능, 사법질서의 변동과 현대화(김형배교수 고희기념논문집), 2004.
지원림, 계약이 부당하게 파기된 경우의 법률관계, 민사판례연구 XXV, 2003.
지원림, 법률행위개념의 정신적 기초의 발전(Ⅰ) [총칙·물권편], 1999.
지원림, 법률행위의 효력근거에 관한 연구, 서울대학교 박사학위논문, 1993.
지원림, 착오에 관한 약간의 문제제기, 재산법연구 제22권 제2호, 2005.
최광준, 의사실현에 의한 계약의 성립과 사실적 계약관계의 공통성, 법학연구 17집, 2004.
최문기, 의사표시의 본질에 관한 소고, 사법연구 제2집, 1994.
최신섭, E-메일로 전달한 의사표시의 효력, 비교법학연구 제4집, 2004.
최용환, 법률행위의 목적의 확정 —성립요건과 유효요건의 분별을 겸하여—, 사법논문집, 1985.
최흥섭, 착오로 인한 의사표시의 취소에 대한 위법성 검토, 민사법학 제23호, 2003.
현병철, 무효, 비교사법 제5권 2호(한국비교사법학회), 1998.
황적인, 불합의, 고시계 1989/9(통권 제283호).
Zöllner, Wolfgang, 사법에서의 사적 자치, 법학논집 제28집(고려대학교 법학연구소), 1992.

【 외국문헌 】

Bailas, Demetrios, Das Problem der Vertragsschließung und der vertragsbegründende Akt, 1962.

von Bar, Christian/Zimmermann, Reinhard, Grundregeln des Europäischen Vertragrechts: Teile Ⅰ und Teile Ⅱ, Sellier, European Law Publischers, 2002.

Basler Kommentar zum Schweizerischen Privatrecht, Honsell · Vogt · Wiegand (Hrsg.), Obligationsercht I, Art. 1-270 OR, 3. Aufl., 2003.

Brehm, Wolfgang, Allgemeiner Teil des BGB, 3. Aufl., 1997.

Brehmer, Nikolaus, Die Annahme nach §151 BGB, JuS 1994.

Brinkmann, Franz-Josef, Der Zugang von Willenserklärungen, 1984.

Burgard, Ulrich, Das Wirksamwerden empfangsbedürftiger Willenserklärungen im Zeitalter moderner Telekommunikation, AcP 195(1995), 74.

Bydlinski, Franz, Kontrahierungszwang und Anwendung allgemeinen Zivilrechts, JZ 1980.

ders., Probleme des Vertragsschlusses ohne Annahmeerklärung, JuS 1988.

Canaris, Claus-Wilhelm, Anmerkung zu BGH Urteil v. 30. 5. 1975, JZ 1976.

ders., Die Vertrauenshaftung im deutschen Privatrecht, 1971.

ders., Systemdenken und Systembegriff in der Jurisprudenz: entwickelt am Beispiel des deutschen Privatrechts, 2. Auf., 1983.

Coester-Waltjen, Dagmar, Einige Probleme des Wirksamwerdens empfangsbedürftiger Willsenserklärungen, Jura 1992.

Coing, Helmut, Zum Einfluss der Philosopie des Aristoteles auf die Entwicklung des römischen Rechts, Sav. Z. [Rom. Abtl.] 69, 1952.

Diederichsen, Uwe, Der Auslegungsdissens, FS Hübner, 1984.

ders., Der logische Dissens, FS Jur. Gesellschaft zu Berlin, 1984.

Dilcher, Hermann, Der Zugang von Willenserklärungen, AcP 154(1954).

Enneccerus, Ludwig/Nipperdey, Hans Carl, Allgemeiner Teil des Bürgerlichen Rechts, zweiter Halbband, 15. Aufl., 1960.

Erman(-Bearbeiter), Bügerliches Gesetzbuch Handkommentar I §§1-398, 11. Aufl., 2004.

Flume, Werner, Allgemeiner Teil des Bürgerlichen Rechts, II Band, 1979.

Grünewald, Erich, Der versteckte Dissens, 1939.

Habersack, Mathias, Fehlendes Erklärungsbewußtsein mit Wirkung zu Lasten des Erklärungsempfängers?, JuS 1996.

Hager, Johannes, Die culpa in contrahendo in den UNIDROIT-Prinzipien und den Prinzipien des Europäischen Vertragsrechts aus der Sicht des deutschen Bürgelichen Rechts, in: Basedow(Hrsg), Europäische Vertragsvereinheitlichung und deutsches Recht, 2000.

Historisch-Kritischer Kommentar zum BGB, Schmoekel · Rückert · Zimmermann (Hrsg.), Band I : Allemeiner Teil §§1-120, 2003(HKK).

Horn, Norbert, Culpa in Contrahendo, NJW 1995.

Hübner, Heinz, Allgemeiner Teil des Bürgerlichen Gesetzbuches, 2. Aufl., 1996.

John, Uwe, Wirksamwerden eupfangsbedürftiger Willenserklärungen, AcP 184 (1984).

Jung, Ute, Die Einigung über die "essentialia negotii" als Voraussetzung für das Zustandekommen eines Vertrages, JuS 1999.

Kaser, Max, Römisches Privatrecht, 16. Aufl., 1992.

Klang/Gschnitzer, Kommentar zum Allgemeinen bürgerlichen Gesetzbuch, 2. Aufl., Band Ⅳ/2, 1968.

Koziol, Helmut/Welser, Rudolf, Grundriß des bürgerlichen Rechts, Band I: Allgemeiner Teil und Schuldrecht, 10. Aufl., 1995.

Köhler, Helmut, Das Verfahren des Vertragsschlusses, in Basedow(Hrsg), Europäische Vertragsvereinheitlichung und deutsches Recht, 2000.

Kramer, Ernst A., Grundfragen der vertraglichen Einigung, 1972.

ders., Juristische Methodenlehre, 1998.

Larenz, Karl/Canaris, Claus-Wilhelm, Lehrbuch des Schuldrechts II/2. 13. Aufl., 1994.

ders., Methodenlehre der Rechtswissenschaft, 3. Aufl., 1995.

Larenz, Karl/Wolf, Manfred, Allgemeiner Teil des Bügerlichen Rechts, 9. Aufl., 2004.

Lee, Byung-Jun, Voraussetzungen der Bindungswirkung vertraglicher Einigung, 1999.

Leenen, Detlef, Abschluß, Zustandekommen und Wirksamkeit des Vertrages -zugleich ein Beitrag zur Lehre vom Dissens, AcP 188(1988).

Looschelders, Dirk, Schuldrecht Allgemeiner Teil, 2003.

Lorenz, Stehpan, Der Schutz vor dem unerwünschten Vertrag — Eine Untersuchung von Möglichkeiten und Grenzen der Abschlußkontrolle im geltenden Recht, 1997.

Manigk, Alfred, Das rechtswirksame Verhalten, 1939.

ders., Das Wesen des Vertragsschlusses in der neuen Rechtssprechung Beiträge zur Lehre vom Konsens und Dissens, JherJb, 75, 1975.

Mayer-Maly, Theo, Dogmatik und Interessensauswertung im Kaufrecht, ÖJZ 1973.

Medicus, Dieter, Allgemeiner Teil des BGB, 8. Aufl., 2002.
ders., Schuldrecht I., 11. Aufl., 1998.
Misera, Karlheinz, D. 19. 2. 52, Pomp. 31 ad Q. Mucium — Vertragschluß consensu; Wille und error im klassischen römischen Recht, FS Trinkner, 1995.
Münchner Kommentar Bürgerliches Gesetzbuch, Band 1 §§1-141, 4. Aufl., 2001.
Ostheim, Paul, Probleme bei Vertretung durch Geschäftsunabhägnige, AcP 169.
Pawlowski, Hans-Martin, Allgemeiner Teil des BGB, 5. Aufl.
ders., Einführung in die Juristische Methodenlehre, 1986.
Pärn, Vertragswirkung ohne Vertragschluss, eine Studie zu §151 BGB, 1955.
Pepgen, Abschied von der Willensbetätigung, AcP 200(2000).
Raiser, Rolf, Schadenshaftung bei verstecktem Dissens, AcP 127, 1927.
Rüthers, Bernd, Allemeiner Teil des BGB, 10. Aufl., 1997.
Schmidt, Eike, Von der Privat- zur Sozialautonomie, JZ 1980.
Schubert, Werner, Zu einer Edition unveröffentlichter Materialien zum BGB — zugleich ein Beitrag zur Entstehung des §119 BGB—, AcP 175, 1974.
Taupitz, Jochen/Kritter, Thomas, Electronic commerce — Probleme bei Rechtsgeschäften im Internet, JuS 1999.
Thiele, Wolfgang, Die Zustimmung in der Lehre vom Rechtsgeschäft, 1966.
Titze, Heinrich, Die Lehre vom Mißverständnis, 1910.
Trinkner, Reinhold, Anmerkung zum BGB vom 19. 9. 1983, BB 1983.
Wedemeyer, Der Abschluss eines obligatorischen Vertrages durch Erfüllungs- und Aneingnungshandlung, 1904.
Weiler, Frank, Wider die Schmerzerklärung, NJW 1995.
Westermann, Harm P./Bydlinski, Peter/Weber, Ralph, BGB-Schuldrecht Allgemeiner Teil. 5. Aufl., 2003.
Wieling, Hans, Die Bedeutung der Regel "falsa demonstratio non noect" im Vertragsrecht, AcP 172, 1972.
Zöllner, Wolfgang/Loritz, Karl-Georg/Hergenröder, Curt. W, Arbeitsrecht, 2007.

찾 아 보 기

《저자약력》

고려대학교 법과대학, 동 대학원 졸업(법학석사)

독일 Tübingen 대학교 법과대학(법학박사)

독일 Marburg 대학교 협동조합연구소 계약연구원

부산대학교 법과대학 전임강사, 조교수

현재: 한국외국어대학교 법과대학 부교수

E-mail: leebgb@hufs.ac.kr

Homepage: http://user.chollian.net/~bjlee2000

《저서 · 논문》

- *Voraussetzungen der Bindungswirkung vertraglicher Einigung,* Peter Lang, 1999
- *Internationales Ehe- und Kindschaftsrecht – Demoktratische Volksrepublik Korea,* hrg. Bergmann/Ferid/Henrich, Verlag für Standesamtswesen, 1999(공저)
- *Rechtshandbuch Electronic Business – Rechtsgrundlagen, Branchenspezifische Geschäftsfelder, Auslandsmärkte* –, C.H. Beck, 2003(공저)
- 인터넷 경매에서의 계약체결과 소비자 보호, 2003, 집문당(공저)
- 민법사례연습 Ⅰ〔민법총칙〕, 제3판(2007), 세창출판사
- 민법사례연습 Ⅲ〔채권총론〕, 제2판(2008), 세창출판사
- 민법사례연습 Ⅳ〔채권각론〕, 2007, 세창출판사
- "대상을 갖는 합의개념" 외 국내외 논문 다수

계약성립론

2008년 12월 15일 초판 인쇄
2008년 12월 20일 초판 발행

저 자 이 병 준
발행인 이 방 원
발행처 세창출판사
서울 서대문구 냉천동 182 냉천빌딩 4층
전화 723-8660 팩스 720-4579
E-mail: sc1992@empal.com Homepage: www.sechangpub.co.kr
신고번호 제300-1990-63호

정가 25,000 원

ISBN 978-89-8411-234-6 93360